아름다운 실패

Beautiful Failures

아름다운 실패

성공에 집착하는 것이 아이들을 어떻게 해치는가

루시 클라크 지음 | 교육을바꾸는사람들 · 이병렬 옮김

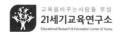

교육을바꾸는사람들 부설
21세기교육연구소
Educational Research & Innovation Center of Korea

차례

.

이 책 『아름다운 실패』에 실린 이야기들을 먼저 웹사이트 〈후플라 (The Hoopla)〉에 연재할 수 있도록 허락해준 제인 워터하우와 웬디 하머에게 고마움을 전하고 싶습니다. 이 이야기를 「가디언(The Guardian)」에 실어 전 세계 독자들과 만나게 해준 제시카 리드와 에밀리 윌슨에게도 고마움을 전합니다.

독자들의 뜨거운 반응에 뭔가 더 모색해볼 가치가 있겠다고 생각하던 때, 나의 친구이자 저작권 담당자 피오나 잉글리스는 그 가치를 알아보고 도움과 용기를 주었습니다. 감사합니다. 하늘이 도운 것인지 뛰어난 출판전문가 니키 크리스터를 만날 수 있었습니다. 덕분에 우리는 첫 만남에서 이 책을 출간하기로 의기투합했습니다. 캐더린 힐은 비범한 편집자로 일이 꼬일 때마다 산뜻한 해결책을 제시해주었습니다. 고마워요.

아이들이 더 나은 삶을 살 수 있도록 불철주야 애쓰는 교육자들 모두에게 영광을 돌리고 싶습니다. 자신들의 이야기를 공유해준 학부모, 아이와 교사 모두에게 고마움을 전합니다. 전 세계를 돌며 자료조사를 할 수 있도록 도와준 모든 분들께 뭐라고 감사의 말을 전해야 할지 모르겠습니다. 캐시 커비와 토미 맥케이, 코니 루비아노와 피터 예디디아, 베키 캐시디와 존 터커, 앤드류 콘웨이와 그레그 밴디그리프, 그리고 캐롤린 줌퍼츠에게 정말 감사드립니다. 초고를 읽어준 케이스 마샬과 질 에딩턴, 졸고를 다듬느라 글 감옥에 들어간 게이브리얼 찬과 리처드 하트에게도 고마움을 전합니다.

늘 격려하고 사랑하고 아낌없이 지지해준 부모님과 우리 아이들이 없었더라면 이 감사의 글을 쓸 수 없었을 것입니다. 내 삶의 즐거움인 두 아들은 심지어 교육에 대한 토론도 지겨워하지 않았습니다. 정성스럽게 차를 내어주면서 사랑과 인내로 곁을 지켜준 남편도 너무 고맙습니다.

마지막으로 우리 딸에게 사랑을 전합니다. 딸이 겪는 고통으로 이 책을 쓰게 되면서 그 과정에서 많은 즐거움을 얻었습니다. 감사하지만, 이 책을 써야 할 이유가 없었더라면 더 좋았을 것입니다.

나는 나의 아름다운 실패, 내 딸에 대한 이야기를 들려주고 싶다. 모든 표준지표, 중고등학교에 적용되는 모든 원칙과 규정 및 평가에 따르면 우리 딸은 실패자로 학교를 졸업했다. 고등학교 졸업시험을 준비하는 2년 동안 딸은 자주 무단결석을 하고 과제물을 제출하지 않았으며 지각을 하고 교복규정을 지키지 않았다. 몇몇 시험은 아예 치르지도 않았다. 딸은 교사들의 인내심을 바닥나게 했고, 공교육체제 안에서 암묵적으로 허용되는 한계 밖까지 치달았다. 보충수업을 받고 재시험을 치르고, 다시 시험을 치르고 또 치렀다. 언제 정학이나 퇴학을 당해도 이상할 것이 없었다. 교사들도 힘들고 우리에게도 힘든 일이었다. 하지만 가장 힘든 것은 딸 자신이었다.

딸의 고등학교생활은 하루하루가 사투였다. 딸은 아침에 일어나 학교에 가야 한다는 생각을, 심지어 어떤 때는 그냥 밖으로 나간다는 생각조차도, 거대한 산을 등반하는 것처럼 느꼈다. 아예 등굣길에 오르지 못하는 날도 잦았다. 등굣길에 나섰다가 중간에 새는 경우도 있었다. 그런 날에는 혼자 공원에 앉아 친구들은 '정상적인 하루'를 살고 있는데 자기는 왜 그걸 이렇게도 어려워하는지 고민했다. 어떤 때는 불안에 사로잡혀 학교 근처 골목에 웅크리고 앉아 울기도 했다.

등교에 성공하고 나면 수업시간에 앉아 있는 일이 산맥의 다음 봉우리가 되었다. 머리는 온갖 걱정으로 꽉 차서 교사가 가르치는 내용을 받아들일 여유가 없었다. 아이는 긴장하고 초조해했으며, 호흡이 가빠지면서 그 자리에서 도망치고 싶어했다. 압박감이나 비판을 감당하지 못했다.

한번은 마음이 아주 약해져서 나에게 이런 말을 털어놓은 적이 있다. 수업내용을 전혀 따라갈 수 없다는 것에 너무 스트레스를 받아 수업시간 내내 그 자리에서 도망쳐 철길에 몸을 던지고 싶다는 충동과 싸웠다고. 딸은 정말로 여러 차례 수업을 빼먹었지만 천만다행으로 어디에도 몸을 던지지는 않았다.

"살다보면 학창시절만큼 편한 때도 없어."라고들 말한다. 하지만 나는 안다. 내 딸에게는, 그리고 정해진 틀에 자기 자신을 끼워 맞추려고 사투를 벌여온 다른 많은 이들에게는 그 말만큼 틀려먹은 게 없다는 것을.

"학교가 누구에게나 맞진 않지."라고 친구들은 나를 위로했고 나도 처음에는 이 말을 태평하게 받아들였다. 딸은 학교에서 실패한 첫 번째 케이스도, 마지막 케이스도 아닐 것이다. 학교에서 실패했다는 게 딸의 미래를 결정짓는 것도 아니다. 그렇지 않은가? 세상에는 학교에는 잘 적응하지 못했지만 자신이 선택한 분야에서 최고의 자리에 오른 이들의 성공담이 넘친다.

학교가 모두에게 맞는 곳은 아니다. 그래, 어쩔 수 없지 않은가. 그런데… 어쩔 수 없다고? 생각하면 생각할수록, 나는 '어쩔 수 없다'는 이 말이 좀 더 주의 깊게 따져봐야 할 미심쩍은 생각에 대한 섣부른 항복처럼 보였다. 학교는 모두를 위한 곳이어야 하지 않을까? 왜 이렇게 많은 아이들이 학교에서 소외감을 느끼고 잘못되었다고 느끼나? 압박감에 심한 스트레스를 받고 망가지는 아이들이 왜 그렇게 많은가? 왜 어떤 아이들은 지루해하며 그저 기계적으로 학교를 오가는 것일까? 학교는 '모두'가 교육을 받는 곳이자 모든 아이들이 자신의 잠재력에 도달하는 곳이 되어야 하지 않나?

교육체제에 관해 질문하기 시작하면, 그리 깊은 이야기를 나누기도 전에 교육은 붕괴되었다는 이야기를 듣게 될 것이다. 나는 이 책을 쓰는 과정에서 학교를 주제로 토론을 할 때마다 매번 사람을 맥빠지게 하는 이런 식의 말을 수년 동안 들어왔다. 교육붕괴는 비단 학생들에게만 일어난 일이 아니다. 교사와 교장들도 유례없는 수준의 스트레스와 피로, 혹사, 번아웃(burnout, 신체적·정신적 소진 상태)을 겪고 있다고 한다. 이런 이야기는 가슴을 철렁하게 한다. 하지만 조금만 더 깊이 파고들면, 전 세계적으로 교육계에서 소규모로 진행되고 있는 새롭고 흥미로운 움직임을 포착하게 된다. 거기서 한층 더 깊이 들어가면, 교육의 변화가 왜 그토록 어렵고 더딘지, 왜 이런 멋진 움직임들이 바이러스처럼 확산되지 못하는지 의구심이 들 것이다.

그 사이 우리 아이들에게는 아주 우려스러운 일들이 벌어지고 있다. 나는 어딜 가나 자살하는 아이들, 음식을 거부하는 아이들, 우울한 아이들, 불안에 시달리는 아이들의 이야기를 듣는다. 학교에서 받는 압박감이 가중되고, 청소년들의 정신건강문제도 급증하고 있다. 이제 십대들이 겪는 불안의 가장 큰 요인 가운데 하나가 학교에서 받는 스트레스라고 구체적으로 보고되고 있는 만큼, 그 둘을 더 이상 연결짓지 않을 수 없다. 통계도 이 사실을 뒷받침한다. 짓눌린 아이들은 어떻게든 압력을 배출할 밸브를 찾을 것이다. 아이들은 피골이 상접할 때까지 칼로리 섭취를 극단적으로 제한하고, 불안감에 먹은 것을 토하고, 눈썹을 하나씩 뽑고, 의사의 처방 없이 약물을 복용하고 겁 없이 행동할지 모른다. 또는 선홍색 핏방울이 배어나오는 것을 보고 해방감을 느낄 때까지 몸에 칼자국을 낼지도 모른다. 학업성적으로만 한정해 정의한 성공을 추구하느라 너무 많은 아이들이 고통받고 있다. 하지만 고통받는 것은 비단 '실패'한 아이들만이 아니다. '성공'한 아이들 역시 고통받기는 마찬가지다.

경쟁, 그야말로 아주 피 튀기는 경쟁이 된 교육체제 안에서 많은 아이들이 기권을 선택하거나 뒤처지지 않기 위해 사투를 벌인다. 12년 동안의 학교교육을 마무리하며 치르는 졸업시험을 통과해야 한다는 압박은 거의 집착이 되어, 바람직한 교육이나 배움의 즐거움은 뒷전으로 밀려난다(호주에서는 고교과정에 해당하는 12학년 말에 각 주정부에서 실시하는 HSC(High School Certificate)를 통과해야 대학에 진학할 수 있음-옮긴이). 아이들에게는 성적이 너희를 규정하는 것은 아니라고 말할 수 있어도, 이런 이야기는 아이들을 일방적으로 몰아가는 현 제도와는 전혀 맞지 않는다. 우리는 아이들에게 너희를 한 개인으로서 존중한다고 말하지만, 순응과 획일화를 요구하는 시스템에 아이들을 맞추려고 한다. 졸업시험처럼 부담이 큰 고부담 시험(high-stakes exams)의 엄청난 압박감에 대처할 방법은 가르치면서도, 실제로 그 압박감을 줄여줄 생각은 하지 않는다.

나는 세 자녀를 키우면서 공립학교, 사립학교, 종교학교, 선발제 학교에 이르기까지 거의 모든 교육유형을 경험했다. 이 모든 영역에서 21세기의 교육은 무엇이어야 하는지에 대한 진지한 질문을 던져야 한다. 그러나 아직 무슨 질문을 던져야 하는지조차 모르는 이들이 태반이다. 그저 모든 사회적 통념을 순순히 받아들이고, 우리 아이들이 문제의 정답을 잘 찾아 교육과정을 잘 통과하고, 기쁘게 졸업하기를 바랄 뿐이다.

이유가 무엇이든 정답을 잘 찾지 못하는 아이를 둔 엄마가 된 나는 딸에게 무엇이 잘못되었는지를 묻기 시작했다. 나는 '성공'과 '실패'라는 이 포착하기 힘든 개념을 이해하고 싶었다.

동시에 언론인으로서 나는, 교육에서 무엇이 잘못되어가고 있는지, 그것이 우리가 살고 있는 사회에 말하고 있는 바는 무엇인지, 광기 어린 이 경쟁은 어디에서 생겨난 것이고 무엇을 위한 것인지

와 같은 더 큰 질문들을 하게 되었다. 그 과정에서 나는 내 아이만
이 중요했던 세상에서 모든 아이들이 중요한 세상으로 나아가게 되
었다. 이러한 배움을 통해 나는 지성인으로서, 또 부모로서 커다란
변화를 겪게 되었다. 이 책에서 나는 그 모든 이야기를 들려주려고
한다.

1장

학교교육
부적응아

그 작품은 멀리서 보면 회색 조각들이 이루는 바탕에 진홍색을 점점이 흩뿌려놓은 것처럼 보인다. 마치 명암 농도 조견표 조각들을 붙여놓은 것 같다. 가까이 다가가 보면 글자가 눈에 들어온다. 가는 펜으로 이리저리 적어놓은 깨알 같은 단어들, 모두 다 다른 각도로 놓인 글줄들은 문장과 문단을 만들고 이것들은 조각보처럼 연결되어 인물을 형상화한다. 윤곽선으로 표현되어 중심이 텅 빈, 얼굴 없는 여자다.

이 작품은 뉴사우스웨일스(호주 남동부의 주, 주도는 시드니) 고교졸업시험(HSC)에서 미술교과 졸업작품으로 제출된 것이다. 각각의 글이 적힌 50개의 조각보들은 주제를 잘 보여주는데, 그 주제가 무엇인지는 손쉽게 알아볼 수 있다.

- 누군가에게 12학년과 고교졸업시험은 학창시절의 정점이자 '결승선'으로 느껴질 것이다. 이 관점에서 보면 고교 마지막 학년은 전부 아니면 전무로 승패가 결정되는 한 해이며, 학생들이 과도한 스트레스에 시달리게 되리라는 것은 자명한 일이다.

- 오늘은 울지 않은 나 자신이 너무나 대견하다. 첫날에는 눈물이 멈추지 않을 것 같았는데 겨우 멎었다. 두 번째 날에는 여러 번 울음을 터뜨릴 뻔했지만 용케 참아냈다.

- 청소년의 우울증과 불안증세가 늘어남에 따라 학교제도에도 뭔가 변화가 있어야 한다.

- 스트레스가 너무 심하다고 호소할 때 가장 끔찍한 건 대부분의 선생님들이 이렇게 말하는 것이다. "고교졸업시험을 준비하면 다들 겪는 일이야." … 나는 우리가 이렇게 무시당하는 게 너무 싫다.

이 작품은 학교에서 아이들이 느끼는 압박의 고통을 잘 표현했다. 십대들이 느끼는 스트레스를 설득력 있게 표현한 글들로 윤곽선을 그려 얼굴 없는 사람을 형상화한 이 작품은 상징적이면서도 직설적이다.

이 작품의 작가는 클레어다. 클레어는 이미 졸업했지만 졸업작품이 어떻게 탄생하게 되었는지를 설명할 때는 그 괴로움을 다시 생생히 느끼는 것 같았다. "전 고교졸업시험 때문에 엄청난 스트레스를 받았는데, 그것을 표현한 작품이에요. 저는 이 구절들을 모으기 시작했고, 그것들을 모을수록 화가 치밀었어요."

무엇이 클레어를 이토록 화나게 했을까? 압박감과 경쟁, 또 스트레스를 받지 말라면서도 잘 해내지 못하면 인생에서 낙오자가 될 거라는 식의 모순된 메시지, 친구들의 괴롭힘, 사방에서 목격되는 정신건강문제에 대한 몰이해, 성과가 없을 때면 정말 열심히 노력했는데도 '노력이 부족했다'는 말을 듣고 또 듣는 일, 자신은 상위권이 아니라서 반에서도 있으나마나 한 존재라는 느낌. 이 모든 것들이 졸업학년에는 거의 미칠 만큼 엄청난 스트레스가 되었다.

졸업시험에서 어떤 점수를 받게 될지 선생님과 면담하는 아이들에 대한 이야기를 클레어에게 듣는 것만으로도 트라우마가 생기는 것 같았다. 기대한 점수를 받지 못할 것 같다는 이야기만 듣고도 학생들은 눈물을 흘리며 교무실을 뛰쳐나와 운동장에서 서럽게 울었다고 했다. '합격점에 도달해야 미래의 성공을 위한 열쇠를 손에 넣는다고 누차 얘기했지? 수년간 노력했지만 안타깝게도 이 정도 성과로는 합격선에 이르지 못할 것 같아.'

사람을 미치게 만드는 이 압박감에 대한 모든 느낌과 생각을 놀라운 작품으로 쏟아낸 클레어는, 내 딸처럼 학교라는 교육체제에 맞지 않는 아이였다. 그런 아이들은 많다. 이 아이들은 학교는 자기가 있을 곳이 아니라는 소외감을 느끼고, 스스로를 공부도 못하는 명청이라고 비하하고, 졸업시험에 실패하면 인생의 패배자가 될지도 모른다는 두려움에 시달린다.

자녀들한테 부담감을 주지 않는다고 믿는 부모들은 요즘 아이들이 도대체 어디서 압박감을 느끼는지 전혀 이해하지 못한다. 교사들 때문에? 학교 친구들 때문에? 교육체제 때문에? 그러곤 머리를 긁적이고 고개를 저으며 말한다. "다 미쳐 돌아가고 있어!" 하지만 어떻게 할 방도가 없다. 대부분의 아이들은 마음을 단단히 먹고 졸업시험에 응시하며 부모들은 한밤중에 찻잔을 들고 '졸업시험에서 살아남는 법' 같은 부모용 안내서를 읽는다. 많은 수가 무사히 시험에 통과하지만 그렇지 못하는 학생도 많다.

이야기를 시작하면서 이 점을 분명히 밝히고 싶다. '압박감을 준다'는 것은 그저 아이들에게 더 열심히 해야 한다고 말하는 것을 뜻하지는 않는다. 성실한 노력의 가치를 배우는 것은 중요하며, 아이들은 열심히 노력하면 크게 성장할 수 있다는 사실을 알 필요가 있다. 하지만 가슴 통증으로 응급처치를 받아야 할 정도의 압박감이라면 어떤가? 공부해야 할 게 너무 많아서 하루에 고작 몇 시간밖에 자지 못할 정도의 압박감이라면? 좋은 성적을 받지 못하면 집에서 쫓겨날 것이라고 느낄 정도의 압박감이라면? 자신의 몸에 상처를 내고 머리를 쥐어뜯고 싶게끔 하는 압박감이라면?

이것이 너무 과도한 압박이라는 것에는 모두 동의할 것이다. 이런 압박은 도대체 어디서 생길까? 모든 곳에서 다 생겨난다. 인정하고 싶지 않겠지만, 부모의 압박도 분명히 있을 것이다. 부모들은 그것을 '압박'이 아니라 '기대'라고 생각할지 모르지만 말이다.

"우리 아이 유치원에서는 읽기와 수학교육에 중점을 두지 않아서 걱정이에요."
"우리 애가 유치원에서 공부를 잘하게 하려면 어떻게 해야 할까요?"

"저희 애는 네 살인데 영재교육프로그램에 들어가려면 어떻게 해야 할까요? 애가 학교 들어가기 전에 미리 준비시키고 싶거든요."

이런 이야기의 변주를 나는 무수히 듣는다. 교사들도 많이 들었을 것이다. 나는 아직 발레치마와 슈퍼맨 복장을 하고 돌아다니는 꼬맹이들에게 학업부담을 주는 부모들에 당황해서 고개를 내젓는 초등학교 교사들을 많이 봐왔다.

「뉴욕타임즈(New York Times)」는 '여러분의 1학년 자녀는 대학에 진학할 준비가 되었나요?'라는 제목(반어적인 의미로 붙인 것이길 바라지만)의 기사에서, 대학교가 무엇인지도 모르는 6세 아이들이 이미 자기가 갈 대학을 정해놓았다는 놀라운 내용을 보도했다. 그 아이들은 대학이 '크고… 고등학교와 비슷하지만 더 높은 곳'이라는 것 말고는 알지 못했다.¹ 아이들은 부모와 교사의 부추김 탓에 목표를 일찍, 그것도 너무 일찍 세운다. 아이들은 무엇이 되고 싶은지를 정해서, 그 꿈을 이루려면 어떤 대학에 들어가는 게 가장 좋은지 결정하고, 그 목표에 맞춰 공부한다. 그들의 어린시절은 성인기를 위한 체크리스트가 되어버린다.

자녀의 진학을 앞둔 부모들은 자기 아이가 남들보다 한발 먼저 출발하기를 원한다(이건 시합이다. 그렇지 않은가?). 일찍 일어나는 새가 벌레를 잡는다고 믿기 때문이다. 발달적 측면에서 아동에게 그 무엇보다 중요한 것은 놀이와 사회화라는 것을 입증하는 연구결과가 전 세계에서 쏟아져나오고 있지만, 이를 접하지 못한 상황에서는 경쟁에서 이기는 것에 방점이 찍힌 우리 문화의 무의식적

메시지가 쉽게 뇌리에 스미게 된다.

　이 모든 것을 부모의 탓으로 돌릴 수는 없다. 어느 부모가 자기 자식이 뒤처지는 것을 보고 싶겠는가? 누구인들 자녀에게 성공할 수 있는 최적의 기회를 주고 싶지 않겠는가? 네다섯 살 때 정식으로 학습을 시작하는 학교교육 체제에 편입되면, 무엇을 해야 하는지는 분명해진다. '조기교육에 편승하라.' '읽기와 쓰기와 수학은 하루라도 일찍 시작할수록 좋다.'

　당신이 유치원 교사와 아이의 학습능력을 어떻게 향상시킬지 진지하게 의논하는 동안, 당신의 다리에 매달린 꼬맹이가 당신이 느끼는 압박감을 그대로 흡수할 리는 없다고 생각한다면, 다시 생각해보라. 시간을 앞으로 빨리 돌려 아이가 열일곱 살이 되었다 치자. 압박의 강도는 해가 갈수록 세져 최종 고교졸업시험을 앞두고는 정점을 찍는데, 당신이 바랄 수 있는 것이라곤 그저 자녀가 잘 견뎌주는 것뿐이다.

　학교에서는 열여섯, 열일곱 살 아이들을 감동적인 말로 위로하려고 한다. 어떻게 하면 졸업시험에 너무 많은 스트레스를 받지 않을지, 어떻게 하면 침착성을 유지할 수 있을지 알려주면서 대학입학 점수가 전부도 아니고 끝도 아니라고 위로하는 것이다. 하지만 아이들은 오래전부터 스트레스에 시달려왔다. 스트레스라는 악령은 딱 이 나이 때의 아이들만 짓누르는 게 아니라 아주 오래전부터 아이들 곁에 껌처럼 붙어다닌 것이다.

　학교시스템에서 아이들은 점점 더 어린 나이에 학업능력으로 평가받고 있다. 부모들이 영유아를 가르치는 교사에게 아이의 학업능력을 키워달라고 압력을 가하지 않더라도 교육체제 자체가 교사들에게 아이들을 상급학교 진학에 대비시키라고 압력을 가한다. 성취도평가 같은 표준화시험에 대한 압박은 교사에게는 좋은 성과를 내라는 압박으로 이어지고 이 압박은 점점 아래로 내려간다. 그러다 보니 일부 유치원생까지 수 년 뒤에나 볼 시험에 대비해 학업능력을 테스트 받게 된다.[2]

어떤 학부모가 내게 들려준 이야기에는 자기 자녀가 뒤처지지 않기를 바라는 부모의 복잡한 속내가 잘 드러나 있다.

주변에 보면 조기교육 열풍에 휩쓸리는 부모들이 많지만 저는 나름 소신을 갖고 유치원에서는 아이에게 '교과학습'은 전혀 시키지 않았어요. 하지만 초등학교 1학년에 들어가니까 우리 애가 공부를 따라가지 못해서 뒤처지기 시작하는 거예요. 힘들어하는 아이를 지켜보면서 저는 처음에는 일주일에 한두 번씩 울다가 나중에는 매일 울게 되더라고요. 눈물로 지새웠죠. 아이가 수업에 집중할 수 없다고 하는 거예요.

면담시간에 교사가 우리 애한테 어떤 심각한 문제가 있을 수도 있다는 이야기를 꺼냈어요. 뇌에 문제가 있어서 학습장애 진단을 받을 가능성도 배제할 수 없다는 거예요. 저로서는 수긍할 수 없는 말이었어요. 저는 그저 우리 애가 학교에 너무 일찍 입학해서 그런 거라고 생각했어요. 하지만 학교에서는 모든 애들이 동시에 학습목표에 도달하기를 바라잖아요. 애들의 뇌는 서로 다 다르고 남자아이와 여자아이의 발달과정도 다른데 말이에요. 같은 그룹 안에서도 별종인 애들이 있고 배우는 속도도 다 다르죠.

아이가 성적이 좋지 않거나 수업을 잘 따라가지 못하면 부모 자격이 없다거나 부모 역할을 잘못했다고 비난하는 분위기가 저는 너무 싫어요. 학부모들이 모이면 이런 대화를 나눠요. "어머, K는 B레벨 읽어요." "아, 그래요? 우리 딸은 M레벨 읽어요." 그런데 우리가 일상에서 이런 식으로 대화하진 않잖아요? "루시, 『모비딕』 읽었어요? 지금 읽는 게 43세 레벨인가요, 57세 레벨인가요?"

이건 정상이 아니죠. 완전히 웃기는 짓이에요. 자기답게 자기 호흡에 맞게 배울 수 있는 기회가 아무에게도 주어지지 않아요. 하지만 다른 분야와 마찬가지로 교육도 전부 숫자로만 책정되고 사람들은 오직 수치데이터에만 신경써요.

많은 교육전문가들은 아이들이 학교에 입학한 초창기에는 정형화된 수업을 받지 않아야 한다고 믿는다. 그렇게 믿는 중요한 근거는 창의성과 구조화되지 않은 놀이가 기초학습능력, 지능발달, 사회화에 핵심적인 두 가지 요인이라는 것이다.

그동안 몇몇 '대안교육'은 이런 창의성과 놀이를 중심으로 교육을 펼쳐왔다. 레지오 에밀리아(Reggio Emilia, 이탈리아 북부 레지오 에밀리아 지방에서 학부모와 학자들이 주도해 만든 유치원과 초등학교 교육프로그램. 아동을 주체적인 존재로 보고 아이가 자신의 생각을 언어, 그림, 조각, 놀이 같은 상징으로 표현하게 하는 프로젝트학습방식-옮긴이), 몬테소리(이탈리아 의사이자 교육자인 마리아 몬테소리(Maria Montessori)가 정신지체아 교육을 위해 개발한 교육프로그램으로 개인의 심리·신체·사회성 발달속도에 맞게끔 독립성과 선택을 중시하는 유아교육프로그램으로 발전함-

옮긴이), 슈타이너(오스트리아의 인지학자이자 교육자인 루돌프 슈타이너는 발도르프학교를 세우고 개별 학생들의 발달단계를 고려한 전인교육을 주창함-옮긴이) 학교와 같은 대안교육기관에서는 아이들을 중심에 둔 전인교육방식을 통해 취학 초기에는 학습발달보다는 사회성발달을 더 중시하는 교육을 해왔다. 어릴 때부터 아이들에게 학습역량을 키우도록 몰아가는 것은, 정형화된 교육을 일찍 받게 하는 것이 아이들에게 이롭지도 않을 뿐더러 오히려 해로울 수도 있다는 증거를 무시하는 처사이다.

2013년 영국에서는 120명 이상의 전문가들이 '고부담 조기학습 반대' 캠페인을 시작했다. 영국의 조기교육확대정책에 반대하는 캠페인이었다. 당시 영국에서는 '취학준비교육'에 관한 논의가 한창 벌어졌는데, 5세 아이들을 대상으로 하는 표준화평가를 도입하고 4세 아이들에게 미리 학교환경에서 '기초학습준비교육'을 시행하자는 주장이 있었다.[3]

학자, 교육자, 교육운동가들은 정규교육을 최대 2년 늦게 시작할 것을 요구했다. 그렇게 해야 아이들이 자아상(像)과 기초학습역량이 자연적으로 발달하는 과정을 온전히 즐길 수 있게 된다는 것이다. 그것은 달리고, 놀고, 뭔가를 만들고, 친구를 사귀며 만들어지는 것이기 때문이다.

캠페인에 서명한 케임브리지대학 교육심리학과 부교수 데이비드 화이트브레드(David Whitebread)는 아동발달과정에 놀이가 중요하다는 증거를 인류학, 심리학, 진화심리학, 신경과학, 교육심리학 등 다양한 학문 분야에서 찾아 다음과 같이 정리했다.

신경과학연구에 따르면 놀이활동은 시냅스 연결을 강화한다. 특히 전두엽, 즉 인간 고유의 고등사고력을 담당하는 뇌 영역에서의 시냅스 연결이 강화된다. … 상상놀이는 아동이 처음 글자를 포함해 상징을 표상하는 역량을 발달시키는 데 도움이 되며 이는 직접 가르치는 방식보다 훨씬 효과적이다. 신체놀이, 만들기놀이, 사회성놀이는 아동의 지적능력과 감정조절능력 개발에 효과적인데, 이 능력은 아동의 초기 발달 및 교육에 반드시 필요하다고 밝혀졌다. 가장 우려할 점은 많은 연구결과가 20세기 중반 이후 아동이 놀이기회를 잃어버린 것이 스트레스 및 정신건강문제를 나타내는 지표의 증가와 명백히 연관되어 있음을 입증하고 있다는 것이다.[4]

이쯤에서 경고음을 울려야 한다. 더불어, 그는 조기교육이 어떤 도움도 되지 않는다고도 이야기한다.

뉴질랜드에서 정식 문해수업을 5세에 시작한 그룹과 7세에 시작한 그룹을 비교연구한 바 있다. 연구결과를 보면, 문해수업을 일찍 시작하는 것은 아동의 읽기능력 발달을 향상시키지 않으며 오히려 해로울 수도 있다. 11세에 두 그룹의 읽기능력 수준은 아무런 차이가 없었지만, 5세에 읽기학습을 시작한 아이들은 7세에 시작한 아이들에 비해 읽기를 대하는 태도가 긍정적이지 못했고 글을 이해하는 능력이 떨어졌다. 읽기 성취도에 관해 55개 국가에서 15세 아이들을 대상으로 실시한 별도의 연구에서는 읽기성취도와 취학연령 사이에 유의미한 상관관계가 발견되지 않았다.[5]

너무 일찍 딱딱한 교과학습을 강제하려는 시도에는 또 다른 위험이 따른다. 한 유아영어교사의 말을 들어보자. "선생님 말씀에 주의를 기울이거나 차분히 앉아 있지 못하고 과제에 집중하지 못해 '특수교육 대상자'로 분류되는 영아의 숫자가 증가하고 있습니다. 점점 더 많은 아이들이 유치원 과정에 들어갈 때 말이 늦고 언어로 소통하는 것을 어려워해 학습장애아동으로 분류되는데, 사실 이 아이들은 그저 이런 기초적인 능력을 키우는 것만으로도 충분할 수 있습니다." 실제로 이런 아이들에게 정말 필요한 것은 학습이 아니라 놀이다. 기준 나이보다 한 살이라도 더 빨리 '학업성취도'를 높이려고 아이를 교육하다 보면, 정작 학교교육에서 요구되는 기초학습역량을 형성하는 데 방해가 될 수 있다.

　아이들이 교육체제 안에서 놀이방식의 교육으로 도움을 받고 있다 하더라도(실제로 많은 교육체제에서는 놀이의 가치를 이해하고 있다) 학습압박이 시작되는 나이는 여전히 너무 어리다. 호주에서는 '전국 읽기·쓰기 및 수리능력 평가프로그램(National Assessment Program in Literacy and Numeracy, 이하 NAPLAN)'이라는 표준화된 국가 수준의 학업성취도평가를 치르기 시작했는데, 이 시험은 아이가 7세나 8세 때인 3학년에 처음 치르게 되고 5학년, 7학년, 9학년에 다시 치른다. 대부분의 평가와 마찬가지로 이 시험 역시 좋은 취지로 시작됐다. 어떤 학생에게 어떤 도움이 필요한지 파악하는 일종의 진단도구로서 말이다. 그러나 NAPLAN이 정치적 압박도구이자 수많은 아동과 학부모, 교사들을 고문하는 수단이 되어버린 지금, 그 같은 애초의 의도는 웃음거리가 되었다.

웨스턴시드니대학의 휘틀램연구소가 기획하고 멜버른대학이 시행한 한 연구결과는 이 평가프로그램이 높은 수준의 불안감을 조성한다고 말한다. 이 연구를 주도한 에릭 시도티(Eric Sidoti)는 이렇게 말했다. "소수지만 무시할 수 없는 숫자의 사람들에게서 정상범위를 넘어서는 수준의 스트레스를 관찰할 수 있었습니다. 그들은 단순히 신경과민 수준을 넘어서 구토, 불면증, 편두통을 호소했습니다."[6]

NAPLAN 결과는 다양한 용도로 사용된다. 중등학교에서는 학생들의 수학능력 평가자료로 활용되고, 학교평가 웹사이트인 〈마이스쿨(My School, www.myschool.edu.au)〉에서는 학교 간 비교평가 자료로 활용되며, 학부모에게는 어떤 학교가 최고의 성적을 내고 있는지 알려주는 지표로 활용된다. 모두가 NAPLAN 성적을 좁은 의미에서의 성취기준으로 삼기 때문에 아이들은 3일간 치르는 이 평가때문에 밤잠을 못 이루는 지경에 이른다. 아주 똑똑한 아이라도 너무 불안에 떨면 아는 문제에도 집중하지 못하고 답을 기억해내지 못해 실력을 제대로 보여주지 못할 수 있다. 그런데 그 시험점수가 아이들의 등급을 결정하고 학창시절 내내 그 아이들을 판단하는 잣대로 사용되는 것이다.

"선생님이 제게 말했어요. NAPLAN에서 좋은 점수를 얻지 못하면 좋은 학교에 진학하지 못하고, 좋은 학교에 진학하지 못하면 좋은 일자리를 얻지 못할 거라고요."[7] NAPLAN 스트레스로 불면증에 시달렸던 9세 소년의 말이다. 고작 아홉 살 아이가 말이다!

교사들 역시 NAPLAN을 긍정적으로 보지 않는다. 다음은 동일한 보고서에 나오는 내용이다. "학생들이 NAPLAN을 치르기 전에 스트레스를 받는다는 교사가 90퍼센트나 되고, 학생들이 아프고, 울고, 밤에 잠을 못 잔다는 교사도 상당히 많다. 교사의 72퍼센트는 NAPLAN에 대해 부정적으로 평가한다."[8]

쉽게 예상할 수 있듯이 평가에 대한 압박이 커지면서 학생들의 학습참여도 역시 낮아졌다. 2015년에 주목할 만한 갤럽조사결과가 발표됐다. 5-12학년에 재학 중인 7천 3백 명을 대상으로 학습참여도를 조사한 것인데, 여기서 '학습참여도'란 이렇게 정의된다. "학교생활에 열중하고 열정을 보이는 것, 학교가 학생들을 얼마나 잘 파악하고 있는지, 학생들 자신이 가장 잘 할 수 있는 것을 얼마나 자주 하는지를 반영한다."[9]

먼저 학습참여도의 정의를 분석해보자. '학교생활에 대한 열정'은 말 그대로 학교생활에 얼마나 열정이 있는지를 말한다. 그날 학교에서 무엇을 배웠는지 신나게 이야기하는 아이를 보면, 학교생활에 대한 열정이 어느 정도인지 간접적으로나마 알 수 있다. 그런 아이를 보는 것은 흐뭇한 일일 것이다. 특히 아이가 단답형으로 응수하기 일쑤인 십대라면 말이다.

다른 부모들처럼 나도 아이들에게 이런 질문을 던지며 많은 시간을 보냈다. "오늘 학교에서 어땠니?" 그럼 늘 하는 일상적인 대답이 돌아온다. "괜찮았어요.""따분했어요.""좋았어요.""별로였어요." 그러다가 누가 나한테 더 나은 질문을 알려주었다. "오늘 배운 것 중에서 더 알고 싶은 것 있니?" 아이가 더 알고 싶어할 만큼 흥미를 가지는 내용이 있는가, 호기심을 자극하는 내용이 있었나를 묻는 이 질문은 자녀의 '학습참여도'를 알아낼 수 있는 확실한 방법이다.

'학생을 얼마나 잘 파악하고 있는가' 하는 척도는 학생과 교사의 관계가 중요하다는 것을 암시하고, '아이들이 가장 잘하는 것을 얼마나 자주 하는가' 하는 척도는 잘한다고 믿는 것을 하는 데서 참여가 이루어진다는 것을 암시한다.

아이들이 무엇을 잘하는지 평가하는 잣대가 아주 편협하다는 것을 감안하면, 12학년이 될 무렵에는 학교에 관심을 갖는 아이들이 절반 밖에 되지 않는다는 설문조사결과는 전혀 놀라운 것이 아니다. 같은 연구에서, 자기가 좋은 일자리를 얻을 수 있을 것이라고 조금이라도 자신하는 학생은 3분의 1밖에 되지 않았고, 15퍼센트의 학생은 아무런 희망을 갖고 있지 않았다. 학생의 37퍼센트는 '뭘 해야 좋은지 모르는 막막한' 느낌을 갖고 있는 것으로 밝혀졌다.

갤럽의 페기 재스퍼슨은 말했다. "가장 흥미로운 결과는 '나는 지난 7일 동안 학업으로 칭찬이나 인정을 받았다'는 질문에서 가장 낮은 수치가 나왔다는 점입니다. '그렇다'고 대답한 학생은 30퍼센트밖에 되지 않았어요." 그녀는 "자신의 학업에 대해 긍정적인 피드백을 꾸준히 받지 못하는 학생들이 왜 그렇게 많을까요?"라고 반문했다. 이 조사에 따르면 교사가 학생의 약점을 부각시키기보다는 잘한 것에 초점을 맞추고 인정할 때 학생이 학업에 참여할 확률이 6배 더 높아진다는 것이다. "여기서 필요한 것은 아이들 각각이 다르고 저마다 고유한 요구가 있다는 것을 이해하고, 공부 외에도 각자가 잘하는 것을 알 수 있도록 좀 더 통합적인 평가방식이 필요하다는 인식입니다." 달리 말하면 성공의 개념을 확장할 필요가 있다는 것이다.

최근에 나온 교육통계 중에서 가장 충격적인 것은 빅토리아대학 미첼연구소에서 나온 2015년 보고결과일 것이다. 이곳은 교육을 주요 연구분야로 삼는 정책연구소인데, 보고서에 따르면 학업이나 직업교육을 중단하는 학생이 26퍼센트나 된다. 사회적 취약계층 아이들의 경우에는 그 수치가 더 높다.[10] 호주 청소년재단 이사장인 잰 오웬(Jan Owen)은 말한다. "호주에서는 매일 대략 24만 6천 명의 학생들이 등교하지 않습니다." 이것은 출석하지 않는 14-17세 청소년이 하루에 얼마나 되는지를 보여주는 수치다. 그것이 학교일 수도 있고 TAFE(Technical and Further Education, 주립기술전문대학)일 수도 있지만 어쨌거나 학생들은 모습을 드러내지 않는다. 이 학생들 중 약 10퍼센트 정도는 아동학대나 빈곤 같은 심각한 상황에 처해 있다. 하지만 그 축의 다른 끝에는 기존 체제를 따르지 않겠다고 하는 부류도 있다. 결석하는 학생들의 부류는 다양하지만, 그중에서도 많은 아이들이 이런 이유로 학교에 가지 않는 것이다.

잰 오웬은 '학업포기는 호주에서 아주 큰 사회적 의제 중 하나'라고 말한다. 이는 세계 각국에서 일어나는 문제이기도 하다. 30년간 교육개혁을 연구해온 스티븐 헤펠(Stephen Heppell) 교수는 나와 만난 자리에서 이렇게 말했다. "수치로 따져봅시다. 전 세계에 22억 명의 아이들이 있습니다. 그중에서 만족스러운 교육경험을 갖고 있는 아동은 절반도 되지 않을 겁니다. 일부 학생들은 좋은 교육을 받으면서 학교생활을 즐기겠지만, 제가 방문한 학교에서는 수업시간에 웃는 아이들을 찾아볼 수 없는 곳도 아주 많았습니다. 그러나 학교는 인생에서 그 어느 때보다 더 즐거운 경험을 하는 곳이어야 합니다."

이런 정도의 탈학교는 용인할 수 있는 수준이 아니다. OECD의 PISA(Programme for International Student Assessment, 국제학업성취도 평가)프로그램 책임자인 안드레아스 슐라이허(Andreas Schleicher)의 말마따나, 만약 슈퍼마켓을 운영하는데 고객의 30퍼센트가 아무것도 구매하지 않고 매장을 나간다면, 사업모델에 무언가 조치를 취해야 한다. 잰 오웬은 교육개혁을 위한 범사회적 압력을 촉구했다.

누구도 교육개혁에 대한 사회적 합의를 이끌어내지 않다 보니 아이들이 고통을 받고 있습니다. 아이들은 발언권이 없기 때문에 학교에 가지 않는 것으로 의사를 표시하는데, 그런데도 우리는 제도의 희생자인 학생들을 비난하고 있지요. "학교에 가지 않는 건 너의 잘못이고 너한테 문제가 있는 거야."라고 말하면서요.

호주에서는 아이들의 정신건강치료에 연간 100억 6천만 달러를 지출합니다. 이렇게나 아이들의 정신건강문제가 만연한 이유는 우리가 그 문제를 아이들 개인의 문제로 보고 아이들을 다그치기 때문입니다. "기본적으로 이건 네 문제야. 네가 분발해서 해결해야 해."라고 말하면서요. 하지만 사실 그건 아이들의 문제가 아닙니다.

우리는 기후변화나 빈곤과 같은 지구적 차원의 변화와 불확실성으로 유사 이래 가장 복잡다단한 시기를 살고 있습니다. 이를 해결하기 위해서는 지금까지와는 다른 차원의 생각과 접근법이 필요한데도 우리는 여전히 개인에게 집단적 압력을 가하는 방식을 택하고 있습니다. 학교를 이탈하는 학생들에게 그건 너의 잘못이라고 말하는 거죠. "알잖아. 이 나라에서 살아남으려면 정신 차려." 이와 같은 안일한 대처로는 충분치 않습니다. 우리는 아이들이 학교에 가지 않는 것을 개인의 문제로 환원시키고 있어요. 저는 우리가 놀라운 인재를 키울 수 있는 이 시기에 가장 비극적인 우를 범하고 있는 것 같습니다.

나는 미국, 영국, 아시아, 유럽의 학부모, 교육자들과 대화하면서 나라마다 비슷한 이야기를 들을 수 있었다. 학습을 포기한 아이들, 과도한 스트레스에 시달리는 아이들, 자녀들의 성적을 걱정하는 학부모, 자신의 성적을 걱정하는 아이들. 붕괴된 교육체제는 바뀌지 않고 압박은 지속된다. 그 속에서 아이들은 고통 받는다.

미국의 심리학자 매들린 레빈(Madeline Levine)의 저서 『자녀들을 잘 가르치라(Teach Your Children Well)』에는 이런 내용이 있다. "동네 슈퍼마켓에서 농약을 친 사과를 팔았을 때, 중년의 엄마들이 거리로 나와 피켓을 들고 시위를 했다. 사과가 아이들의 건강에 미칠 수 있는 위험성에 대해 항의하는 것이었다. … 하지만 교육체제를 두고 이런 식으로 항의하는 것은 아직 본 적이 없다. 교육체제의 위험성에 대한 연구자료들은 넘쳐나는 데도 말이다. 현재의 교육체제를 따라가는 것은 우리가 나쁜 사람이거나 아이들의 행복에 무관심해서가 아니라, 기존과는 다른 관점을 취하는 것이 아이들을 더 큰 위험에 빠뜨릴 수 있다고 들어왔기 때문이다."[11]

이런 이유 때문이거나, 혹은 교육체제의 문제점에 대해 아예 생각을 해본 적이 없기 때문일 수도 있다. 어찌 되었든 메시지는 변함이 없다. '우리의 교육체제가 정의한 대로 좁은 의미의 성공을 성취하라. 아니면 실패자가 된다.'

이쯤에서 클레어의 졸업작품이 전하는 분노의 외침을 되새겨보자.

우리는 자라면서 주위의 다른 사람들과 우리 자신을 비교해왔다. 유치원 때부터 가장 잘하는 사람은 칭찬을 받았고 못하는 사람은 인정받지 못했다. 그래서 항상 최고가 되어야 한다는 생각에 시달리거나, 영원히 최고가 될 수 없으리라는 생각에 자신감이 결여된 상태로 성장한다. 우리는 13년 동안 교육을 받으며 십대들이 겪는 온갖 어려움(섭식장애, 우울증, 불안)을 어떻게 헤쳐나가면 좋을지를 배우지만, 자존감에 대해서는 전혀 배우지 못한다. 어른들은 우리가 100퍼센트 성공할 때까지는 우리가 스스로를 싫어하도록 만든다. 올해는 마지막 해이고, 나는 내가 받을 학력점수(ATAR, Australian Tertiary Admission Rank, 호주 대학입학자격시험 점수)가 내 잠재력을 나타낸다고 생각한다. 내가 정말 열심히 노력한다면 어디까지 성취할 수 있는지를 보여줄 수치라는 뜻이다. 하지만 사실이 점수는 내가 현대사회에서 성공하는 데 필요한 지능을 갖고 있지 못하다는 자신감의 결여를 재확인해줄 뿐이다. 결론적으로, 나는 유치원부터 학교까지 모든 교육기관이 자기혐오사회를 만들어가고 있다고 생각한다. 아이들이 점점 더 망가지는 것은 전혀 놀랄 일이 아니다. 아이들의 가치를 이와 같이 어처구니없는 성적 하나로 재단하기 때문이다.

2장

부모는 자녀의
행복만을 바란다

자녀에게 공부하라고 잔소리하는 것이 문제가 된다는 것을 의식적으로 깨닫고 있는 부모들은 많지 않다. 오늘날 아이들에게 가해지는 압박에 대해 흔한 이야기를 언급하며, 부모들은 보통 이렇게 말한다. "하지만 우린 아이에게 압박감을 주지 않아요." 그러고는 아이들이 대체 어디서 부담을 짊어지는지 의아해한다. 학교일까? 친구? 교육체제? 그냥 자기 스스로? "어쨌든 우리는 아니에요. 우리는 아이가 최선을 다하기만을 바랄 뿐입니다."

자녀들을 대놓고 압박하는 부모도 있다. 한 교장선생님으로부터 좀 지저분하고 단정치 못해 교사들도 주목하고 있던 어느 십대 학생 이야기를 전해 들었다. 사정을 알아보니 그 아이는 성적이 나쁘다고 집에서 쫓겨나 기차역에서 노숙을 하고 있었다. 자녀의 점수를 올려 달라고 교사에게 괴로우리만큼 집요하게 요구했다는 학부모의 이야기도 들었다. 시험에서 낙제했다고 외출금지를 당해 손꼽아 기다리던 파티에 가지 못했다는 이야기를 해준 아이들도 있었다. 사립학교에 다니는 아이들은 부모가 교육에 얼마나 많은 돈을 지출하는지를 듣고 또 들으며, 전 과목에서 A를 받아야 한다는 말을 듣는다고 한다.

나와 면담했던 한 심리학자는 부유한 집안의 아이들을 대상으로, 특히 자신을 사립학교에 보내 교육비를 투자하는 만큼 부모의 기대가 높아지는 데서 생기는 압박감의 후유증을 치료한다. "사립학교에 돈을 쏟아 붓고 있기 때문에 자녀가 옥스퍼드나 하버드 같은 명문대에 진학하게 될 것이라고 기본적으로 기대하고 있는 부모들을 본 적이 있습니다."라고 그는 말했다. "제가 상담했던 한 가족은 자녀교육문제로 부모가 이혼을 했습니다. 아버지는 이 정도로 교육비를 투자하면 딸이 자신의 모교인 옥스퍼드대학에 꼭 진학해야 한다고 생각했거든요. 그 애는 아주 똑똑했지만 옥스퍼드대학에 들어가지는 못했습니다. 공부는 잘했지만 입시스트레스를 견디지 못한 겁니다." 이 아이의 경우에 압박감이 어떻게 표출되었는지를 묻자 그는 이렇게 대답했다. "자해, 자살충동, 그리고 등교거부였습니다."

또 다른 교장은 어떤 부모가 교장실로 전화를 걸어 반 아이들이 보는 앞에서 아들을 때릴 수 있도록 허락해달라고 했다는 이야기를 들려주었다. 자기 아들을 말이다! 아들이 기대만큼 시험을 잘 보지 못했다는 이유였다. 이는 누가 봐도 극단적인 경우이다. 대부분의 부모는 삶에 균형이 필요하다는 것을 이해한다. 하지만 우리가 좁게 정의한 '성공'에 이르기 위해 그들과 자녀들이 어떻게 경쟁문화에 내몰리게 되는지는 여전히 이해하지 못하고 있다.

그들 가운데 몇몇은 어쩌다 집안에 밤마다 미적분문제를 푸는 공부벌레가 생겼다고 너스레를 떨며 이렇게 자랑한다. "우리는 애한테 공부만 하지 말고 좀 쉬라고 말해요. 밤 12시에는 자라고 문을 두드려야 할 정도라니까요." 맞다. 실제로 이런 아이들도 있다. 내적 학습동기를 갖고 성공을 열망하며 완전히 공부에 몰두해 공부하라고 잔소리할 필요가 전혀 없는 아이들 말이다. 이런 아이들은 공부를 잘하려면 어떻게 해야 하는지를 잘 아는 학생의 좋은 본보기다. 그들은 대부분 학교생활에 잘 적응하고 좋은 학교에 진학한다.

하지만 삶의 균형이 무너질 정도로 학습압박을 받는 아이들도 있다. 어느 '과외교사'가 쓴 이야기에는 자신이 가르치는 12세 소녀의 안타까운 사연이 실려 있다. 그 어린 소녀는 교사가 '소기업 경영자'의 삶에 비교할 만큼 쉴 틈 없는 일정과 엄청난 공부에 시달리고 있었다.[1] 그 아이는 텔레비전도 안 보고, 하루 6시간만 자도 충분하다고 믿고 있으며, 다음 날 봐야 하는 시험 걱정으로 울며불며 밤 10시에 과외교사인 자신에게 전화해 어떤 문제가 나오겠는지 물었다고 한다. 영국의 일류학교를 다니는 이 아이는 하룻밤 만에 모든 에세이를 고쳐써야 하는 데다 제대로 이해하지도 못하는 고전들을 산더미처럼 읽어야 해서 과제부담에 '쓰러질' 지경이라고 했다.

하지만 과외교사는 그 아이가 행복하다고 말했다. 시험문제를 의논하러 늦은 밤 울면서 전화하는 아이를 두고 어떻게 그렇게 이야기할 수 있는지는 모르겠지만 말이다. "그 아이는 학과성적을 최상으로 유지하고 싶어해요."라고 과외교사는 말했다(하지만 이것은 행복한 것과는 아주 다르다). "이 애의 학습부담은 단순히 부모가 강압해서 생긴 문제가 아닙니다. 아이의 부모는 아이가 학교에서 잘하기를 간절히 바라고 기꺼이 아이를 과외활동 장소로 데려다주지만 이제는 슬슬 걱정이 된다고 합니다. 지난 반 학기 동안 엘리자베스는 공연을 준비하느라 발레학교에서 매일 아침 9시부터 오후 5시까지 연습했습니다. 집에서 쉬라고 해도 엘리자베스는 고집을 부린답니다. '이게 정상일까요?' 아이의 어머니는 내게 몇 차례나 물었습니다. '이렇게 바쁘게 지내는 게 애한테 좋은 일일까요?'라고요."[2]

이게 정상일까? 아니, 이건 정상이 아니다. 누가 12세 아이의 일정을 이렇게 정했는가? 누가 아이에게 과제를 이렇게 많이 줘도 된다고 했는가? 누가 과외수업과 발레교습 비용을 지불하는가? 누가 아이를 과외수업에 데려다주는가? 누가 이런 상황이 지속되도록 허용하는가? 12세 아이는 이에 대한 책임이 없으며 이게 자기한테 좋은지 나쁜지 판단할 능력도 없다. 다들 뻔히 아는 일 아닌가. 절대로 아이가 과도한 일정에 쫓기게 하지 마라.

자녀에게 높은 기대감을 갖는 것은 중요하다. 누군가에게 기대감을 낮게 가지면, 그 사람은 그 기대치 정도로 살게 된다는 말은 진실에 가깝다. 하지만 스스로에게 물어봐야 하는 질문이 있다. 당신의 기대치는 얼마나 높은가? 밖으로 내뱉는 기대치와 속마음은 일치하는가? 그리고 가장 중요한 질문, 당신이 자녀에게 거는 기대치가 그 아이의 가능성을 오히려 제한하고 있지는 않은가?

성공을 성적만으로 한정해서 생각하면 기대치는 성적에 관한 것이 된다. 자녀가 성취해야 한다고 생각하는 것들에 대한 관점도 좁아지는 것이다. 따라서 문제는 기대치를 높게 잡는 것이 아니다. 열심히 공부하는 것이 가치 있다는 것을 가르치고 모범을 보이는 것은 좋다. 하지만 성공을 성적만으로 한정하고 평가에서 '실패'의 허용범위를 좁히는 것은 아주 다른 문제이다. 이런 태도는 기대를 압박의 수위로 넘어가게 만든다. 부모라는 이름으로 흔히 저지를 수 있는 폭력이다.

"제가 문제라는 것을 저도 압니다." 성취에 대한 압박을 어디에서 받는지 모르겠다고 생각하는 부모들을 많이 만나본 내 입장에서 이런 고백은 좀 의외였다. 십대 소년의 엄마와 대화를 하다 학교생활로 화제가 넘어가는 중이었다. 그 엄마는 아들의 삶에 무슨 일이 벌어지고 있는지를 나에게 이야기했다. J는 명문 남자사립학교에 다니고 있는데 그 학교는 학업성취도 기대수준이 높고 기준도 엄격했다. 학교의 기대치는 학부모들의 기대치와도 맞아서 학부모들은 아이들이 열심히 공부하고 일정 수준의 성적을 유지하기를 원했다.

하지만 '창의적이고 개인주의적인' 그 집 아들은 이런 기대에 고분고분 따르지 않았고 9학년(우리나라 교육제에서는 고1에 해당하는 학년-옮긴이)이 되자 성적이 아주 형편없어졌고 행복지수도 크게 떨어졌다. 자신이 학교생활에 잘 맞지 않는다고 느낀 데다 몇 년 동안 주변 사람들한테도 그런 평가를 받자 아이는 무너지기 시작했다. 고등학교 교육과정이 시작되는 첫날 아이는 한계에 부딪쳤고 거기에서 벗어나지 못했다. "9학년 두 학기 동안 상황은 더 악화돼서 아이는 학교를 그만 두고 싶다고 고집을 부리기 시작했죠. 아이가 집에 와서 바닥에 쓰러져 흐느끼기 시작한 날, 저는 뭔가 조치를 취해야 한다는 생각이 들었어요."

아이는 늘 말썽을 일으켰고 그 때문에 집으로 자주 전화가 걸려왔다. 그는 학교에서 틀에 찍어내듯 만드는 '공부 잘하는' 아이는 아니었다. 그렇게 되려고도 안 했고, 될 수도 없었지만 말이다. 그는 학교의 높은 성취도문화에 맞는 아이가 아니었다. 문서로 기록된 모든 자료에 따르면 아이는 기대치에 미치지 못했다. "기본적으로 학교에서는 내내 아이에게 '너는 뭔가 잘못됐다'고 말하고 있었던 거예요."

아이가 매일 스트레스에 시달리고 있었는데도 이 학부모는 아이를 전학시킬 생각은 아예 배제하고 있었다. 명문학교에 다닌다는 자랑거리를 버리기가 어려웠고, 그 학교의 진학 성과는 늘 뛰어났기 때문이었다. 하지만 아들의 간절한 요청을 거부하기 어려워서 그녀는 아들의 전학 절차를 밟기 시작했다. "이렇게 말하고 돌아섰어요. 우리 아이의 자존감을 무너뜨리라고 당신들에게 1년에 3만 달러 이상씩 학비로 낸 게 아니라고. 그게 끝이었어요." 이처럼 예외적인 경우가 아니라면 생각을 바꾸기가 쉽지 않다.

새로 전학 간 지역 공립고등학교에서 J는 완전히 딴 아이가 되었다. 늘 행복하고 새 친구도 쉽게 사귀고 지역사회와 강한 유대감을 갖고 있었다. 무엇보다도 아이는 기타를 치겠다는 자신의 열정을 활활 불태우며 버스킹 허가를 얻어 토요일과 일요일 새벽 4시 45분에 꼬박꼬박 일어나 돈 벌기 좋은 버스킹 장소를 확보하려고 시내로 나갔다. 새로 전학 간 학교에서 그는 음악활동 분야에서 전설이 되었는데, 그의 엄마에 따르면 '학교에서는 무엇보다도 매일 아이에게 잘하고 있다는 메시지를 준다'고 한다. 하지만 그 엄마는 여전히 아이의 학업성취도에 대해서 걱정하고 있었다. 아이가 공부에는 소질이 없는 것이 확실한데도 말이다. 그녀는 말했다. "졸업성적이 정말 걱정돼요." 부모가 생각을 바꾸는 것이 쉽지 않다고 말한 이유다.

이 사례에서 보면 J는 마침내 행복을 찾았고 좋은 친구들을 사귀었으며 아르바이트에서는 승진을 했고, 밴드활동에서 큰 성공을 거두고 돈도 꽤 벌게 되었다. 그런데도 엄마 입장에서는 여전히 아들이 졸업성적을 잘 받아야 한다는 생각을 떨치지 못하고 있다. 이는 학업성적이 중요하다는 고정관념에서 벗어나기가 얼마나 어려운지를 잘 보여준다. "우리 아들은 이런 경쟁적인 교육체제에 맞는 아이가 아니라는 것을 처음부터 알고 있었어요. 그런데도 저는 여전히 아이의 학업성적을 걱정하고 있어요. 이게 말이 되나요?" 그녀는 아들이 충분히 노력하지 않고 있다는 생각이 들면 자기도 모르게 학교에 전화를 걸었다. 학교에서 아들에게 좀 더 압박을 가해주길 바랐고 아이가 수업에 지각하는데도 왜 아이를 단속하지 않는지 의아해했다. 이 학교는 공립학교여서 출석일수가 85퍼센트가 되지 않을 경우에만 지각이나 결석을 제재할 뿐이었다.

집안의 갈등을 줄이는 길을 모르는 바는 아니었다. 아이가 공부를 잘해야 한다는 기대는 내려놓고 아이가 잘하는 것을 인정하고 그 길을 가도록 밀어주면 될 일이었다. 그런데도 아이한테 '공부를 잘해야 한다'고 압박하는 일을 멈출 수가 없는 게 문제였다. 그러다가 그녀는 한 가지 깨달음을 얻었다. 학교에서 학업성적으로만 성공을 판단하듯이 자신도 집에서 똑같이 아이가 잘하는 것이 아닌 공부만 잘하라고 압박하고 있다는 것을 말이다. 그녀는 잘못된 기대를 버렸다. 결국 자신이 원하는 것은 세상 대부분의 부모들이 자녀에게 바라는 것, 아이의 행복이었기 때문이다.

삶에서 성공이라고 여기는 것이 무엇인지를 묻는다면 대부분은 행복을 찾는 것이라고 대답하지 않을까? 자녀에 대한 기대가 무엇인지를 묻는다면 틀림없이 99.9퍼센트의 부모들은 그저 아이들이 행복하기만을 바란다고 대답할 것이다. 좀 더 구체적으로 말하자면 행복이란 자기가 좋아하는 일을 찾고 사랑하는 관계를 형성하고 어떤 식으로든 사회에 기여하면서 사는 게 아닐까? 대부분의 사람들이 자신이나 자녀들을 위해 추구하는 행복한 삶을 이루는 것들은 그런 것들이다. 성공은 행복과 같은 것인가? 어른들 대부분은 '성공'과 '행복'을 바꿔놓아도 의미는 같을 거라 생각할 것이다. 즉, 행복한 삶은 성공한 삶이고 성공한 삶은 행복한 삶이라고 본다.

나를 행복하게 하는 것들은 어떤 게 있을까. 화목하고 사랑이 넘치는 가정, 가족을 위해 좋은 음식을 식탁에 차릴 수 있는 능력, 작가로서 생산적인 글을 쓰는 일, 친구들과 즐거운 대화, 내 앞가림을 할 수 있는 능력, 내가 열심히 일하고 있을 때 누군가 맛있는 차 한 잔을 내주는 것(나를 행복하게 하는 것을 꼽으면서 내가 어떤 기분을 느꼈을지는 말 안 해도 누구나 공감할 수 있을 것이다).

이런 것들은 아주 평범한 일이 아닌가? 살면서 이런 일들을 계속 누리고 산다면 나는 성공적인 삶을 살았다고 말할 수 있을 것이다. '작가로서 생산적인 글을 쓰는 일'을 '하고 싶은 일을 하는 것'으로만 바꾸어 놓으면 내가 앞에서 말한 것들이 당신이 원하는 행복이 될 수도 있지 않을까? 그 자리에 당신이 좋아하는 음료수를 넣기만 해도 된다. 이것이 중산층의 행복목록이라고 굳이 덧붙일 필요는 없을 것이다. 나라 없이 억압받는 사람과 집 없이 학대받는 사람들의 행복목록이 아닌 것은 분명하니까 말이다. 이것은 선진국에 사는 대부분의 중산층이 바라는 행복이며 그렇게 특별한 것은 없다. 나에게 성공과 행복은 같은 의미이다.

'성공'을 사회적 의미로 넓혀서 생각한다면 돈을 잘 벌고 좋은 집과 차를 사고 원하는 물건을 갖는 것과 같은 물질적인 것들을 떠올리게 된다. 물론 이런 물질적인 것들이 우리가 생각하는 성공이라는 개념에서 큰 부분을 차지한다는 것은 부정할 수 없지만 그건 또 다른 얘기다. 그렇더라도 어느 정도는 21세기의 물신인 물질주의에 의해 교육의 방향이 정해진다고 볼 수 있는 측면이 있다. 교육을 많이 받을수록 평생 임금이 높아진다는 수많은 연구자료 덕분에 교육적 성공을 금전적 성공과 동일시하게 되었다. 가파르게 치솟는 생활비와 끝이 없는 인간의 탐욕 때문에 성공의 기준이 돈으로 한정되고 대학입학이 성공의 보증수표로 여겨지게 되었다. 하지만 이것도 옛날얘기가 되고 있다.

요즈음에는 '성공'이란 것이 직장생활을 채 시작하기도 전에 4만 달러의 부채를 남기는 대학학위처럼 보일지도 모르겠다. 학자금 부채는 그 어느 때보다 높은 수준이고 졸업과 동시에 수년 동안 부채 상환을 해야 한다. 게다가 비싼 학위가 일자리를 보장하지도 않아서 셰어하우스의 방세를 내기 위해 낮에는 콜센터에서 일하고 밤에는 술집에서 일해야 하는 처지에 내몰릴 수도 있다.[3] 혹시 인턴 일자리를 찾는 '행운'을 누린다 해도 유급 일자리로 이어질 수 있다는 일말의 희망을 갖고 무급으로 몇 달 동안 계속 일하게 될 수도 있다. 아니면 최근에 법대를 졸업하고도 일자리를 찾을 수 없는 잉여자원이 되어버린 자신의 처지를 알아채고는 오히려 근무조건으로 법률회사에 연간 2만 2천 달러를 지불해야 할 수도 있다. 일자리가 절대적으로 부족하기도 하고[4] 공부하느라 학자금 부채를 떠안게 된 터라 전문직을 얻는다는 게 너무 절실하기 때문이다. 일하기 위해서 회사에 돈을 갖다 바쳐야 하는 시대가 온 것이다.[5]

20대가 되어서도 부모와 동거해야 하는 네 명 중 한 명이 될 수도 있다.[6] 청년이 되어서도 부모의 품을 떠나지 못하는 자녀들 때문에 부모들이 얼마나 성가셔 하는지를 다루는 기사를 많이 접했겠지만, 자녀 입장에서도 20대에 누가 좋아서 엄마아빠와 동거하겠는가? 능력만 된다면 총알처럼 독립해 살고 싶지 않겠는가? 2014년 보고서에 따르면 호주 젊은이들은 부모세대보다 소득이 낮은 첫 번째 세대가 될 가능성이 아주 높다. 삶의 수준은 낮아지고 집값은 너무 비싸서 그들은 주택 구입마저 어려울 수 있다. 물가상 승률을 반영하면 수입 대비 주택 구입비용이 부모세대보다 6배나 더 증가할 것으로 예측된다.[7]

'성공'은 주당 50-60시간의 근무시간을 의미하기도 한다. 재정적으로 감당할 수 없는 부모 봉양, 수지를 맞추고 과도한 담보대출을 상환하기 위한 과로, 직업안정성 하락으로 인해 스트레스 수준은 한층 높아진다. 오늘날 아이들의 눈에는 직업적 '성공'이 불행처럼 보이는 경우도 많다. 부모가 일에서 즐거움을 느끼지 못하는 것을 목격하고 있기 때문이다. 미국의 2013년 갤럽조사에서 직장인의 70퍼센트는 직업에 만족하지 못하거나 '몰입하지 못한다'는 충격적인 결과가 나왔다.[8] 호주의 갤럽조사에 따르면 호주사람 중에 자신이 하는 일을 좋아한다고 말한 사람은 절망스럽게도 18퍼센트에 불과하며, 그 나머지는 고용주와 마음이 맞지 않아서 해고를 피할 정도로만 최소한도로 일한다고 한다.[9] 이런 현상은 대부분 국민들의 정신건강에는 말할 것도 없고 경제에도 좋지 않다. 주어진 환경에 몰입하지 않고 그저 하루하루를 견디기 위해 최소한도의 일을 한다는 것은 학교에서 벌어지고 있는 상황과 아주 비슷하지 않은가?

학교에서 성공은 행복과 별로 관계가 없다. 학교에서 성공은 순종하고 사람들이 듣고 싶어하는 말을 하며 단순 사실을 암기하고 시험을 잘 치는 것을 의미한다. 성공은 사지선다형 문제에서 정답 고르기이고 체제경쟁이며, 다른 학생들을 제치고 좋은 대학에 갈 점수를 얻어서 계속 성공할 수 있다는 확신을 얻도록 반에서 1등을 하는 것이다. 좁은 성공의 척도로 아이들을 판별하는 대량복제 체제에서 살아남는 것이 성공이다.

하지만 우리 집 딸과 같이 자기 자신의 잘못은 아니지만 일괄적 평가방식의 교육체제에는 맞지 않는 아이들이 있다. '성공'의 잣대가 좁으면 좁을수록 그 틈새로 떨어지는 아이들이 많아진다. '실패'의 나락으로 사라지는 것이다. 이런 실패에 대한 두려움은 위태롭게도 어릴 때부터 시작된다. 캔버라대학교의 언어, 문해력, 제2언어로서의 영어교육(TESL) 담당교사이자 선임강사인 미스티 아도니우(Misty Adoniou) 박사는 '학교는 이상한 유형의 클럽'이라고 말한다.

학교는 모두를 받아들이지만 모두에게 맞는 체제는 아닙니다. 학교의 교육방식에 맞지 않는 온갖 유형의 아이들이 있죠. 교사가 배운 교수방식과는 전혀 맞지 않는 다른 학습방식을 가진 아이들입니다. 그런 아이들은 학교에 첫발을 딛는 날부터 여기는 내가 있을 곳이 아니라는 느낌을 받으면서 수업에서 소외되지요. 그들은 뭐든지 척척 해내는 것처럼 보이는 아이들로 둘러싸여 일찌감치 다른 사람들은 자기보다 똑똑하다는 느낌을 갖게 됩니다. 그러면 학교생활을 시작한 지 불과 몇 달 만에 실패자라고 느끼는 안타까운 상황에 처할 수밖에 없죠.

이런 상황은 모두가 학교에 높은 신뢰를 갖고 있다는 사실에 의해 더 증폭됩니다. 학교의 권위가 높고 자신은 학교에서 딱히 잘하는 애가 아니라고 느끼면 자기가 못났다고 인정하게 될 수 밖에요. 사람들은 학교에서 정의하는 똑똑함, 유능함, 능력 있음의 개념을 평생 지니게 되고 이는 삶 전반에 영향을 끼치는 것으로 보입니다.

아도니우 박사에 따르면 이런 아이들은 성장과정에서 부모에 대한 의존도가 높지만 이들 부모는 이런 자녀들을 어떻게 키워야 하는지 모르는 경우가 너무 많다고 한다. "우리 부모들은 학교가 옳은 길을 알고 있으므로 우리 아이에게 최상의 것을 해주는 방법도 분명히 알고 있을 거라고 철석같이 믿고 있습니다." 하지만 그렇지 않은 경우가 다반사다. 아도니우 박사는 지금은 성인이 된 자기 딸이 그런 경우라고 했다. 배우는 방식이 남과 달랐고 학교에서는 인정받지 못하는 특출한 재능을 갖고 있던 딸은 학교생활에 큰 어려움을 겪었다.

"예술적 재능이 특출한 딸애는 그 재능을 가끔 인정받긴 했어요. 딸애의 그림이 맘에 든다고 간혹 칭찬하시는 선생님이 한 분 계셨거든요. 하지만 이런 애들은 '읽기 나머지반'에 들어가면 매일 아침 자신이 인정받지 못한다는 느낌을 갖게 됩니다. 나머지반이라고 부르지는 않고 웜뱃(작은 곰같이 생긴 호주 동물. 캥거루처럼 새끼를 육아낭에 넣어서 기름–옮긴이)반인가 뭔가로 불렸지만, 그 반이 어떤 반인지는 다들 알아요."

"다행히도 우리 딸에게는 아이의 상태를 알고 어떻게 양육할지를 아는 내가 집에 있었지만, 주변 사람들의 평가와 반응을 무시하고 자식을 자기 방식대로 키우는 게 쉬운 일은 아닙니다."라고 아도니우 박사는 말했다. 주변의 영향력은 막강하다. 이런 아이들은 어릴 때는 그나마 학교에 계속 나오지만 고등학교에 진학하면 등교를 거부하기 시작한다. 그럴 만도 한 일이다.

"이 아이들은 어떻게든 학교에 붙어있으려고 노력에 노력을 거듭하면서 계속 출석합니다. 6년 동안 끈기있게 학교에 오지만, 여전히 학교는 아이들이 필요로 하는 것을 주지 않습니다. 아이들이 학교를 떠나는 것은 전혀 놀랄 일이 아니죠." 아이에게는 학교에서 성공하지 못한 책임이 전혀 없는데도 아이는 실패자라는 자책감을 지닌 채 학교를 떠나게 되는 것이다.

모두들 아주 중요하다고 생각하는 영역에서 잘 하지 못하면 당사자는 어쨌든 실패자 같다는 느낌을 갖게 될 수 밖에 없습니다. '엄마도 할 줄 알고 형제도 할 줄 아는 것을 나는 왜 못하는가'라는 생각이 들면 집에서 낙오자라는 느낌이 들 수 있듯이 학교에서는 공부를 얼마나 잘하는지에 따라서 성취도를 평가하고 그 성취도를 아주 중요하게 여기기 때문에 집 밖의 사회에서도 실패자라는 느낌을 가질 수 있지요. 학교의 평가가 자신의 정신건강에 끼치는 영향력을 무시할 수 없습니다.

내가 관찰한 바에 따르면, 십대 아이들은 주변에서 별로 똑똑하지 못하다는 평가를 지속적으로 받게 되면 자기는 멍청한 사람이라는 생각이 머릿속에 박힙니다. 추정일 뿐이지만 나 자신이 별로 똑똑한 아이가 아니라는 생각이 자리잡기 시작한 것은 학교생활 초기부터였을 거예요. 이런 메시지를 내가 딸에게 줬을 리는 없으니까 집이 아닌 다른 곳에서 이런 평가를 받았을 텐데, 아이가 그 대부분의 시간을 보낸 곳은 과연 어디인가요?

딸과 나, 둘 다 익히 알고 있듯이 학교체제에 맞지 않는 아이들에게 선택지는 별로 없다. 한 엄마가 이제는 초등학교 졸업반이 된 자녀의 이야기를 내게 해줬다. 그 아이는 교사가 어느 날 자기를 지목해 선생님 말에 집중하지 못한다고 창피를 준 이후 몇 년간 힘겹게 학교생활을 견디다가, 더 이상 학교에 다니고 싶지 않다고까지 하는 지경에 이르렀다. 아홉 살의 나이에 자살이란 말을 입에 올릴 정도였다. 이삼 년 후에 그 아이는 다른 아이들과는 학습방식이 다르다는 것이 밝혀졌는데, 문제는 지능이 아니라 집중력과 일처리 방식에 있었다. 그 아이는 그저 배우는 방식이 달랐을 뿐이었다. 그런데도 그 점에 대해서 너무 나쁜 평가를 받다보니 말도 안 되게 어린 나이에 아이가 자살 운운하게 된 것이다.

아이에게 실패자라고 느끼게 할 정도로 '넌 구제불능'이라고 말하는 사람은 실제로 아무도 없다. 이제는 학교에서도 대놓고 학생에게 낙제점을 주지도 않지만 그렇더라도 아이들은 중요한 평가기준으로 따져 반에서 자기가 어떤 위치에 있는지를 잘 안다. 학교생활 중에 얻게 되는 평가 신호는 그 외에도 수없이 많다.

그럼 공부라는 좁은 잣대로 평가하는 성공의 기준에서 실패자가 되는 아이들은 무슨 일을 겪을까? 그런 아이들은 교실 뒤에서 조용히 입 다물고 지내다가 점점 더 뒤처지게 된다. 교문에 들어서면 헛구역질이 나서 견디지 못하고 결국 도망친다. 집에 가서 자해를 하기도 한다. 학업에 흥미를 잃고 부정적이고 파괴적인 방식으로 엇나간다. 이런저런 방식의 처벌을 받게 되면서 결국 '실패자'라는 낙인이 찍힌다.

최근에는 실패의 개념이 마케팅 쪽에서도 인기를 얻고 있다. 실패를 용인하라. 실패는 선물이다. 사람은 실패를 통해 배운다. 부모는 자녀들에게 실패할 기회를 주어야 한다. 실패는 성공의 열쇠다! 실패가 갖고 있는 놀라운 힘을 파악하려면 서점의 자기계발 코너만 한번 쓱 둘러보면 된다. 인간이 성장하는 데 실패가 얼마나 중요한지, 기업이 순이익을 늘리려면 실패를 받아들이는 것이 얼마나 중요한지, 실패사례가 모든 사람에게 나름의 교훈을 어떻게 주는지 알려준다. 실패에서 제대로 배우기만 하면 회복력과 근성으로 세상과 다시 맞설 수 있다.

아이들 대신 부모가 너무 많은 것을 해줘서 아이들에게 실패할 기회를 빼앗는 것은 좋지 않다고 조언하는 것이 최근의 추세다. 이 책을 쓰면서 어디서나 들리는 끔직한 용어인 '헬리콥터 부모(helicopter parents)'를 사용하지 않기를 바랐지만, 안타깝게도 그럴 수가 없다. 헬리콥터 부모는 자녀가 실패하지 않도록 자녀 주변을 맴돌다가 뛰어들어 구해주지만, 장기적으로는 자녀의 성공을 가로막는 역할을 하는 셈이다. 헬리콥터 부모들은 뒤로 물러서라! 자녀가 실패하도록 내버려두라. 실패를 겪어야 다시 일어나 세상을 살아갈 수 있는 회복력을 배우고, 결국에는 성공하게 된다.

그렇다. 실패는 큰 힘을 갖고 있다. 그러나 적절해야 한다. 실패자라는 느낌을 너무 오래 지니면 회복하기 힘들 수 있다. 실패하면 어떤 사람들은 실패에 갇혀서 더 이상 시도도 해보려 하지 않는데 이런 얘기는 아무도 하지 않는다. 수년간 학교의 학업방식에 적응하지 못하면 아이는 자칫 회복탄력성을 잃을 수 있다. 아이가 거의 모든 학업기준에 도달하지 못하고 그로 인해 징벌까지 받는다면 실패자라고 느낄 수밖에 없지 않을까? 이는 개인의 자존감과 세상을 살아갈 수 있는 역량 발달에 재앙이 될 수 있다. 이런 상황을 겪어본 학부모들은 자녀의 자존감을 다시 살려서 '성공적으로' 작동하게 하기까지 수년이 걸릴 수 있다고 말했다.

한 엄마가 들려준 경험담이다. 이제 26세인 그녀의 딸은 불행한 학교생활로 인해 거의 망가지다시피 했다고 한다. 딸은 항상 모자란 사람이라는 느낌에 갇혀 지냈고 '다시 일어나 정상적으로 생활하는' 데 꼬박 5년이나 걸렸다. 그리고 나서도 여전히 그녀는 사소한 어려움에도 자신감이 바닥을 치곤 했다.

인터넷에 학업실패 위기를 다룬 글이 올라오면 다양한 연령대의 개인적 이야기와 댓글이 줄줄이 달린다. 자신의 좋지 않았던 학교생활이 어떤 경우에는 수년간, 심지어 수십 년간 머릿속에 떠오른다는 내용들이다. 획기적인 교육개혁이 이루어지지 않는다면 이런 안타까운 사연들을 떠올리는 사람들이 더 많이 생겨날 것이라는 두려움이 앞선다.

중고등학교에 30년을 재직한 한 교사는 이렇게 말한다. "모두 '난 통과했어', '난 떨어졌어'라고 성공과 실패에 대해 이야기합니다." 그러나 우리의 삶은 세상이 들이미는 몇 가지 잣대로만 측정할 수 있는 게 아니다. "학교에서는 소위 실패라는 것을 대부분 처벌이라는 방식을 통해서 처리하지만, 알다시피 긍정과 인정이야말로 무엇보다 중요하고 성과로 연결되는 조치입니다."

그는 교육에서 성공을 점점 더 대학진학에 성공하는 것으로 한

정하고 있다는 데 동의한다. "성공을 이야기하는 화법을 새롭게 바꾸어야 합니다."라고 그는 말한다. "'우리는 모든 학생을 사랑한다.' 같은 진부한 표현만으론 부족합니다. 아이들이 실패하고 당신의 기대만큼 결과를 얻지 못하더라도 아이들을 사랑해야 합니다."

멜버른의 교육개혁 운동가인 엘렌 코쉬랜드(Ellen Koshland)는 성공/실패 패러다임은 모든 사람에게, 심지어 성공한 사람에게조차 해롭다고 주장한다. "비극이 벌어지고 있습니다. 아이들은 입학할 때보다 졸업할 무렵 자신감이 더 떨어지고 호기심도 떨어져서 질문조차 하지 않습니다. 성공/실패 패러다임 탓입니다. 성공한 학생조차도 자신감을 느끼지 못하고 있다는 게 저의 전체적인 느낌입니다. 학생들은 자신이 부족한 부분을 끊임없이 의식하고 있을 겁니다."

그렇다. 주목해야 할 점은 교육이 '성공한' 사람에게조차도 실패인 경우가 많다는 점이다. 첫째, 공부를 잘해야 커서 잘살 수 있다며 아이들에게 별의별 압박이 다 가해진다. 그 압박감이 너무 커서 아이가 매일 밤 울면서 잠자리에 든다면 전 과목 A를 맞는 것이 과연 성공적인 삶일까? 학업성적에만 매달리면 지적 발달에는 아무런 부작용이 없는 걸까? 오직 점수와 등수만 강조하면서 학교는 도대체 어떤 학습자를 키우고 있는 것일까?

미국의 작가이자 교육혁신 운동가인 알피 콘(Alfie Kohn)은 이 주제에 관해 폭넓게 연구해왔는데, 학업결과를 강조할수록 오히려 학습을 방해하고 지적 발전을 방해한다고 설명한다.

어느 연구자의 지적처럼 과제 자체에 집중하기보다 잘해서 인정받겠다는 자아평가에 지향점을 두도록 아이들을 이끌면 아이들은 학습 자체에 대한 관심을 잃게 된다. '이 과제를 해결하고 싶다'가 아니라 '내가 더 잘해야 하는 과제'라는 생각이 부담으로 작용하기 때문이다.

결국 아이들은 선택권이 주어졌을 때 가능하면 가장 쉬운 과제를 선택하게 된다. 아이들이 게으르기 때문에 그러는 것이 아니라 합리적이기 때문이다. 당연히 나라도 가장 쉬운 책을 고르겠다. 핵심은 좋은 점수를 얻거나 나의 우수함을 증명하는 것이기 때문이다. 좋은 성적을 받으려고 하는 순간 아이들은 배우는 내용 자체에는 관심을 기울이지 않게 된다. 그럼 악순환이 일어난다. 배워야 한다는 내재적 동기가 약할수록 아이가 더 이상 관심이 없는 것을 하게 만들려면 당근과 채찍 같은 외재적 유인책이 더 필요할 것이기 때문이다.

내가 아는 한 아이는 이와 같은 사례를 잘 보여준다. 학교생활에 대해 그 아이와 나눈 모든 대화는 무엇을 배우고 있는지에 관한 것이 아니라, 어떤 식으로 해서 어떤 점수를 받았는지에 관한 것뿐이었다. 고등학교 2학년 때 『오셀로(Othello)』를 공부하면서 그 아이는 이아고(Iago)의 심리적 동기에 대해 토의하는 데는 전혀 관심이 없고, 사전에 준비해서 시험을 잘 볼 수 있도록 오직 에세이 질문의 얼개를 아는 데만 초점을 맞출 뿐이었다. 셰익스피어의 인간에 대한 통찰은 그의 관심 밖이었다. 그 아이를 비난하려는 의도는 전혀 없다. 선생님이 『오셀로』를 가르치는 방식이 아이들의 관심을 불러일으키지 못했을 수도 있다. 시험에 통과하려면 알아야 할 내용만을 강조했을지도 모른다. 만약 이 아이의 부모가 아이에게 A를 맞으면 돈을 주겠다고 약속했다면 아마도 아이는 그 점수를 얻는 데 모든 노력을 기울일 것이다. 이유가 무엇이든 간에 공부를 아주 잘하는 이 아이의 교육은 왜곡된 측면이 있다.

알피 콘은 이렇게 말한다.

아이가 자괴감으로 힘들어하고 자신은 실패자라며 말을 안 듣고 제멋대로 행동하거나 학교를 그만두면, 부모는 전반적인 교육시스템이 잘못되었다는 것을 어렴풋이 알아챈다. 하지만 반대로 아이가 학교성적이 좋으면, 우수한 성적으로 대학입시에서 상위 10퍼센트에 속하는 학생조차도 진정한 학습자가 아닐 수 있다는 사실을 부모는 알아채지 못한다.

울면서 잠들지 않는다 해도, 선발프로그램에 들어가고 고임금 일자리를 차지한다고 해도, 결국 그런 아이들은 학습자의 마음을 잃어버린다. 아이가 학습동기를 갖고 있는지 여부가 아니라 아이의 학습동기 요인이 무엇인지를 질문해야 한다. "상으로 과자를 받기 위해 이 과제를 하고 있어요." 하는 경우처럼 외재적 학습동기는 아이들에게 꼭 심어주어야 하는 내재적 학습동기와는 질적으로 다를 뿐만 아니라 내재적 학습동기를 약화시키기까지 하기 때문이다.

콘은 외재적 동기인 학력점수의 전면적 폐지를 열렬히 주장하는 사람으로 나도 이 주장에 동조한다. 성공과 실패에 대한 우리의 개념이 얼마나 왜곡되었는지를 적나라하게 보여주는 두 아이의 이야기로 넘어가자.

이 아이 중 하나는 나의 딸이다. 딸은 학업과정 내내 학습목표치는 하나도 못 채우고 과제물 제출도 못하고, 시험에 낙제하고 정시 출석도 못하고, 수업 중에 가만히 있지 못하고 집중도 못하는 등 제도권 교육체제의 어느 과정도 제대로 수행하지 못한 아이였다. 당연히 성공적인 앞날의 열쇠가 되어줄 성적은 아주 절망적이었다.

낭만적 낙관주의자였던 나는 아이가 실패자라고 느끼면서도 학교에 다니는 그 시간들이 아이에게 어떻게든 도움이 될 것이라 믿었다. 불안과 우울증을 이기고 고교졸업시험을 통과할 자격을 갖출 정도로만 학교에 출석하면 딸애는 스스로 학업을 마칠 수 있는 인내력을 갖고 있다는 의미가 될 터였다. 그건 맞는 말이다. 딸애는 해냈고 딸과 나의 인생에서 그 애의 졸업은 아주 대단한 성취이자 멋진 성공이었다.

하지만 고교과정을 졸업한 이후에도 딸은 아직까지 나아지지 않았다. 내가 자료를 조사하고 이 책을 쓰면서 학습에 집중하지 못하는 아동의 교육과 고부담시험과 성공을 평가하는 방식을 이해하려고 애쓰는 동안 딸은 대체로 무기력하게 지냈다. 딸에게는 고교 이상의 고등교육을 받을 경로가 없었고 심화학습을 할 수 있는 기초가 부족했다. 일자리를 구할 수도 없었다. 여전히 불안과 우울증에 시달리며 아침에 일어나기도 힘들어한다. 앞으로의 삶이 학교생활처럼 될까봐 걱정한다. 우리 딸은 자신감이 거의 바닥이고 자기 안에 갇혀서 또래친구들 누구나 하는 고민에 대한 해답을 찾으려고도 하지 않는다. '무엇을 할 것인가? 학교는 어떻게 들어가야 하나?

어떤 사람이 되어야 하나?' 딸은 무엇을 해야 할지, 자신이 무엇을 하고 싶은지 모른다. 그래서 기분이 좋지 않다. 지금 당장은 아무런 해결책이 없고 자신 있게 말할 수 있는 생각이 없다.

여러분에게 소개하고 싶은 또 한 아이는 공부로 말하자면 전교 상위권인 아이다. 이 아이는 사회적으로 아주 성공했다고 칭송받는다. 하지만 학창시절 내내 이 가족을 아는 사람들은 이 아이를 걱정했다. 엄청난 시간과 노력, 돈을 쏟아 부으면서 아이에게 높은 학업성적을 올리도록 압박하는 부모에게 아이가 너무 시달렸기 때문이다.

어릴 때 영재라고 판명 받은 그 아이는 당연히 좋은 성적을 내야 한다는 부담감을 안고서 엄격한 일일학습계획, 휴일공부프로그램을 소처럼 꾸역꾸역 해나갔다. 교우관계나 학교생활 적응은 뒷전이었고 십대에 누려야 할 재미를 즐길 시간도 없었다. 하지만 아이가 영재교육프로그램에 고분고분 따르는 것 같아서 그 부모가 아주 괴물처럼 보이지는 않았다(내가 보기에는 아주 무시무시하게 느껴졌지만). 대학입시점수가 발표될 시기가 다가오자 이 아이가 부모의 기대에 부응하도록 다들 아이를 위해 기도를 올렸다. 기대에 미치지 못할 경우 아이에게 큰 고통이 따를 것이라는 것을 알기에. 다행히 아이는 목표에 도달해 최고점수를 받았고 우리는 모두 안도의 한숨을 내쉬었다. 믿을 수 없을 정도로 엄격한 6년을 보내고 나서 아이는 드디어 성공의 열쇠를 손에 쥐었다.

하지만 아이는 그 열쇠로 무엇을 해야 하는지 몰랐다. 인생에서 무엇을 얻어야 하는지 혹은 실제로 무엇을 추구해야 하는지 아무런 생각이 없었다. 대학에 가고 싶은 욕망도 없었다. 우울증에 시달려서 침대에서 나올 수가 없었다. 누구와 대화를 나누고 싶지도 않았고 진학 계획에 대한 어떤 질문에도 대답하고 싶지 않았다. 영재아이는 이제 그 재능으로 인해 고통 받고 있다. 아이는 그냥 … 멈춰버렸다. 두 사람이 고교졸업 후에 겪는 증상을 보면 성공과 실패는 놀라울 정도로 똑같아 보인다.

3장

우리 아이는
천재다

그동안 전해들은 영재아이들의 이야기는 수없이 많지만, 자녀가 영재라고 철석같이(때로는 우기다시피) 믿는 부모들은 더더욱 많다. 이리저리 살펴본 자료로는 어떤 면에서 영재라고 볼 수 있는 사람은 전체 인구의 약 10퍼센트를 상회하는 것으로 보인다.[1] 나와 이야기를 나눈 많은 교사들이 이 의견에 동의했다.

실제로 나는 부모라면 으레 자기 자녀가 영재라고 믿는 것이 당연하다고 생각하는 부모들을 만났다. 한 친구는 자녀가 학교에서 공부를 잘하는지를 묻는 질문에 "뭐, 그냥 중간쯤 갑니다."라고 대답했던 이야기를 들려주었다. 그 친구 말에 따르면 그와 이야기를 나누던 여자는 자기 자식에 대해서 어떻게 그렇게 지독한 말을 할 수 있냐며 아주 경악했다고 한다. 아이들은 다 천재인데 그것도 모르냐는 뜻으로 한 말일 것이다.

'영재'라는 용어는 교육계에 워낙 깊게 스며들어 있어서 대다수의 학부모들은 '사회적 통념'을 기꺼이 따르는 것이 도덕적으로도 옳다고 생각한다. 학교에서 특별한 위치를 차지하는 영재교육프로그램에 자녀를 넣는 것을 목표로 하는 게 옳다는 통념 말이다.

시드니의 한 공립초등학교 행정실장은 자녀를 병설유치원에 등록시키면서 어떻게 하면 영재교육프로그램에 넣을 가능성을 높일 수 있는지 궁금해하는 부모들이 얼마나 많은지를 보고 깜짝 놀랐다는 이야기를 들려주었다. 그녀는 놀랐을 뿐 아니라 슬펐다고 했다. "겨우 네 살짜리 아이들이 벌써 입시경쟁의 압박에 시달릴 것을 생각하니 너무 안타까웠어요."

다른 교사는 영재프로그램에 들어가지 못한 자녀를 영재그룹에 넣기 위해 뇌물을 제공한 한 엄마의 이야기를 들려주었다. 딱 잘라 말하면, 자녀교육에 이런 방식은 허용될 수 없다. 만약 뇌물로 아이가 영재프로그램에 들어가게 되었다면, 그 부모는 자녀에게 무엇을 성취하게 해주었다고 생각할까? 가입 자격이 안 되는 클럽에 들어온 것을 환영한다! 감당할 수 없는 도전적인 학습프로그램에 들어온 것을 환영해! 얘야, 페달을 밟기 시작해라, 따라갈 수 있다고 무조건 믿어.

한 십대 아이가 열 살에 영재반에 선발되었던 기억을 떠올렸다. "누군가 교실 문 앞에서 말했어요. '영재반 어린이 여러분, 이제 밖으로 나오세요.' 그러면 영재반 아이들은 모두 일어나 다른 아이들을 남겨두고 밖으로 나갔어요. 전 그런 게 너무 싫었어요." 반에 남은 나머지 아이들에 대해서는 아무도 깊이 생각하지 못했다. 다른 학생들을 제외하고 일부 아이들만을 지칭하는 영재라는 용어가 어떤 함의를 갖는지 전혀 고려하지 못한 것이다. "그러다가 그 다음 해에는 영재프로그램에 들어가지 못했어요. 전 한동안 영재반에 탈락한 것 때문에 너무 기분이 안 좋아서 제 자신을 혐오하게 되었어요. 정말 멍청한 짓이었죠."

뉴욕에서 영재라는 용어는 학부모들에게 엄청난 의미를 지닌다. 아이가 영재로 평가되면, 미로처럼 복잡한 뉴욕의 교육체계를 통과해 무료 공립학교에 들어갈 수 있는 황금티켓을 손에 넣은 것이나 다름없기 때문이다. 이 학교는 최상의 프로그램들로 입학하고 싶은 열망을 불러일으킨다.

자녀교육에 수십만 달러를 쓸 여력은 없지만, 그렇다고 동네 공립학교의 보통 프로그램에 자녀를 보내고 싶지 않다면 이런 특혜는 정말 황금티켓이다. 무료로 제공되는 최고 수준의 교육은 성취도를 높이는 핵심요인이다. 성취도가 아주 높은 사람들이 밀집해 있는 작은 섬 맨해튼에서 자기 자녀가 영재라고 생각하는 사람들이 얼마나 많을지 짐작할 수 있을 것이다. 그들은 소위 '유치원 취학 전 단계(Pre-K)'인 네 살에 자녀가 영재인지 아닌지를 검사한다. 겨우 네 살에.

물론, 그 전에라도 자녀가 특출나길 원하는 부모들은 아이들이 어린이집에서 손가락그림 그리기나 자유놀이 하는 것을 그만두게 하고 유아원 취학반(Pre-K-K, 이런 과정도 있다)과 유아원 취학반

준비과정(Pre-K-K-K, 실제로 이런 과정은 없지만 경쟁이 얼마나 낮은 연령에서도 일어날 것인지 알 수 있다)에서 최대 2년 동안 '학업 성적 향상'을 위해 공부하게 할 것이다.

자녀를 영재반에 넣기 위해 아이들의 부모는 영재반 프로그램을 제공하는 모든 학교의 공개설명회와 입학설명회에 쫓아다니며 마감날짜에 맞추어 각종 입학신청서를 작성할 것이다. 세 살 아이가 수학연산을 빨리 하게 하려고 부모는 가정교사를 고용하거나 온라인에서 '영재반 입학준비 프리미엄패키지'를 구입할 것이다. 이런 패키지를 통해 미취학 아이들은 영재반 입시준비에 도움이 되는 모의고사와 비디오강의, 학습가이드, 고객지원과 피드백, 수백 개의 질문들을 접할 수 있다. 이 모든 경쟁은 아이들이 학교에 들어가기도 전에 벌어진다. 짐작건대, 자궁에서부터도 모차르트 음악으로 경쟁이 벌어졌을지 모른다.

이런 치열한 훈련과 준비 덕에 당연하게도 뉴욕지역에서 영재 아이들의 숫자는 영재테스트가 시작된 이래 두 배 이상 늘어났고, 그만큼 영재프로그램에 입학하려는 경쟁도 치열해졌다. 어떤 일이 벌어졌을까? 뉴욕에서 아이들의 성적이 전체적으로 확연하게 평균보다 높은 지역이 있다. 그곳이 뉴욕의 부촌(사실상 백인 거주지)이라는 것은 쉽게 예측할 수 있다.[2] 표준화시험이 도입되면 흔히 그렇듯이 결과는 왜곡되고 만다. 개인교사와 돈, 시간이 있고 하고 싶은 것을 할 여유가 있는 이들이 결국 가장 높은 점수를 얻게 되는 게 사실이기 때문이다. 뉴욕에서 영재반에 들어가는 아이들은 영재가 아니라 백인과 부유층, 개인교습을 받은 아이들이다.

나와 이야기를 나눈 한 아버지는 이렇게 말했다. "백인 중산층 학부모의 대다수는 선택적 교육을 지원할 형편이 안 되는 저소득 가정의 아이들과 함께 공부해야 하는 학교에 자녀를 보내고 싶어 하지 않습니다. 그것이 바로 영재프로그램이 필요한 이유입니다."

다른 학부모 한 명은 아이가 공립학교 영재프로그램에 다니고 있었다. 사회적 배경이 다양한 지역에 위치한 이 공립학교는 한 건물 안에 영재반과 통합반을 따로 운영하는데, 그 엄마는 자신이 부풀려서 이야기하는 것이 아니라며 이렇게 말했다. "영재반은 전부 백인이고, 통합반은 모두 흑인과 히스패닉이었습니다."

영재아이들은 너무 많아서 모두가 영재프로그램에 다닐 수는 없다. 하버드대학에 들어가기에 충분할 만큼 똑똑한 지원자가 많아도 모두 입학할 수 없는 상황과 비슷하다. 실제로 뉴욕 공립학교의 영재프로그램에 들어가는 것은 하버드대학에 입학하는 것보다 더 어렵다. 뉴욕 공립학교의 영재프로그램 입학 승인율은 2퍼센트인데 2015년도 하버드대학의 입학 승인율은 6.2퍼센트였다.[3]

편의상 정원은 1천 명뿐인데 지능검사에서 상위 1퍼센트에 든 아동이 2천 명이라고 해보자. 어떤 아동이 입학할 것인지 누가 결정할 것인가? 교사가 학생과 인터뷰하거나 아이들이 서로 어떻게 상호작용하는지 관찰하는 방식으로 결정할 수도 있다. 이 지점에서 전체 선발과정은 객관적인 관점에서 주관적인 관점으로 넘어가며 여러가지 변수에 취약해진다. 어찌 되었든 결국 영재프로그램에 선발된 1천 명의 아이들만 자신들이 영재라고 주장할 수 있게 된다. 나머지 아이들은 지능검사에서 정확히 같은 점수를 받았음에도 영재라고 주장할 수 없다. 이건 좀 사기 같아 보이지 않는가?

교육에서 대부분의 사안들이 그렇듯, 영재프로그램에 대한 생각도 찬반이 갈린다. 능력별 편성이 나쁘다고 열렬히 믿는 교육자들도 있고, 똑똑한 아이들에게 수준 높은 지적 도전을 제공하는 것은 전혀 문제되지 않는다고 믿는 교육자들도 있다.

어떤 학부모는 교장이 영재프로그램을 도입하지 않겠다고 한 공립학교를 선택하겠다고 했다. 그 교장이 "모든 아이들을 영재라고 여기고 가르쳐야 합니다. 그래야 그 아이들이 영재가 될 기회를 얻기 때문입니다."라고 영재프로그램을 도입하지 않는 근거를 밝힌 까닭이다.

영국의 교육자이자 수학교수인 조 볼러(Jo Boaler)는 통합반에서 배운 학생과 능력별 편성반에서 배운 학생의 성취도에 관한 연구를 1990년대에 실시하고, 2000년대에 다시 후속연구를 시행했다. 그녀는 전국학력평가시험에서 능력별 편성반에서 공부한 학생들이 통합반에서 공부한 학생들에 비해 낮은 성적을 받았다는 것을 발견했다. 볼러는 8년 후 같은 학생들을 대상으로 후속연구를 진행했는데, 능력별 편성반 학생들이 통합반 학생들에 비해 계층이동에도 성공하지 못했다는 것을 발견했다.

볼러는 능력별 편성반으로 나누는 것이, 낮은 수준의 흥미 없는 과제로 수많은 학생들의 학습의욕을 잃게 하는 일이라고 말한다. 이 아이들 가운데 대부분은 더 많은 것을 성취할 수 있지만, 능력이 없다는 말을 들은 경험은 학습과 학교에 부정적인 태도를 갖게 한다. "어떤 사람들은 이 정책이 옳다고 믿습니다. 성취도가 높은 학생들을 성취도가 낮은 학생들과 분리해주기 때문입니다. 아이러니한 점은, 성취도가 높은 아이들이 통합반에 비해 우등반에서 더 좋은 성과를 보이지는 않는다는 것입니다. 우등반에 있는 것은 일부 학생들에게는 상당한 불안요인이 됩니다."[4]

능력별 편성에 관한 논쟁거리 가운데 하나는, 보통 학부모들이 이야기하는 것인데, 앞서가는 아이들이 보통아이들과 같은 교실에서 공부하면 안 된다는 것이다. 그래서 이 아이들을 선별해 온실로 다시 옮겨심고, 섬세하게 통제된 조건 속에서 재능을 꽃피우게 해야 한다고 말한다. 하지만 부정적인 꼬리표가 아이들에게 너무나도 명백하게 부정적인 효과를 내는 것처럼, 긍정적인 꼬리표 역시도 부정적인 영향을 미칠 수 있다. 볼러의 연구대상이었던 한 학생은 뛰어난 수학실력 때문에 우등반에 들어갔는데, 어린 나이에 붙은 천재라는 꼬리표가 '심리적 감옥'으로 작용했다고 털어놓았다.

하지만 아직도 전 세계 곳곳에서 능력별 편성교육이 지속되고 있다. 영국의 크라운우드칼리지(현재 스테이셔너즈 크라운우드 아카데미)는 학교 안에서 학생들을 능력에 따라 세 집단으로 나누고, 각각 담장으로 분리된 3개의 '미니학교'에 나누어 배치했다는 기사로 몇 년 전 신문의 헤드라인을 장식했다. 게다가 학교는 학생들을 쉽게 구별할 수 있도록 학생들에게 교복 넥타이를 세 가지 다른 색으로 매게 했다. 영재반 학생들은 보라색, 보통반 학생들은 파란색, 열등반 학생들은 빨간색이었다.

마이클 머피 교장은 이것이 교육시장의 수요에 맞추어 재능이 뛰어난 자녀를 둔 부모들을 유치하기 위한 조치였다고 말했다. "공립학교의 통합교육은 이미 실패한 것으로 판명 났습니다. 우리 방식은 모든 학생이 자기 수준에 맞추어 공부하고 각자에게 필요한 지원을 받을 수 있는 더 나은 모델입니다."[5] 하지만 각자의 속도와 수준에 맞추어 공부하도록 하는 데 왜 다른 색깔의 꼬리표가 필요한지는 명확히 설명하지 못했다. 자기 속도에 맞춰 공부하는 데 왜 능력별 편성교육이 필요한지도 명확하지 않기는 마찬가지다. 각자 자기 속도대로 공부하면 되는 것 아닌가?

학교를 세 그룹으로 나눈 뒤 학생들은 담장 너머로 서로 으르렁거리며 싸움을 벌였다. 분리가 되자 한때 친구였던 아이들은 적이 되었다. 빨강 넥타이를 맨 아이라면 누구나 친구와 적이 될 수 있다고 말할 것이다.

전국교사노조의 사무부국장인 케빈 코트니는 미국인 교사 제인 엘리엇이 1968년에 시행한 유명한 연구사례를 인용하면서 이 학교의 능력별 편성교육을 비난했다. 엘리엇이 갈색 눈동자를 가진 학생이 푸른색 눈동자를 가진 학생들보다 우수하다고 말하자, 집단 따돌림이라는 우려스러운 현상이 나타났다는 연구사례다.[6]

뉴욕 이야기로 돌아가보면, 어린 나이에 아이들을 능력별로 나누어 꼬리표를 붙이자는 생각이 위험할 수 있다는 것을 아는 멀쩡한 사람들조차도 이 끔찍한 과정에 찬성한다. 자기 자식이 뒤처질 수 있다는 두려움에 내몰리고 무료로 양질의 교육을 시킬 수 있다는 유혹에 이끌리는 것이다. 아니 어쩌면, 만에 하나, 자식이 정말 천재일 수도 있고 말이다.

나와 대화를 나눈 한 여성은 이런 양가감정을 절실히 느끼고 있었다. 그녀는 영재선발과정이 '얼마나 우스꽝스러운지' 얘기하면서도 여섯 살에 불과한 딸을 데리고 일찌감치 그 과정에 뛰어들었다. 그녀는 딸이 공식적인 영재시험에 지원해도 될 만큼 우수한지 알아보려고 개인적으로 시험을 치르고, 몇 달 동안 시험준비를 도와줄 개인교사를 고용해 영재시험을 대비시켰다.

그녀의 딸은 상위 1퍼센트에 해당하는 점수를 따고 맨해튼에서 가장 들어가기 힘든 영재프로그램에 입학하게 되었다. 그녀의 부모는 어린 딸을 재미있게 생활하고 있던 브루클린의 작은 사립학교에서 전학시켜 영재학생으로서의 이력을 시작하게 했다. "우리는 실제로 황금티켓을 손에 쥐었어요. 꿈만 같았죠." 이 엄마는 비록 확신은 없었지만 기회를 얻었으니 그 기회를 활용해야 한다고 생각했다.

"딸이 영재프로그램에 들어가기 전날, 저는 울면서 이건 아니라고 생각했어요. 제가 대학생 때 누군가 제게 아이가 생기면 이런 식으로 행동하게 될 거라고 말했다면 전 아마 비웃었을 거예요." 새로운 학교생활은 이틀 만에 끝났다. 그 학교는 그 집 식구들에게 맞지 않았고 분명 딸에게도 적합하지 않았다. "그곳 아이들의 80퍼센트는 영재여서가 아니라 영재가 되어야 한다는 부모의 결정 때문에 거기 들어가게 되었을 거예요. 부모가 아이들의 삶을 미리 정해놓은 거죠."

그 부담감은 이 가족이 견디기에는 너무 컸다. "저는 학교를 빼져나온 딸의 얼굴을 보고는 저도 모르게 소리를 질렀어요. 그 무엇과도 아이의 즐거움을 맞바꿀 수는 없어요. 황금티켓을 얻었다고 아이에게서 아이가 즐거움을 빼앗는 부모가 되어야 할까요? 티켓을 찢어버려야죠! 저는 영재프로그램에 들어가는 게 좋다는 확신을 가져보려고 노력했지만, 아이의 얼굴에서 그런 표정을 다시는 보고 싶지 않았어요." 그래서 이 집 딸은 행복했던 동네 학교로 되돌아왔다.

이 이야기가 주는 교훈은 무엇인가? 뭔가를 소망할 때는 신중해야 한다. 왜 그것을 소망하는지 모른다 할지라도 말이다. 아니, 특히 왜 그것을 소망하는지 모를 때는 더 신중해야 한다.

나와 대화했던 또 다른 어머니는 아이가 어릴 때 이런 광풍에 휩쓸리지 않고, 유치원 취학준비 학습 대신 어린이집에서 놀이교육을 시키는 쪽을 선택했다. 하지만 나중에는 그녀도 생각을 바꿔 경쟁교육에 동승하기로 했다. "네 살짜리에게 영재테스트를 치르도록 했어요. 아이가 선택할 수 있도록 기회를 주고 싶었거든요. '내가 최우선적으로 선택한 학교에 애를 입학시키지 못한다면… 뭘 해야 할까?'라는 생각을 했어요."

몇 년 지나서 그녀는 다른 어머니들과 시험결과에 대해 이야기했던 일을 떠올렸다. "놀이터에서 엄마들을 만나 영재테스트 결과에 대해서 이야기를 나누었어요. 돌아가면서 얘기를 했는데, 한 엄마가, 망할, 자기 아이가 상위 1퍼센트에 들었다는 거예요. 옆에 있던 엄마는 자기네 아이는 상위 3퍼센트라고 했고요. 그리고 음, 우리 애는 상위 30퍼센트였나…. 숨이 턱 막혔어요. 다들 절 불쌍하게 쳐다보는 거 있죠." 그녀는 웃으면서 말했다. "전 영재프로그램에 들어가 평생 동안 최고 수준의 성취도를 보이는 친구들에 둘러싸여 살아갈 아이들이 걱정됐어요. 하버드의대에 들어가고 졸업하겠지만 인간의 나약함과 불완전함에 대처해야 할 때 그 아이들이 어떻게 할까요? 부모로서 어쩌면 교육기회 박탈이 아니라 정서적 박탈을 걱정해야 하지 않을까요?"

그녀의 자녀는 사립학교에 들어갔는데, 이 학교는 '정상적인' 아동과 장애아동을 분리하지 않고 통합교육을 시킨다는 데 자부심을 갖고 있었다. "정말 똑똑한 아이들이 그렇지 못한 아이들, 신체적 장애가 있는 아이들, 다양한 스펙트럼 위에 있는 아이들과 공부하게 될 때 같이 공부하는 모든 아이들에게 분명한 교육적 효과가 있어요." 이런 환경에서 아이들은 관용과 친절, 측은지심, 서로의 차이를 알고 받아들일 수 있는 능력을 배운다. "아이들이 학교에서 정말로 배워야 할 덕목들을 배우게 되는 것이죠."

영재는 어떻게 정의할 수 있을까? 천부적이라거나 재능이 있다는 것은 규정하기 힘든 개념이다. 영재 관련 공신력 있는 정보를 제공하는 정부의 웹사이트에서조차 영재를 식별하고 측정하는 일은 아주 복잡한 과제라는 인상을 주는 말들로 가득하다. 영재성을 '인증'받을 수 있는 영역은 네 가지다. 학업, 신체능력, 사회성, 창의성이 그것이다. 영재아이들은 비상한 추리능력, 빠르게 배우고 추상화하는 사고력, 왕성한 창의력과 상상력, 수준 높은 분석력과 공감능력, 탁월한 유머감각, 뛰어난 통찰력, 출중한 문제해결능력, 높은 수준의 사회적 책임의식 같은 역량들 가운데 한 가지 이상을 갖고 있다.

하지만 이 중에는 우리 교육체제에서는 눈길조차 주지 않는 역량들이 있다. 공감능력? 유머감각? 뛰어난 통찰력? 높은 수준의 사회적 책임의식? 이런 능력으로도 영재가 될 수 있다는 게 정말일까? 만약 이런 역량으로 평가를 받는다면 내 딸아이는 몇 가지 능력에서 신동이 되었을 것이다. 딸은 웃기는 순간을 기막히게 잘 포착하고, 나이가 어린데도 인간의 본성을 아주 놀랄 정도로 꿰뚫어본다. 그 아이는 통학버스를 타고 다니는 2년 동안 악동들한테 놀림을 받던 학습장애아이를 보호해주었다. 내 생각에는 이런 것이 바로 사회적 책임의식이다. 하지만 정부의 공식적인 정의에도 불구하고 학생들에게서 이런 긍정적인 자질을 눈여겨보는 사람은 아무도 없고 그럴 수 있는 의미있는(혹은 측정 가능한) 방식도 없다. 중요한 것은 오직 학업성적뿐이다.

혼란스럽게도, 웹사이트에 인용된 영재아동의 특징 중에는 서로 모순된 것처럼 보이는 것들도 있다. '집중력'과 '무념무상', '정확해야 만족스러워 함'과 '세부사항에는 크게 신경 쓰지 않음'처럼 말이다. 재능에는 긍정적인 측면과 부정적인 측면이 공존하기 때문이다. '천재적 저성과자'와 같은 사람이 있다는 말이다. 한 영재아이의 아버지는 이렇게 말했다. "천재성은 동질적인 것이 아닙니다. 복잡한 상태로 존재하는 것입니다. 그래서 다차원적이고 각각의 아이들에게서 볼 수 있는 아주 개인적인 자질입니다."[7] 바로 그렇기 때문에 표준화시험으로는 천재성을 절대로 측정할 수 없다.

당신은 아이들의 능력이 어떠하다고 믿는가? 재능을 타고난 아이들이 있다고 믿는가? 그렇다면 그 재능은 누가 준 것인가? 신이 내려준 것인가? 아주 똑똑한 부모인 당신이 아이한테 마법을 부리듯 천재성을 불어넣었는가? 그래서 자부심을 느낄 수 있는가? 이런 재능은 유전적 성향과 환경적 요인이 잘 조화되어 생긴 것인가? 우연인가 아니면 뛰어난 부모를 둔 덕분인가?

누구라도 우리가 아는 아이들 가운데 어느 분야에서든 비범함을 보였던 아이를 머릿속에 떠올릴 수 있을 것이다. 어떤 아이는 아홉 살에 전문 연주자처럼 피아노를 연주하고, 어떤 아이는 뛰어난 수학실력을 보이고, 또 누구는 두 살인데도 열 살짜리처럼 말할 것이다. 어떤 아이가 특정 시점에 그 나이 또래 아이들이 보이기 힘든 행동을 보이면 어른들은, 보통은 부모나 선생님이겠지만, 깜짝 놀라 입을 다물지 못할 것이다.

여기서 핵심은 '특정 시점'이다. 여섯 살에 뛰어났던 아이가 열여섯 살에도 뛰어날 것이라고 보장할 수 있는가? 다른 아이들이 비범했던 아이를 마침내 따라잡거나, 정말로 자신만의 잠재력을 폭발시키면서 추월하지는 않을까? 이렇게 특별한 재능을 가진 아이들은 더 도전적인 교육을 시켜야 하는 건 아닐까?

어느 주정부의 웹사이트에는 이렇게 적혀있다. "영재학생은 호주의 교육과정에서 개인의 학습요구, 장점, 관심과 목표에 맞게 조정된, 도전적이고 의미있고 흥미로운 학습기회를 누릴 자격을 가진다."[8] 하지만 학생들은 누구나 이런 교육기회를 가질 자격을 갖고 있지 않은가? 아마도 학생들이 도전적이고 의미있고 흥미로운 학습 기회에 노출되고 성공에 대한 관점을 넓힌다면 누구나 좋은 교육을 받고 날아올라 영재가 될 잠재력을 갖게 될 것이다.

몇몇 교사들이, 말하자면, 좀 지쳤을 때 사용하는 용어가 있다. '특별한 눈송이(special snowflake, 특권의식에 사로잡힌 사람들을 경멸조로 이르는 말-옮긴이)'라는 표현이다. 아마도 교사들이 자기 아이가 지난번 받은 B학점보다 훨씬 더 특별한 존재이고 그래서 각별히 신경써줘야 한다고 설득하려는 학부모들에게 질렸을 때 나오는 표현일 것이다. 아이가 특별한 눈송이라는 것은 사실 별로 특별하지는 않다는 것을 에둘러 표현하는 말일 것이다. 하지만 눈송이 하나하나가 다 다르듯 아이들 각각은 부모들에게 특별한 존재다. 우리가 아이들의 개성 하나하나를 소중히 하고 보살피는 것은 당연하지 않겠는가.

현실세계에서 부모 노릇은 녹록지 않다. 아이들이 부모들에게는 특별하고 놀라운 존재라는 것과, 그러나 저 바깥세상에서는 수많은 사람들 가운데 한 명으로서 자기 자리를 찾아야 한다는 것을 어떻게 우리 아이들에게 동시에 납득시킬 수 있을까?

아이들이 자라면 세상도 진실을 깨닫게 될 것이라 믿고, 아이들에게 넌 특별하다고 계속 말해야 할까? 아이들이 선택한 분야에서 어떻게 최고가 될 수 있는지 계속 꿈을 심어주어야 할까? 아니면, 아이들에게 냉혹한 현실을 준비시켜야 할까? 지금까지 뭔가를 이룰 수 있었던 것은 네가 특별한 덕분이었다고는 해도, 앞으로도 그럴 수 있으려면 정말 마음을 단단히 먹고 열심히 노력해야 한다고. 물론 '앞으로'의 그 길이 아이가 원하는 길이라면 말이다.

통계적으로 누군가는 평균이, 누군가는 꼴찌가 되어야 하지만, 아무도 자기 아이가 보통이나 그 이하가 되리라고는 믿으려 하지 않는다. 실제로 부모들 중에는 자기 자녀가 평균일지도 모른다는 생각에 말 그대로 욕설을 퍼부으며 학교로 쳐들어와 졸도라도 할 것처럼 자기 자녀의 성적을 끌어올리라고 요구하는 이들이 있다.

하지만 사다리의 바닥에 있는 아이에 대해 다르게 생각해볼 수도 있다. 만약 바로 그 사다리라는 것을 사용해 아이들을 높은 곳으로 밀어올리려고 하는 것이 문제라면 어떨까? 자녀가 그래프의 상단에 있을 때는 평가를 하는 것이 좋아 보이지만 만약 그래프의 하단에 있다면 평가한다는 생각 자체를 반대하기 시작한다. 많은 교사들이 이미 그 사실을 알고 있다. 하지만 학부모들은 자녀가 바닥이라는 것을 알고 나서야 자녀를 표준이라는 좁은 기준으로 평가해 다른 아이들과 비교하고 한 줄로 세우는 것에 문제가 많다는 것을 깨닫는다.

아이의 성적이 좋지 못하니 괜히 하는 말이라고 생각할 수도 있을 것이다. 하지만 성장시기나 분야에 따라 그래프의 양 극단에 있는 자녀들이 있다면 아이가 수학을 반에서 가장 잘 한다는 말이, 아주 멋진 일이긴 해도 아무 의미가 없다는 것을 알게 된다.

자녀를 대상으로 어떤 것을 잘하는 게 큰 의미가 없다고 말할 수 있게 된다고 해도, 이는 아주 못하는 다른 아이를 염두에 두고 하는 말은 아니다. 이것은 아주 전형적인 태도이다. 부모들은 일반적으로 자기 자식만 고려하기 때문이다. 자녀가 어릴 때 부모는 자부심과 무의식적인 편견의 함정에 빠지기 쉽다. 부모는 누구나 자신들처럼 다른 사람들도 자기 아이가 천재라는 것을 바로 알아볼 수 있을 거라고 철석같이 믿는다. 자녀가 천재일 수 있다고 믿고 싶은 유혹은 너무 강렬해서 부모는 술 취한 선원이 세이렌의 노래에 이끌리듯 그 유혹에 이끌린다. 자녀가 천재라고 생각하는 것은 부모의 욕심이다.

자녀가 반에서 1등을 했다고 자랑스러워하는 것이 다 부질없다는 것을 본능적으로 안다고 할지라도 때때로 뿌듯하게 느껴지는 것은 어쩔 수 없을 것이다(속으로만 뿌듯해하길 바라지만 말이다). 하지만 이런 은밀한 생각을 아예 뿌리 뽑지 않으면 학교제도에 대한 의견도, 자녀를 어떻게 교육시키는 것이 최선인가에 대한 선택도 그 영향을 받게 되기 쉽다.

털어놓기가 편하지는 않지만 여기서 고백해야겠다. 나는 내 아이의 평가결과에 혹해, 아이를 가장 잘 교육시킬 수 있는 방법을 찾아보겠다는 어리석은 의사결정을 내린 적이 있다. 그 당시에는 어떻게 행동하는 것이 더 좋은지 알지 못했기 때문에 둘째가 초등학생일 때 수학에서 또래 수준을 뛰어넘는다는 것을 보여주는 표준화평가 결과에 과도한 기대를 걸었던 것이다. 그 당시 둘째는 음악에도 빠져있어서 피아노를 멋지게 연주하고 자발적으로 매일 몇 시간씩 연습했다.

둘째가 강보에 싸인 아기였을 때 남편과 함께 바보처럼 '세상에 나, 우리 아이는 천재야!' 하고 감탄했던 순간을 기억한다. 레스토랑에서 외식을 하던 때였다. 아직 걷지도 말하지도 못하는 아기가 음악소리에 맞춰 플라스틱 쟁반을 하나 둘, 하나 둘 셋, 하나 둘, 하나 둘 셋하고 톡톡 치는 게 아닌가. 남편과 나는 서로를 쳐다보며 '봤지? 천재야.' 하고 생각했다.

둘째가 고등학교 진학을 준비할 무렵 마침 호주의 작은 지역에서 다시 도시로 이사를 해야 했던 우리는 아이를 진학시킬 학교를 찾아야 했다. 둘째의 음악적 재능과 또래의 수준을 뛰어넘는 수학 시험 성적을 근거로, 나는 둘째에게 특별교육이 필요하다고 생각했다. 오만한 생각에 사로잡혀, 나는 옳은지 확신은 서지 않았지만 진학 경로를 찾기 시작했다. 후회할 일을 남기지 않기 위해 노력한 것이다.

나는 아이가 자신이 가진 능력과 열정을 최대로 구현할 수 있도록 최상의 기회를 주기 위해 할 수 있는 일은 무엇이든지 해야 한다고 생각했다. 지금 생각해도 이런 태도에 잘못된 것은 없다고 본다. 세상이 완벽하다면 모든 부모가 자녀를 위해서 이런 일을 해줄 대행자를 갖게 될 것이다.

그 도시의 학교들 가운데 최고의 음악프로그램이 있는 곳을 조사하고 조언도 구해 마침내 나는 아들에게 꼭 맞는 학교가 비싼 사립학교라는 것을 알아냈다. 우리는 음악과정 장학금을 신청했지만 여의치 않았다. 아들은 공식적인 테스트기록이 부족했고 피아노 이외의 악기를 능숙하게 다루지도 못했기 때문이다. 그러나 아들이 장학금을 지원받지 못하리라는 것을 깨달았을 무렵에는 이미 이 학교의 이념에 완전히 매혹됐다. 우리는 학교를 너무 사랑한 나머지 적잖은 돈을 기꺼이 지불하는 성의까지 보였다.

재정적인 어려움을 감수하고라도 아들은 그 학교에 가기로 했다. 그런데 그 후 얼마 지나지 않아 나는 그럴 만한 가치는 없었 겠다는 생각이 들곤 했다. 아들이 수학천재가 아니라는 것도 밝 혀졌는데, 또래 수준을 뛰어넘었던 수학점수는 단지 몇 년 전 그 날에 아들이 사지선다형 수학시험을 아주 잘 봤다는 의미일 뿐이 었다.

내 귀가 얇았다는 것을 인정한다. 나는 사회적 평가와 거창한 설립목적에 쉽게 속아 넘어간다. 하지만 그 일을 겪고 나서 많이 깨 달았고, 깨닫고 배운 대로 표준화평가 결과를 근거로 그런 결정을 내리는 일 따위는 더 이상 시도하지 않는다. 평가는 아주 단편적인 면만 측정할 뿐 복잡미묘한 개인을 설명하지 못한다.

학교의 평가기준에 의해 '똑똑하다'고 평가받은 아이와 '멍청 하다'고 평가받은 아이가 한 가족 안에 있다고 하자. '똑똑한' 아 이가 실제로는 여러 면에서 정말로 어리석을 수 있고, '멍청한' 아 이가 실제로 여러가지 면에서 정말로 똑똑할 수 있다. 두 아이 모 두 서로에게 기여할 수 있는 자기만의 고유한 자질을 갖고 있는 것 이다. 그렇다면 이런 사고방식을 좀 더 확장해 학급, 학년, 학교, 지역, 세계의 모든 사람들에게 적용하는 데 상식 이상이 필요한 것도 아니다.

아, 하지만 사람이란 어쩔 수 없다. 부모들은 아직도 여전히 자식 자랑을 입 아프게 늘어놓는다. 이런 얘기를 들어보았을 것이다. "우 리 딸은 도스토옙스키 소설을 읽어요. 이제 겨우 열두 살이에요." (딩동 20점!) "우리 아들은 수학을 두 학년이나 월반했어요."(딩동 15점!) "우리 딸은 정말 천재예요. 사실 영재반에서도 가장 똑똑하거든요. 하버드대학에 가고도 남을 거예요."(딩동댕, 100점!)

이런 장한 자식 자랑대회에서 몇몇 부모는 선을 넘는다. 물론 자식에게 좋은 소식이 있으면 좀 퍼뜨리고 싶어하는 것이 인지상정이다. 그러나 축구장에서 처음 만난 사람에게까지 아이가 받은 상을 모두 떠벌려야 할까? 자녀의 빛나는 성적표를 꼭 페이스북에 올려야 하나?

부모로서 해야 할 일을 제대로 하고 있는지 확인하는 체크리스트와 함께 육아경쟁은 아주 일찍부터 시작된다. 남들은 육아용품을 어떻게 준비하는지도 알아봐야 하지만 단지 육아용품에 대해서만 얘기하는 것은 아니다. 처음 산모모임에 나가 사람들이 자기네 아기는 밤새 깨지 않고 잘 잔다는 이야기를 들으면 딴 세상 얘기 같아 머리가 멍해지는 느낌을 받는 것이다. 세상에, 밤새 수유할 필요없는 아이가 있다니! 시간을 되돌려 임산부교실로 가보자. 아몬드오일로 회음부를 마사지하지 않은 사람은 세상에 당신 밖에 없다는 것을 알았던 순간으로 말이다. '그럴 수밖에 없는 것이' 출산할 때 아주 심각한 회음부 파열이 있었다고? 그럴 만도 하지.

이런 이야기에 이어서, 자식을 키우며 한 고비 한 고비 넘은 이야기들이 이어진다. 아이가 신생아 때 겪는 이야기에서 시작해 다시 우리 아이 얘기로 끝나는… 아니, 사실 끝이 없는 이야기가 아닌가? 뒤집기, 제대로 기기, 걸음마, 말하기, 제때 글읽기, 제때 나눗셈 익히기, 학창시절 내내 계속 좋은 성적 올리기, 좋은 대학 들어가기, 좋은 성과 내기, 좋은 일자리, 높은 봉급, 교외에 고급주택 구입, 자식 잘 낳아서 키우는 얘기, 또 처음부터 다시 시작.

늘 체크리스트를 확인하며 자녀가 모든 표준에 도달하는지, 계획대로 가고 있는지 걱정할 때마다 사람들은 '정상범위'라는 말을 입에 달고 산다. 정상범위 안에 있냐고? 이 정도면 걱정할 게 없다. 대개 사람들은 자녀가 '정상범위' 밖으로 떨어지면 그 측정기준이 무엇이든 간에 입을 닫고 고통이나 아픔을 속으로만 삭이게 되니까.

자녀의 성공에 금칠을 해서 과도하게 만족을 얻는 사람들이 있다. 자녀의 성공을 자신의 성공이라고 생각해 모든 것을 걸고 과하게 투자하는 사람들도 있다. 자녀의 삶에 지나치게 관여하는 사람들이 보여주는 이런 태도가 바람직한 것은 아니다.

부모들이 모이면 지옥 같은 졸업시험이나 자녀를 공부시키는 방법에 대해, 혹은 이런 것들에 어떻게 대처하고 헤쳐나가게 해야 할지에 대해 머리를 맞대고 대화할 것 같은가? 한 교장선생님이 엿들은 바는 이렇다. "우리 애가 95점 이하를 맞으면 창피해서 어떡하죠? 어디 가서 입도 뻥긋하지 못할 것 같아요." 한 어머니가 다른 어머니에게 자식의 대학입시점수에 대해 이야기하는 중이었다.

교장선생님의 말마따나 '끔찍한' 이 대화는 일부 부모들이 자녀의 학업성취를 생각하는 방식에 대해 많은 것을 대변한다. 그들은 첫째, 자녀의 '성공'에 자기 삶을 투자하고 이를 위해 기꺼이 자신의 삶을 희생한다. 그러다 보니 자녀에 대한 기대가 커지고 아이에게 일정 점수 이상을 받아야 한다는 압박을 주곤 한다. 교장은 이렇게 말한다. "이것은 제도권교육의 파괴적인 측면입니다. 아이들의

99퍼센트가 90점 이상을 받을 것처럼 쓴 기사가 언론에서 허용되는 게 불행한 현실이니까요." 과장 없이 그대로 옮긴 것이다.

자녀의 성취를 위해 부모가 이렇게 투자하게 되면 일이 잘 풀리지 않아도 그 사실을 입 밖에 내는 것이 아주 힘들어진다. 딸이 교육당국에서 판결한 대로 '낙제생'이 된 것에 대한 글을 쓰기 전, 나는 오랜 친구 한 명을 다시 만나게 되었다.[9] 우리는 아이들 자랑을 잠깐 주고받았고 나는 딸아이가 학교생활에 어려움을 겪고 있다고 솔직하게 말했다. 나중에 그 친구는 내 기사를 읽고 연락해왔다. 그러고는 자신의 삶도 그렇게 완벽한 것은 아니라며 속사정을 조금 털어놓았다.

그녀만 그런 것은 아니었다. 나는 비슷한 내용이 담긴 수많은 이메일을 받았다. "실은 저희에게도 그렇게 좋은 일만 있는 것은 아니에요." "우리 집 십대 아이도 비슷한 문제를 겪고 있습니다." "이 글은 저를 위해 써주신 것 같습니다." "사는 게 참 고역입니다." 사람들 모두가 말 못할 고민을 함께 공유해준 데 대해 '고맙다'고 말하는 것 같았다. 어려움을 털어놓지 못하는 이런 풍조는 서글프다. 왜 우리는 불완전함을 서로 공유함으로써 얻게 되는 위안을 스스로 차단하고 사는가?

한 어머니는 이렇게 말했다. "우리 세대의 부모들은 뭔가 잘못됐어요. 경쟁심과 불안감, 이것을 해야 한다, 저것을 해야 한다, 이런 점수를 받아야 한다는 조급함을 갖고 있거든요." 이런 문화는 지나친 스트레스를 준다. 우리는 부모 역할에 대해 과도하게 교육을 받은 듯하다. 부모의 역할에 관한 온갖 교육과 도서가 도처에 있다 보니 자신이 지금 올바른 결정을 내린 것인지, 부모 역할을 제대로 하고 있는지 자꾸 의심하게 된다. "지금 벌어지고 있는 상황이 사람들을 경쟁적으로 만드는 것 같아요. 아이들이 경쟁적이라는 것 따위는 잊어버려요. 부모 역할을 완벽하게 해내지 못하면 수치스러울 테니까요."

이 책을 쓰는 동안 나는 조금 알고 지내던 한 여자를 만났다. 그녀는 우리 딸에 대해, 가족으로서 직면했던 문제들에 대해, 또 아이가 학교에서 모범적인 코스를 이탈하기 전에 어떤 전조가 있었는지에 대해 여러가지 질문을 던졌다. 그녀에게는 우리 아이보다 네 살 어린 딸이 있었고, 그래서 내 이야기를 읽으며 자신에게도 앞으로 무슨 일이 벌어질지 걱정하고 있다는 느낌을 강하게 받았다. 나는 그 집 딸이 어떤 상태인지 파악하려고 조심스레 질문을 던졌지만 즉시 방어벽이 올라갔다. 아무 문제도 없다는 것이었다. 더 이상 캐물을 필요는 없었다.

미국의 심리학자인 매들린 레빈(Madeline Levine)은 『물질적 풍요로부터 내 아이를 지키는 법(The Price of Privilege)』이라는 저서에서 아픔을 감추려는 태도에 대해 다루며 특히 부유층 여자들은 자기 문제에 대해 도움을 요청하지 않으려는 경향이 있다고 밝혔다. "이것은 도달할 수 없을 만큼 높은 기준의 결과이자 자기 자신에만 골몰하고 있는 모습뿐만 아니라 상처 입은 모습도 결코 보이지 않고 철저하게 사생활을 지키려는 의지의 결과이다. 완벽해 보이는 모습이 무너지지 않도록 하려는 것이다. 도로시가 마침내 커튼을 걷어올리자 오즈의 마법사가 그랬던 것처럼, 사기꾼임이 밝혀질까 두려운 것이다. 이런 걱정은 깊은 고립감과 그로 인한 알코올중독, 약물중독, 우울증을 야기한다."[10]

페이스북에 올리는 사진은 전혀 도움이 되지 않는다. 이는 요즘 사람들이 소식을 주고받는 주요 통로이기는 하지만 자신의 삶에서 밝은 면만 보여주는 왜곡된 방식이기 때문이다. 물론 자신의 가장 멋진 모습을 밖으로 드러내는 것은 자연스러운 일이지만, 소셜미디어에서 보여주는 과한 정보들은 사람들을 자신만 불행하다고 생각하게끔 만든다. 때때로 사람들이 외부와 소통을 끊고 남이 뚫고 들어올 수 없는 자신만의 단단한 보호막 안으로 들어가는 것은 전혀 놀랄 일이 아니다.

레빈은 이렇게 썼다. "아픔을 드러내는 것은 일종의 인정이다. 감정이 상했고 도움이 필요하고 일이 잘 되고 있지 않다는 것을 인정하는 일이다. 부유층 엄마들은 이것을 편안해하지 않는다. 사람들은 안정적이고 유능하고 무엇인가를 성취했다는 느낌이 드는 유리한 위치를 선호한다. 학부모모임이든 주유소나 꽃가게, 미장원에서든, 심지어 친목모임에서조차 대화의 중심소재는 자녀의 성취이다. 그러다가 가끔 지나가는 말이나 귓속말로 누구네 아이는 재활원에 들어갔다거나 음주운전하다 걸렸다는 이야기를 하지만, 그런 이야기 속 아이가 결코 자기 아이인 경우는 없다. 남 앞에서 우리 가족은 밝게 살고 우리 아이도 잘 지내는 것이다."[11]

이 말이 당신에게도 진실처럼 느껴지는지는 모르겠다. 나는 분명히 이런 식으로 사람들을 알아왔다. 하지만 주위에 자기 상처도 내보일 줄 아는 사람들, 기꺼이 자기의 아픈 부분을 드러내려고 하는 사람들, 그리고 그들이 살필 수 있도록 내 아픔을 드러냈을 때 그 아픔을 존중해줄 사람들과 지내는 것이 훨씬 위로가 되고 긍정적이라고 생각한다. 한번 시도해보라. 목표를 잡고 최선을 다해보라. 나의 약점은 나의 장점이 되기도 한다.

4장

어디로
갈 것인가

딸에게 학교에서 가장 소외감이 들게 했던 것이 무엇인지, 무엇이
가장 불안했는지 물었을 때 딸은 한 마디로 대답했다. '경쟁.' 딸은
개개인에게 등수를 매겨 줄 세우는 것을 견디지 못한다. 어떻게 된
것인지 운 좋게도 이 아이는 그 어떤 등수나 평가도 거부하는 인성
에 당첨되는 인생의 로또를 맞았다. 딸은 누군가는 1등, 2등, 3등을
하고 누군가는 꼴찌가 되는 것을 견딜 수 없어서 올림픽경기조차
시청하지 못하고 방을 나가버린다. 그래서 일찌감치 우리 아이는 경
쟁에는 뛰어들지 않기로 했다.

딸은 아이들이 경쟁을 좋아하는 것은 자연스러운 일이라고 믿
는다. "운동회에 참가한 꼬맹이들을 본 적 있잖아요?" 하지만 그게

운동경기인데, 음, 어째서 교육은 다르지 않은 걸까? "경쟁은 사람들의 행동방식이에요. 인간의 본성이라고요." 운동회에서 아이들을 지켜보면 확실히 그런 것도 같다.

달리기경주를 하는 아이를 생각해보자. 출발자세로 쭈그려 앉아 결승선을 쳐다보다가 총성이 울리면 전력을 다해 최고 속도로 달려간다. 준비, 땅! 아이들은 결승선을 통과하며 무슨 생각을 할까? '와, 다리로 성큼성큼 뛰는 느낌이며 허벅지근육으로 트랙을 박차고 오르는 느낌이 정말 좋다?' 땡! '음, 내 친구 잭은 학교에서 힘든 한 주를 보냈어. 오늘은 걔가 개인적으로 최선을 다했으면 좋겠다?' 땡! 아이들은 오직 하나만 생각한다. 나는 몇 등일까?

나이를 불문하고 아이들은 모두 달리기시합에서 최고의 목표가 무엇인지를 알고 있다. 부모가 "그냥 즐기면서 달려."라고 말하든 그렇지 않든 이기려고 달린다는 것을 안다는 말이다. 그리고 승자는 오직 한 사람뿐이다(사진판독을 해서라도 1등을 가린다). 달리기시합에서 이기려는 아이들의 마음은, 넘어졌을 때 엄마나 아빠가 안아주기를 바라는 마음처럼 반사적인 것 같다.

그렇지만 다들 알고 있듯이 교육은 운동경기가 아니지 않는가? 경기는 경기이고 교육은 뭔가 좀 달라야 한다. 하지만 사람들은 여전히 교육과 학습을 경주와 비슷한 것이라고 생각한다. 12년간의 공교육이라는 풍부하고 다양한 층위의 주제를 A지점과 B지점을 연결한 직선을 달리는 일로 축소시키며 단순화하는 것이다.

교육에서 경쟁이 어떤 역할을 하는지를 개인적으로 질문하면 셀수 없이 많은 사람들이 이렇게 대답한다. "맞아요. 학교는 운동경기가 아니죠. 하지만 삶은 경쟁이고 학교는 아이들이 어른이 되어 실제 세상에서 만나게 될 다양한 경쟁을 준비하는 훈련장이에요."

학교는 정말 실전에 대비해 연습경기를 치르는 곳인가? 아침에 일어나 무장하고 이전투구하는 싸움판으로 경쟁하러 나서는 성인의 삶을 모의훈련하는 곳인가 말이다. 대학에 들어가거나 직장을 구하는 것은 원래 경쟁해야 얻을 수 있는 것이니, 교육을 하는 12년 동안에도 경쟁에서 이기라고 가르쳐야 한다는 뜻인가? 이런 패러다임을 벗어나 아이들이 올바로 살아가도록 가르칠 수는 없을까?

사람들의 육체적 노력과 훈련의 결과를 전 세계적으로 다투는 거대한 경연인 운동경기가 삶의 다른 영역에도 영향을 끼치는 것은 이해할 수 있다. 어떤 장애물이 다가오더라도 극복할 수 있도록 열심히 노력하는 사람들의 모습은 인간 정신의 승리를 압축해서 보여주는 쉬운 비유이자 사례이다. 학교와 기업에서 열리는 강연에서 스포츠를 주제로 동기부여하는 강사들이 청중 설득에 성공하는 것을 보더라도 알 수 있다.

경쟁과 시합은 어디든 있다. 텔레비전을 틀면 어느 채널에서든 이런 모습을 볼 수 있다. 누가 가장 맛있는 음식을 만드는지 요리 시합이 벌어지고, 어딘가에 있는 오지에서 살벌한 서바이벌게임이 벌어지며, 가장 멋지고 매력적인 여성 선발대회, 상금 1백만 달러가 걸린 최고의 요리법 경연, 심사위원 4명이 〈스타트랙〉에 나오는 것 같은 기괴한 의자에 앉아 최고의 목소리를 선발하는 대회도 있다. 여기서는 이기지 못하면 지는 것이다. 진 사람은 더는 대회에 남을 수 없고 즉시 짐을 챙겨 해변의 멋진 맨션에서 나가야 한다. 보트를 타고 섬을 떠나야 한다. 남자가 다른 여자를 선택했기 때문에 가슴에 아픈 상처를 입기도 한다. 꿈에서나 만져볼 수 있는 거금을 손에 넣지 못하거나, 노래할 기회를 결국 얻지 못한다. 패배자가 되는 것이다.

최근에 십대와 청년들에게 가장 인기 있는 영화시리즈인 〈헝거게임(The Hunger Games)〉을 살펴보라. 아이들은 구역끼리 대결하는 이 서바이벌게임에서 살아남기 위해 죽을 때까지 싸운다. 사람들에게 공포감을 주어 복종시키려는 목적으로 고안된, 생사가 걸린 게임을 하는 것이다. 만약 이 게임이 보여주는 디스토피아적인 상상력이 삶이 우리에게 안겨주는 것에 대한 비유라면, 우울증과 불안이 증가세를 보이는 것은 전혀 놀라운 일이 아니다. 〈트와일라잇(Twilight)〉에서 에드워드 무리와 제이콥 무리가 벌이는 패싸움이 그리울 정도다.

마거릿 헤퍼넌(Margaret Heffernan)은 영국의 작가, 기업가이자 칼럼니스트로 『경쟁의 배신(A Bigger Prize)』이라는 책을 쓰는 과정에서 경쟁이 모든 연령의 사람에게 끼치는 영향에 대해서 깊이 탐구했다. 헤퍼넌은 이 책에서 승리에 병적으로 집착하는 세계를 흥미진진하게 탐구하며 경쟁이 아니라 협력의 과실이 인류에게 '더 큰 보상'을 가져다줄 것이라고 주장한다.

그녀는 이렇게 쓰고 있다. "승리에는 항상 비용이 따른다. 형제가 경쟁관계로 성장하면 서로 신뢰하고 베푸는 데 인색해진다. 학교가 반에서 1등하는 학생에게 상을 주면 나머지 학생들은 학습동기를 잃게 된다. 부자에게 감세하면 부의 불평등이 심해진다. 스포츠에서 경쟁이 심해지고 보상이 많아지면 선수생활이 짧아지고 부상은 많아진다. 보너스와 승진을 두고 경영진에게 경쟁을 부추기면 동료애와 창의성을 좀먹게 된다. 점수에 집착하면 생각에 제약을 갖게 되고 촉진시키고자 하는 바로 그 혁신의 기반을 망가뜨린다."[1]

헤퍼넌은 경제, 대중문화, 인간관계, 사업, 교육 등 사회 여러 분야를 깊이 분석해 핵심적인 질문을 던진다. '경쟁은 항상 최고를 가려낼 수 있는가' 하는 질문이다. 그녀는 아이들이 교육체제를 거치며 특히 처절한 경쟁체제에 상처받기 쉽다고 이야기한다. "성공에 대한 불안감은 오랫동안 높은 수준으로 지속되었지만, 높은 청년실업률과 글로벌 경제위기로 두려움은 병적인 수준으로 심해졌다."

앞서 지적한 것처럼 너무 이른 나이에 시작되는 표준화시험이 문제의 근원이다. 경쟁과 그 결과는 부모와 교사가 아이들을 비교할 수 있게끔 한다. 아이들이 성장하고 학습하고 무엇인가에 능숙해지는 속도와 시기와 분야는 각자 다르다는 것이 널리 받아들여지고 있음에도 불구하고 아이들은 너무 이른 나이에 등급이 매겨져 버린다.

부모들은 의식적으로나 무의식적으로나 이 사실을 알고 있고 어떤 경우에는 아이들을 몰아붙여 하위등급을 받지 않도록 한다. 그 과정에서 아이들은 일찌감치 그런 경쟁을 할 만한 가치가 있는지 없는지를 깨닫고 우리 딸처럼 많은 아이들은 그럴 가치가 없다고 생각해 경쟁에 참여하지 않기로 결정한다. 아이들에게는 고부담(high-stakes) 경쟁이 머릿속에 새겨질 수 있다. 그것은 아이들을 불안하고 우울하게 하며 자기혐오에 빠지게 만들 수도 있다.

조금 강압적이라고 할 수 있는 부모를 떠올려보자. 스포츠 분야에서 그런 부모들을 보았을 것이다. 그들은 터치라인 밖에서 움직이는 대표팀 축구감독처럼 자녀를 졸졸 따라다니며 어떻게 해야 달리기나 수영, 멀리뛰기에서 반드시 승리할 수 있는지 조언한다. 우승할 만큼의 실력을 보여주지 못했다고 부모한테 혼나는 아이들을 누구나 한번은 목격했을 것이다. 너무 안타까운 일이다. 이런 아이들에게 달리기나 수영, 멀리뛰기는 더 이상 즐거운 체육활동이 아니며 냉장고에 붙여질 상장을 받을 수 있다는 짜릿함도 안겨주지 못한다.

아니, 부모가 판돈을 올릴수록 경기에서는 승리만 중요해진다. 왜냐하면 승리가 가장 중요한 가치라고 전달받고, 패배는 엄마 아빠를 기운 빠지게 하고 실망시킨다는 의미일 뿐이기 때문이다. 이런 태도에서 친구에 대한 괴롭힘이나 왕따와 같은 따돌림이 생겨난다. 부모가 "조시는 이길 수 있어, 걔는 경기 후반에 가면 기운이 떨어지니까." 이런 말을 하면, 아이는 승리야말로 가장 중요한 결과이고 어쩌면 친구가 될 수 있는 아이들이 사실은 승리로 가는 길을 방해하는 경쟁자라는 메시지를 받게 된다.

이와 같은 태도가 교실까지 이어져 "네가 쟤보다 더 똑똑해."라틴어수업에서 쟤를 이길 수 있어."왜 반에서 2등 했니?" 같은 말이 나오는 것이다. 조심하라. 이런 경쟁은 아이들에게 압박이 된다. 때로는 미미하지만 때로는 무시무시한 충격이 되기도 한다. 어떤 경우든 자기가 이기려면 다른 아이를 물리쳐야 한다는 메시지를 강화하게 된다.

교육에서 경쟁이 어떤 역할을 하는지 전문가들의 견해가 갈라지기는 하지만 그래도 50대 50은 아니다. 내가 대화해본 모든 교육기관에서는 주로 어린 나이부터 치르게 되는 표준화평가, 끝없는 시험, 성적순으로 줄 세우기 같은 치열한 경쟁이 모든 아이들에게 해롭다는 쪽에 동조했다. 심지어 승리한 아이들에게도 말이다. 하지만 내가 대화해본 학부모들은 거의 전부 경쟁은 삶의 일부이자 인간 조건의 일부라고 받아들였다. 그들은 학교환경에서 경쟁의 가치와 효과에 대해 진지하게 질문해야 한다고는 전혀 생각하지 않는다.

사고방식에 왜 이런 격차가 발생할까? 경쟁이 교육에 필요한 요소라고 지지하는 쪽에서는 이렇게 주장한다. '경쟁이 없다면 아이들은 게을러지고 무능해진다. 경쟁에서 져봄으로써 패배해도 품위를 지키는 법을 배울 수 있다. 경쟁을 통해 아이들에게 공정한 경쟁을 가르친다. 이겨야 할 경쟁자를 두는 것은 동기부여가 된다. 경쟁은 아이들에게 압박감 속에서 어떻게 행동해야 하는지 가르친다. 아이들이 학습단계에서 어느 위치에 있는지를 교사가 파악할 수 있게 해주고, 다른 아이들과 비교했을 때 자녀가 어느 위치인지를 부모가 알 수 있게 해준다. 또, 아이들이 학교를 졸업하고 현실사회에 진출하도록 준비시켜준다.'

온라인 토론포럼(www.debate.org)에서는 "학습과정에서 경쟁이 필요한가?"라는 주제를 토론에 부쳤다. 다음은 '경쟁은 필요하지 않다'고 말하는 진영에서 나온 주장들이다.

- 경쟁은 갈등을 유발하고 갈등은 불화를 유발한다. 교실에서는 협력이 필요하다(모두 함께 협력하면 더 많이 성취한다).
- 교육은 주변 세계를 이해하기 위해 최선을 다해 배우려는 시도다. 교육은 최고가 되기 위해 대결해야 하는 축구 같은 스포츠가 아니다.
- 경쟁은 학습이 아니다. 학습이 동료를 앞서기 위해 서로 경쟁하는 것이 될 때 우리는 어떻게 경쟁하는가를 배울 뿐 어떻게 학습하는가를 배우지는 못한다.

다음은 '경쟁은 필요하다'고 답한 쪽에서 나온 주장들이다.

- 당신과 비슷한 수준의 경쟁자가 있다면 당신은 그를 이기려고 더 노력해야 할 것이고 결국 자신의 성취수준을 뛰어넘어 더 잘하게 될 것이다.
- 삶에는 승자와 패자가 있고 두 경우 모두 세대를 이어 지속될 수 있다. 자유로운 사회에서 우리는 스스로 대비해야 하고 그것은 자기 책임이다. 자원은 한정되어 있고 인간에겐 스스로 일어서거나 쓰러질 수 있는 자유가 있다면 아이들이 어떻게 경쟁하는지를 배우는 것은 꼭 필요한 일이다. 인생의 패자가 되는 법을 배우지 않도록 말이다.

다음은 누군가가 익명으로 쓴 특별히 고약한 글 가운데 내가 좋아하는 부분이다.

누구나 개성 있고 특별하고 애처로운 눈송이다. 경쟁은 '세상에는 네가 원하는 것을 똑같이 원하는 다른 눈송이가 있다'는 것을 가르친다. 필요한 노력을 하는 사람만이 자기 목표를 이룬다. 그저 협력하기 위해 경쟁을 완전히 멈춘다면 어떤 일이 벌어질까? 자기 일을 절반만 하고 다른 누군가가 대신 해주기를 바라는 한심한 게으름뱅이들이 수두룩해질 것이다. 경쟁욕구가 있을 때에만 자신의 진정한 잠재력에 도달할 수 있다. 경쟁하는 대상이 사회인지 다른 사람인지 자신인지는 중요하지 않다. 하지만 이기고자 하지 않는다면 당신은 패배자에 불과하다.

한심한 게으름뱅이라니! 나는 진심으로 이 '무명씨'가 아이들을 가르치는 선생님은 아니기를 바란다. 승자와 패자. 우리는 어쨌든 간 모든 것이 경쟁이라고 믿기 때문에 우리들 자신을 이런 이분법적인 용어로 생각하게 되지 않았을까? 경쟁에 대한 치열한 논쟁에서 의견은 대체로 정반대로 갈린다. '필요하다' 또는 '해롭다'로 말이다. 중도적인 생각을 하는 사람들 대부분은 '건강한 경쟁'이라고 부르는 것에 대해 이야기한다. 하지만 이런 개념조차도 자세히 살펴볼 필요가 있다.

건강하다는 것은 성격이 좋아서 온힘을 다해 상대방을 바닥에 깔아뭉개는 동안에도 웃고 있다는 뜻일까? 결과는 중요하지 않다는 의미일까? 모두가 과정을 즐기기만 한다면 누가 이기든 점수가 어떻게 되든 중요하지 않다는 뜻일까? 그런 경우라면 애초에 경쟁해야 하는 이유는 무엇인가?

스포츠 분야를 제외하고 당신이 경쟁심을 느꼈던 개인적인 순간을 생각해보라. 일하면서 경쟁심을 느끼는가? 가족과 보드게임을 하면서 경쟁심을 느끼는가? 결혼생활에서도 누가 결정권을 갖는지, 누가 일상생활에서 오는 스트레스로 가장 고통을 받는지로 경쟁하는가? 이런 분야의 경쟁에서 이기면 더 만족스러울까?

사람들은 '자신과 경쟁'하는 것에 대해 이야기하지만 그들이 진짜 이야기하고자 하는 것은 대부분 그것이 무엇이든 자기가 하고 있는 것을 더 잘하고 싶다는 것이다. 경쟁과는 전혀 다른 것이다.

당신의 삶에서 혹은 아이들의 삶에서 유난히 경쟁적이었던 사람들을 생각해보라. 우리 아이 중 하나는 초등학교 때 무슨 일에서든 경쟁하려는 친구가 하나 있었다. 그 아이는 차도 제일 먼저 타고 자전거도 제일 좋은 것을 갖고 모든 학과목의 시험에서도 일등을 하려고 했다. 그러니 인기를 별로 끌지 못하고 교우관계도 지속되지 못했다. 좀 피곤한 스타일이었다.

우리 애들의 학교에 책 읽어주기 봉사를 하러 갔다가 아들 반에서 본 한 아이는 내게 자신의 읽기수준이 몇 단계나 앞서고 있다는 것을 상기시키는 한편, 다른 아이들의 읽기수준이 몇 단계인지, 특히 내 아이의 읽기수준이 몇 단계인지를 묻느라 매번 읽기시간의 절반을 허비했다. 끈질기고 불쾌했고 읽기의 즐거움 따위는 전혀 느끼는 것 같지 않았다. 그 아이가 다섯 살이고 그곳이 유치원이었다는 사실을 고려하면, 자기가 지금 누구를 이기고 있는지 알고 싶은 욕구는 그 아이 자신의 내면에서 나온 게 아니라 그 부모에게서 생겼음이 분명하다. 내가 틀렸을 수도 있지만 다섯 살짜리 아이가 독자적으로 다른 사람의 순위를 알고 싶어한다고는 믿을 수 없기 때문이다.

그렇다면 경쟁 욕구는 타고난 것인가, 학습된 것인가? 경쟁의 본질은 무엇인가? 사회화되기 전의 영유아들을 스칸디나비아 평지 어딘가에 있는 지오데식 돔(geodesic dome, 단일 삼각형이 서로 연결되어 있는 반구형의 건축물-옮긴이)에 모아놓고 자체적인 장비를 남겨서 함께 성장하고 사회를 만들도록 하는 실험을 한다고 상상해 보라. 자기 기저귀를 벗어서 벽에 똥칠하는 단계를 지나고 나면 그 사회는 『잃어버린 지평선(Lost Horizon)』에 나오는 것과 같은 평화롭고 조화롭게 작동하는 지상낙원이 될까, 아니면 『파리대왕(Lord of the Flies)』에서처럼 배신과 폭력, 지독한 야만이 지배하는 사회가 될까?

어떤 면에서 당신의 견해는 당신이 인간의 본성에 대해 어떻게 믿는지에 달려있다. 그리고 문학 역시 그에 대한 발언권을 갖는다. 윌리엄 골딩의 소설 『파리대왕』은 인간이 문명사회의 양육을 받지 못할 때 어떤 상태가 될지에 대한 고민을 그린 가장 유명한 작품으로, 절망적인 전망을 보여준다. 한 무리의 소년들이 어떤 섬에 좌초되는데 등장인물들은 얼마 안 가 서로 싸우고 문명의 허울이 무너지자 자신들의 본모습을 보여준다. 악하고 폭력적이고 악행을 공모하고 경쟁하고 권력에 굶주린 패권주의자의 모습 말이다.

그것은 아이들의 본성이었다. 궁극적으로 아이들은 본성을 제어할 줄 몰랐다. 하지만 이것은 인간 본성에 관한 아주 실망스러운 거짓말이다. 연구와 조사를 통해 알아낸 바에 따르면 인간은 악하기보다는 선하고 이타적이며 남을 돕도록 타고났기 때문이다.[2]

2007년에 시행된 이타주의에 관한 유명한 연구프로젝트에서 연구자들은 생후 14개월 된 어린아이들이 아무런 보상이 없어도 다른 아이들을 돕고 서로에게 공감을 나타낼 가능성이 그렇지 않을 가능성보다 더 크다는 것을 발견했다. 아이들은 본질적으로 서로 돕고 돌보게끔 되어있다는 것이다.[3] 2012년의 또 다른 중요한 연구는 이타주의를 뛰어넘어 협력, 협업, 목적성, 상호의존성이 인간 진화의 핵심요인이라는 결론에 도달했다.[4]

이 분야의 연구는 계속 축적되고 있는데 UCLA대학의 두 과학자는 2016년 4월 인간에게는 이타적인 방식으로 행동하는 것이 더 자연스러울 뿐만 아니라 '친사회적인 행동'을 하도록 장려하는 것이 더 쉽다는 것을 보여주는 '획기적인' 연구결과를 발표했다. 실제로 인간은 이타적 유전자를 타고 났을 것이다.[5]

하지만 아직까지 인간 본성에 대한 관점은 명확지 않다. 영국의 작가 조지 몬비오(George Monbiot)는 창세기에 기반해 인간 본성에 대한 강력한 이론을 형성한 홉스, 루소, 쇼펜하우어, 맬서스의 사상이 주류를 형성하고 있음을 개탄했다. 그렇다, 성경의 영향력은 여전히 막강하다. 몬비오는 이들 학설은 유효기간이 지났으며 "진작에 '역사적 호기심'이라고 적힌 높은 서고에 모셔놓아야 했다."라고 말한다.[6] 하지만 이들은 여전히 현대의 사상에 나름의 영향력을 행사하고 있다.

이것이 '왜 사람들은 아직도 인간의 본성이 잔인하다고 생각하는지', '왜 피 흘리는 인간 역사의 긴 이야기가 이타주의와 협력 이론에 정면으로 반박하는 입장인지'를 부분적으로나마 설명해줄 것이다. 하지만 세계 대부분의 나라는 평화를 유지하고 있고 우리 삶이 〈워킹데드(The Walking Dead)〉(살아남은 인간이 좀비와 사투를 벌이는 내용의 TV시리즈-옮긴이)의 세계로 전락하지는 않았다는 사실로 미루어 보아도, 우리의 문명이 지속되는 것 자체가 인간의 본성이 경쟁이나 싸움, 무자비한 전쟁 욕구가 아니라 협력하는 쪽에 가깝다는 증거이다.

인간은 지속가능성을 가장 높일 수 있는 것을 기반으로 사회를 구성했다. 삶을 더 쉽고 더 오래 지속되도록 해주는 것들을 발명하고 공동선에 기여할 수 있는 체제를 만들고 또 공동의 목적을 이룰 수 있도록 협업하면서 말이다. 일상생활의 거의 모든 것들이 협력에 기반한다. 우리는 다른 사람들이 우리를 위해 키우고 배달하고 판매한 음식을 먹고 다른 사람들이 발명한 기구들로 음식을 요리한다. 우리는 그 음식을 가족에게 먹여 모두 건강하게 살 수 있게끔 한다. 우리는 인류의 생명을 구하기 위해 개발된 의약품을 섭취하고 집단이 설계한 운송체제로 이동하고 버스에서 타인에게 자리를 양보한다. 우리는 예술가들의 작품을 감상하며 기쁨을 누리고 기자와 작가들에게서 정보를 얻는다. 많은 사람들이 다른 사람들에게 서비스를 제공하는 일을 한다. 자연조차도 인간이 살아가는 데 필요한 것들을 주고 이상적으로는 우리도 자연의 도움에 보답한다.

경쟁은 사회와 삶에서 유효한 것의 모든 기반을 망친다는 주장도 사실상 가능하다. 알피 콘(Alfie Kohn)은 미국에서 경쟁교육에 대해 가장 비판적인 목소리를 내는 사람으로 지금까지 30년간 경쟁교육 전면 중단을 외쳐왔다. 그는 교육과 자녀양육에 관한 14권의 도서를 저술했고 학교와 대학교에서 학부모와 교사를 대상으로 강연한다. 숙제와 점수의 유용성부터 아이들에 대한 보상과 처벌에 이르기까지 온갖 사회적인 통념에 도전하는 사상가이다.

보스턴에 있는 그의 집을 방문했을 때 나는 그가 신중하게 심사숙고해서 말하는, 열정적이고 풍자적이고 매력적인 사람이라는 것을 알 수 있었다. 그는 자기가 말하고자 하는 바를 정확하고 단호하게 전달했다.

경쟁에 대해 이야기하며 그가 가장 먼저 타파하고 싶어한 것은 경쟁이 인간의 본성이라는 잘못된 통념이다. "선택의 여지가 없다면 경쟁이 타당한지 아닌지 더 이상 왈가왈부할 필요가 없겠죠. 다행스럽게도 우리에게는 선택권이 있습니다. 우리가 경쟁하는 것은 그렇게 태어났기 때문이 아니라 그렇게 양육되었기 때문입니다."

콘은 자신의 저서 『경쟁을 넘어서(No Contest)』에서 경쟁이 '당연한 인간의 본성'이라는 관념을 정교하게 깨뜨렸다. 첫째, 그는 어떤 특성이 인간의 본성임을 증명하는 것은 불가능하리만치 어렵다는 점을 지적했다. 그걸 증명하는 것은 경쟁이 인간의 본성임을 주장하는 이들이 해야 할 일이다. 둘째, 역시 증명할 수는 없지만 경쟁보다 협력이 인간 종이 영속하는 데 더 적합할 가능성이 높다는 것을 말하는 방대한 사상들을 정리했다.

그는 이렇게 쓰고 있다. "인간의 본성 운운하는 주장은 사실상 증명하기는 불가능하지만 아주 유혹적이다. 사회적 제도를 공고히 하고 논쟁에서 수사학적으로 유리하며 심리적으로 삶을 편하게 해준다."**7** 콘은 경쟁을 통제할 방법이 없는 어떤 것이라고 생각하는 게 훨씬 편리하다고 말한다. 어쩔 수 없다고 생각하면 우리 자신이나 문화를 바꾸려고 열심히 애쓸 필요가 없으니 말이다. 조금만 생각해봐도 알 수 있다.

하지만 경쟁을 넘어서는 그 어려운 일이 어디선가는 일어나고 있지 않은가? 콘은 말한다.

그럼요, 일어나고 있죠. 교실에서 협력학습이 이루어지고 운동장에서 협력게임이 이루어지는 것을 볼 때, 다른 방식으로 자녀를 양육하고 관리하는 것을 볼 때, 경쟁을 넘어서는 것이 가능하고 더 낫다는 징후가 보입니다. 사실 나는 캘리포니아에서 어느 필자가 보낸 원고를 검토하고 있습니다. 그는 협력게임을 아이들이 좀 더 건강하게 자라도록 돕는 방안이자 집단따돌림과 같이 약자를 괴롭히는 행동을 해결하는 방안으로 살펴보고 있다고 했어요.

경쟁은 약자를 괴롭히는 행동을 조장합니다. 그런데 사람들이 직장, 학교, 가정, 놀이에서 이런 실용적인 대안을 제시하는 놀라운 일을 했다는 사실은, 사는 게 경쟁이라는 생각을 완전히 반박하는 일이죠. 이런 대안의 결과는, 다른 어떤 방법으로도 얻을 수 없는 이점을 경쟁을 통해 얻을 수 있다는 생각도 반박합니다.

학교환경에서 경쟁은 옆의 친구보다 더 나은 점수를 받으려는 노력으로 나타난다. 경쟁에서 누군가 더 높은 점수를 받는다는 것은 다른 누군가는 더 낮은 점수를 받는다는 것을 의미한다.

존 밸런스(John Vallance) 박사는 시드니중등학교(Sydney Grammar School, 11-18세 대상의 대입대비 중등교육과정-옮긴이)에 부임했을 때 학생들의 학년별 석차가 게시판에 공지되는 것을 보고 경악했다. "그래서 그해 190등을 한 학생은 자기가 190등이라는 것을 알게 되었습니다. 나는 이건 미친 짓이라고 이야기하고 내가 교장이 되어서는 성적표를 게시하지 못하게 했습니다. 이 조치로 학교 전체의 분위기가 바로 바뀌었습니다. 그 전에는 학교가 양당제 국가와 비슷했어요. A학점 아이들과 그외 나머지 아이들이었죠. 나머지 아이들은 기본적으로 2등시민 취급을 받는다고 느꼈습니다. 나의 가장 큰 사명은 이 학교를 모든 학생을 포용하는 곳으로 만드는 것입니다."

하지만 밸런스 박사는 일부 아이들이 여기에 반발했다고 밝혔다. "그 애들은 아주 경쟁적이었어요. 게시판에 상위 20등까지 올린 유일한 이유는 그 아이들이 그러기를 원했기 때문이었지요."

교육에서 경쟁이 대체로 당연하다고 받아들여지는 이유는, 석차가 교사들에게 '이른바' 유용한 정보를 제공하고 처리하기도 쉽기 때문이다. 부모들에게도 비슷하다. 만약 학생들을 석차로 줄 세울 수 있으면 학교도 줄 세울 수 있게 되어 학부모들에게 '이른바' 유용한 정보를 제공하게 되는 것이다. 내가 연거푸 '이른바'라는 표현을 쓴 것은 교사들은 다른 체제를 통해 경쟁을 강요하지 않고도 학생들이 학업성적을 올리도록 할 수 있고 학부모들도 웹사이트에 공표된 협소한 지표를 살펴보는 것보다 더 나은 방법을 통해 학교를 선택할 수 있기 때문이다.

알피 콘은 점수는 전면적으로 폐지되어야 한다고 주장한다. 점수는 학생이나 학생의 성취도를 등급이나 숫자로 격하시키는 것이라 근본적으로 옳지 않고 점수에 초점을 두는 것은 모두에게 해롭다고 믿기 때문이다. 심지어 아주 좋은 점수를 얻은 학생들에게도 말이다.

평가과정을 세분화해 두 부분으로 나눌 수 있는데 콘은 이것을 '투스텝 댄스'라고 부른다. "첫 번째 스텝은 교사가 학생의 성취도수준을 이해하는 데 필요한 정보를 모으는 과정입니다. 이 과정에 시험은 필요없습니다. 최고의 교사는 시험을 이용하지 않아요. 그들은 덜 해롭고 더 유익한 평가방법을 사용합니다. 일단 교사가 학생의 학업성취도를 파악하면 그 다음 두 번째 스텝은 그 정보를 학생, 학부모와 공유하는 것입니다." 교사는 정보를 글로 작성하거나 학생 또는 부모, 혹은 양쪽과 면담을 할 수 있는데 가장 이상적인 것은 학생이 주도하는 대화라고 그는 말한다.

콘은 고등학교 교사가 점수를 철폐한 몇 가지 사례를 인용한다. 한 교사는 125명의 학생들에게 '무엇을 수행했고 무엇을 개선해야 하는지'에 대해 이야기하고 생활기록부에 간단히 메모한다. 학기말이 되면 일주일에 걸쳐 학생들을 하나씩 붙잡고 몇 가지 점에 대해 대화를 나누고 묻는다. '무엇을 배웠니? 그건 어떻게 알게 됐지?' 같은 질문들이다. 대화를 마칠 무렵이면 어떤 점수가 이 학생의 학습활동에 적절할까에 대해 질문하고 둘이서 함께 결론에 도달한다.[8]

교사는 자신이 주려고 한 점수와 학생이 받겠다는 점수가 같았던 경우가 많다고 말했다. 이 경우에도 여전히 점수는 존재하지만 학생은 자신의 점수에 대해 의견을 제시하고 조정함으로써 일종의 주인의식을 갖게 된다.

각양각색인 90명의 학생들을 맡은 다른 교사는 학생들의 과제물에 간략한 메모를 남기는 데 그렇게 오랜 시간이 걸리지 않는다는 것을 알게 됐다. 메모에는 학생의 과제물에 대한 피드백과 개선 방법에 대한 조언이 적혀있다. 하지만 그 교사는 학생의 성과물에 대해 '숫자나 등급'을 매긴 적은 없다. 대개 점수 때문에 아이들이 하는 짓은 교육자들에게는 가슴 아픈 일들이기 때문이다. 교사와 벌이는 말다툼, 부모와의 다툼, 컨닝, 벼락치기 같은 것들 말이다. "이러려고 교사가 된 것은 아닙니다."[9]라고 그는 말한다.

많은 교사들이 모든 학생에게 개인적인 피드백을 하는 것은 불가능하다고 주장하지만 그렇게 하지 못하는 이유의 상당 부분은 학교의 운영방식 탓이다. 하지만 위의 사례들은 현 운영방식에서도 점수에 대한 의존도를 낮출 수 있다는 것을 보여준다.

호주에서 '학교개혁을 지원하고 교육담론에 영향력을 행사'하고 있는 빅픽처 에듀케이션(Big Picture Education)은 동시에 전국적으로 여기저기 생겨나고 있는 새로운 혁신학교를 세우는 조직으로, 이 혁신학교들은 점수 없이 개별평가를 실시한다.[10] 나는 공동설립자인 비브 화이트(Viv White)가 자신들의 활동을 설명하는 방식이 마음에 든다. "아이들은 '자신의 학습을 설명'해야 합니다. 다시 말해, 얼마나 배웠는지 진척과정을 보고해야 합니다."

경쟁적 행동은 현행 교육체제에 내재되어 있습니다. 하지만 우리는 교육설계 시 그런 요소를 배제했습니다. 우리는 '아이들이 자신들이 하는 것에서 향상된 점'에 대해 이야기합니다. 우리는 아이들이 서로 경쟁하도록 줄 세우지 않습니다. 아이들이 해야 하는 일은 1년에 네 번, 학부모, 동료, 학습멘토 앞에 서서 토론참가자가 하는 것처럼 '자신이 배운 것을 보고'하는 일입니다.

그리고 1년에 네 번 학생들은 교실에서 부모님과 학습프로그램을 짭니다. 그러니까 학부모는 모두 여덟 번 학교에 와야 하는데, 만약 오지 않으면 저는 학생들의 멘토로서 전화를 걸어 이렇게 말합니다. "어디에 계십니까? 학부모도 교육의 당사자입니다. 가족도 교육주체로 등록되어 있습니다." 이건 그냥 하는 말이 아닙니다.

빅픽처에서 설립한 학교들은 소규모이고 교사와 학생 사이의 관계가 교육의 핵심이므로 한 교사가 너무 많은 아이들을 맡으면 관계의 질이 좋아지기 어렵다는 설립철학을 기반으로 세워졌다.

비슷한 취지에서, 개인화학습(personalized learning)을 도입함으로써 경쟁규정집을 폐기하는 데 성공한 공립고등학교가 있다. 템플스토칼리지(Templestowe College, 학생주도학습으로 유명한 호주 멜버른의 공립고등학교-옮긴이)의 피터 허튼 교장은 전교생의 정원을 650명으로 제한했다. 이 학교 학생들 대다수는 학교 근처 저수지지역 출신인데 학생 수가 650명을 넘어가면 교사와 학생 간 관계의 질이 유지될 수 없다고 믿었기 때문이다.

시간에 쫓기는 교사에게 그렇듯 살기 바쁜 학부모에게도 점수와 석차는 관리가 편해서 나는 점수만 꽉 부여잡고 있으면 상급학교 진학이 보장된다고 생각했었다. 그러다 이 책에 필요한 자료를 조사하는 과정에서야 비로소 이 평가들과 점수와 등급이 무엇을 뜻하는지 깊이 생각하게 되었고 또 의문을 품게 되었다.

그 와중에 내 열여섯 살 아들은 수학 학습목표를 스스로 작성해야 했다. 학습진도를 따라가지 못한다고 걱정하던 선생님이 아들에게 시킨 일이었다. 아들은 수학공부를 따라가지 못하는 것과 학습목표를 작성해야 한다는 것에 스트레스를 많이 받았지만, 그건 아들이 성취하고 싶다고 말하는 뭔가를 이루기 위해 자신의 동기가 무엇인지를 스스로 파악하는 데 아주 좋은 방법 같았다.

아들은 목표를 기입해야 하는 빈칸을 골똘히 쳐다보다가 잠시 생각했다. '음, 수학에서 나의 목표는 뭐지?' 아들은 지난 평가시험에서 2점 차이로 우등상을 놓쳤기 때문에 다음 평가에서는 우등상 받는 것을 목표로 하겠다고 마음먹었다.

이 정도면 괜찮아 보인다. 그렇지 않나? 나는 퇴근하고 저녁을 준비하랴, 열 살 아들에게 축구훈련에 필요한 장비를 갖춰 입으라고 잔소리하랴, 안 보이는 정강이보호대를 찾으랴, 남편에게 딸을 데려오라고 연락하랴 정신없었다. 한창 바쁜 시간에는 '그래, 좋아. 목표로 딱 좋다, 그렇게 써!'라고 말하게 되는 것이다.

'나의 목표는 다음 시험에서 우등상을 받는 것이다.' 잠깐, 뭐라고? 안 돼! 나중에 실제로 이 일을 재고해볼 수 있게끔 여유가 생겼을 때에야 '우등상'의 의미가 무엇인지 의문이 들었다. 아들이 한 반에서 공부하게 된 다른 아이들과 비교해서 우수한 성적을 받는 것에 무슨 실질적인 가치가 있나? 넓은 관점에서 이게 무슨 의미가 있을까? 나는 갑자기 머릿속이 하얘졌다.

우리는 처음으로 돌아가 이렇게 생각을 정리했다. '나의 목표는 수업내용을 완전히 이해하고 가능하다면 즐기는 것이다. 만약 이해하지 못한다면 뒤처지지 않도록 반드시 질문할 것이다. 수업에 100퍼센트 집중할 것을 맹세한다.'

만약 당신이 "A를 받지 못하면 집에 들어올 생각도 하지 마라!"와 같은 말을 하는 부류의 부모라면 이렇게 바꿔 말하는 것을 고려해봄 직하다. "라틴어동사를 완전히 이해하고 즐길 수 있는 수준이 아니라면 집에 들어올 생각도 하지 마라!"

주의를 집중하고 자발적으로 질문하면 내용을 철저히 이해하게 되고, 내용을 철저히 이해하고 즐기게 되면 그 즐거움은 내재적 동기를 갖도록 이끌며, 내재적 동기는 배우는 것을 좋아하게 만든다. 그러므로 이해와 즐거움을 기본으로 시작한다면 나머지 것들, 그러니까 교육을 통해 얻을 수 있는 모든 진정한 장점들이 따라오게 되는 것이다. 덧붙이자면, 열심히 공부한 노력의 결과로 내용을 철저히 이해하게 되었다면 시험에서 최고의 실력으로 질문에 답할 수 있게 될 것이다.

아들은 우등상을 받았을까? 대답하지 않겠다. 아까 말한 대로 아무런 의미가 없기 때문이다. 하지만 수학에 금방 재미를 붙이고 내재적 동기도 갖게 되었다. 그 다음에는? 스트레스를 덜 받게 되었다.

알피 콘은 말한다. "'점수가 없으면 어떻게 될까' 하는 문제를 한

발 떨어져서 보면 흥미로워요."

　사람들은 점수만이 할 수 있는 고유한 기능이 있으며 우리는 대안을 찾기 위해 서둘러야 한다고 생각한다. 그러다가 '도대체 왜 우리는 점수를 매기는 것일까?' 하는 질문을 하게 된다. 아이들이 잘 배우고 있는지, 혹은 아이들이 어떤 부분에서 도움이 필요한지를 학생과 학부모에게 알리기 위해 점수가 필요한 것은 분명히 아니다. 그렇다면 점수는 왜 필요한가? 점수란 무엇일까?

　점수가 필요한 이유는 아이들을 의미있는 학습에 진정으로 몰두하게 만드는 기술이 부족할 때 당근과 채찍으로 사용하기 위해서다. 점수는 아이들이 거의 아무런 흥미를 느끼지 않는 게 당연한 것들을 하도록 강요한다. 만약 경쟁을 시키는 게 목표라면, 아이들을 서로 싸우게 해 누가 누구를 이기는지 보는 게 목표라면 "시험에 나올 거야."라고 말하고 아이들을 등급이나 숫자로 치환해야 한다. 그렇게 하는 게 서술식 평가나 대화보다 훨씬 효율적이기 때문이다.

　일종의 측정, 그러니까 학생의 지식에 관한 어떤 평가는 특정 단계에서 필요하다. 하지만 사람들이 주장하는 만큼 그렇게 많이 필요하지는 않다. 뉴캐슬의 트레이시 브리즈(Tracey Breese) 교장이 주장하는 것처럼 아이들이 일 년에 60-80번의 시험을 치르게 되면 끊임없는 평가체제가 고착되어버릴 것이다. 그리고 그것은 배우는 재미를 고갈시킨다.

　'캠벨의 법칙(Campbell's Law)'이라는 것이 있다. 무엇을 평가하기 시작하면 평가 자체가 그 대상보다 더 중요해지고 평가에서 얻고자 하는 목표가 원래의 평가 대상마저도 망가뜨리며 결국 평가 자체도 망가뜨린다는 이론이다. 사회학자 도널드 캠벨(Donald T. Campbell)이 1976년에 저술한 내용을 가장 기초적인 방식으로 풀어 설명하자면 그렇다. 그는 이렇게 말한다. "사회적인 의사결정에 정량적 사회지표를 많이 사용할수록 부패의 압력에 더 많이 노출되고 모니터링하고자 하는 사회적 과정을 더 왜곡시키고 변질시키는 경향이 있다."

달리 말하면, 학습결과와 시험결과를 측정하는 데 초점을 맞추면 맞출수록 교육을 잘하는 것이 목표가 되기보다는 결과를 내는 것이 목표가 되고 교육을 잘 한다는 것의 의미도 변질될 것이라는 이야기이다. 학생들은 삶의 성공이 성과에 달려있다고 절박하게 느낄수록 수단과 방법을 가리지 않고 성공을 추구할 것이다. 시험에 뭐가 나올지 알아낼 것이고 그것을 암기하고 시험에서 그대로 쏟아낼 것이며 컨닝도 무릅쓸 것이다.

아이들은 시험에 통과하는 것이 학습내용을 즐기고 창의적으로 생각하는 것보다 중요하다는 것을 배우고, 시험을 보고 나면 아무것도 기억하지 못한다고 해도 별로 상관하지 않는다. 결과만 좋으면 된다. 교사들도 시험에 나올 내용을 가르쳐야 한다는 지침을 받게 되면 교과과정은 시험결과를 좋게 하는 쪽으로 좁혀진다.

어느 단계에서든 평가는 선의를 변질시킬 수 있다. 교실에서는 아이들이 누가 더 도움이 필요한지 파악하려는 선의를, 지역구에서는 어느 학교가 더 많은 자원을 지원받아야 하는지 확인하려는 선의를, 세계 교육지표에서는 어느 나라가 교육을 잘 하고 있는지 확인해 모든 교육체제가 서로를 배울 수 있도록 하자는 선의를 변질시킨다.

뉴욕에서는 한때 학생들의 수학 및 영어 표준화시험 결과와 이 과목에서 학생들의 성취도가 얼마나 향상되었는지를 기반으로 교사를 평가하고 그 순위를 공개하는 것에 대해 많은 논란이 있었다. 여러 언론매체들이 정보공개법에 기반해 이전에는 공개하지 않았던 교사순위를 공개하라고 요구했고, 이에 따라 교사의 순위가 공개되자 교사들은 자신들이 숫자로 단순화되는 것 같은 씁쓸함을 맛봐야 했다. 교사들은 이를 저지하기 위해 필사적으로 투쟁했다. 단순한 평가로 학습자의 개인적인 장단점과 복잡다단함을 파악할 수 없는 것처럼, 가르침의 복잡다단한 영역 역시 잡아낼 수 없기 때문이다.[11]

하지만 체제는 평가정보에 집착한다. 평가는 성과를 의미하고 결국에는 평가된 것에 가장 큰 가치를 부과하기 때문이다. "수치화될 수 있는 모든 것은 중요하지 않고, 중요한 것은 모두 수치화될 수 없다."라는 아인슈타인의 격언에 진실이 있음에도 말이다.

캔버라대학의 미스티 아도니우(Misty Adoniou)는 교사 출신인데 가족이 그리스에 살 때 그곳의 학교에 다녔던 딸에 대해 앞서 언급한 바 있다. 지금 그녀의 딸은 20대이다. 미스티의 말에 따르면 예술적 기질이 아주 강했던 딸은 학교의 학습방식에는 맞지 않았고, 우리 딸처럼 자신이 똑똑하지 않다는 생각이 끊임없이 머릿속을 맴돌아 힘들어 하던 아이였다.

"나는 학교에 가서 말했어요. 성적표를 보낼 때 거기에 어떤 숫자도 적지 말아주세요. 그것 때문에 우리 아이가 어떤지 아세요?" 그녀의 딸에게 점수가 적힌 성적표는 머릿속에 맴돌던 자신에 대한 생각을 큰소리로 들려주는 것과 마찬가지였을 것이다. "물론 교사들도 수치화된 성적이 딸의 마음을 멍들게 한다는 것을 알았지만 이렇게 되물었어요. '점수를 매기지 않으면 무엇으로 평가해야 할까요?' 그래서 나는 대답했죠. '아이가 어떻게 하고 있는지 의견을 써주세요.' 교사들은 제 요청대로 해주었지만 그리스에서 그때까지 의견을 달아 평가한 적은 한 번도 없었답니다. 모든 것을 수치로 적었지요."

A부터 E까지 등급으로 평가하는 경우라면? "저는 A부터 E까지 점수매기는 것을 싫어하는 교사들을 정말 많이 봤어요." 아도니우는 말한다. "교사들은 등급으로 나누는 것을 정말 싫어해요. 아이들의 사기에 어떤 영향을 미치는지 알기 때문이죠. 그것이 제가 교직을 떠나 더 이상 아이들을 가르치지 않아서 다행이다 싶은 이유 중 하나라고 말해야겠네요. 점수를 매기는 일을 할 수가 없었거든요. 제가 아이와 앉아서 '나는 너한테 D를 줄 거야. 하지만 네가 얼마나 노력했는지 알고 있으니까 너무 기분 나쁘게 받아들이지는 않았으면 좋겠어.'라고 말한다 해도… 아이들은 당연히 기분 나쁘게 받아들일 거예요. 아이들의 머릿속에 또 다른 목소리가 되어 맴돌고 싶지는 않았어요."

미국의 교육역사학자이자 교육정책 분석가인 다이앤 라비치(Diane Ravitch)는 아래와 같이 썼다.

진정으로 아이들을 걱정하는 사람은 아이들을 줄 세우고 점수를 매기고 꼬리표를 붙이자는 주장을 뿌리쳐야 한다. 시험이 무엇을 측정하든 그것이 한 아이의 총체적인 실체는 아니다. 평가는 인성, 정신, 마음, 영혼, 잠재력을 측정하지 못한다. 평가는 오남용되거나 높은 부담을 줄 때 우리 사회에 가장 필요한 창의성과 천재성을 압살한다. 창의성과 천재성은 표준화에 완강하게 맞선다. 평가는 학생과 교사를 돕는 데 조금만 사용해야 하며 결코 보상이나 처벌을 하는 데 이용하거나 어린이나 어른을 점수로 꼬리붙이는 데 사용하면 안 된다.[12]

알피 콘의 말대로, 사람들은 승자도 패자와 더불어 패배한다는 것을 깨닫고 나서야 경쟁이 모두에게 나쁘다는 것을 이해하기 시작한다. 콘은 교육평가 분야의 연구를 엄밀히 검토했는데, 그에 따르면 다수의 교육학자들이 얼마나 잘하고 있는지에 초점을 맞출수록 아이들은 자신이 지금 하고 있는 일에 덜 집중하는 경향이 있다고 주장한다.

"따라서 성취도와 성과를 강조하는 것은 사실 배움의 본질이 아닙니다. 그것은 여러 경험적 연구들에 의해 입증된 바지만 점수 매기는 것을 특별히 좋아하지 않는 사람들조차 그동안은 이를 완전히 무시해왔습니다."라고 그는 말한다.

이것은 내가 대화를 나눠본 아이들이 졸업시험기간 동안 겪었던 경험과 일치한다. 그 아이들은 자신과 비교했을 때 다른 아이들이 어떻게 하고 있는지로 스트레스를 받았다. 한 아이는 더 좋은 점수를 받기 위해 친구들과 경쟁해야 한다는 생각과 순위체제 때문에 압박을 받는 것 같다고 말했다. 다른 아이는 시험기간이면 누가 자기보다 더 좋은 점수를 받을지 불안해하며 시간을 보냈는데 그렇게 하는 게 시간낭비인 것 같다고 했다. 하지만 그런 생각이 몇 년이나 뿌리 깊게 박혀있었다는 것이다.

이 분야 연구자인 알피 콘은 말한다.

이것은 평가에 대해서만 말하며 살아가는 전문가들에게는 불편한 연구일 것이다. 많은 교사들은 이 연구결과에 수긍하지만 학생들을 평가하고 학업성취도를 생각하라는 제도적 압박으로부터는 자유롭지 못하다. 특히, 표준화평가에서 점수를 올리라는 무시무시한 총구가 그들에게 겨눠질 때 말이다.

전반적인 책무성과 학교개혁운동은 위 연구자료의 존재를 무시하고 구축된 것이다. 왜냐하면 이 교육체제는 학습을 염두에 두고 만들어진 것이 아니기 때문이다. 실제로 자신들의 탁월한 문화에 자부심이 강한 사립학교를 비롯해 많은 학교들은 학생들이 얼마나 잘하고 있는지에 초점을 맞추는, 진정으로 반지성적인 공간이다.

가장 안타까운 것은 재미는 점수가 아니라 배움에 있다는 것이다. 이것은 학교교육의 목적이 무엇인지를 두고 벌어지는 최고의 충돌이다. 실제로 시드니중등학교의 존 밸런스에 따르면 많은 교사들이 평가의 압박과 수행 정도를 체크해야 한다는 이유로 졸업학년을 가르치고 싶어하지 않는다. 국어와 역사처럼 학생들이 자신의 생각을 탐색할 수 있어야 하는 과목 교사들은 특히 더 그렇다는 것이다.

문제는 학생들 역시 배움보다는 점수경쟁에 참여해 졸업시험에 응시하고, 예상되는 범위 안에서 받을 수 있는 최고 점수를 받아내야 하는 현실에 직면한다는 것이다. 그가 생각하기에 배움과 점수라는 두 가지 목표는 양립불가하지만, 현재의 시스템 안에서는 공존할 수밖에 없다.

고등학교 2학년 학생을 가르치고 있다면 고교졸업시험(High School Certificate)이라는 험난한 과제가 앞에 놓여있는데 교사는 아이들이 이 시험을 통과하게끔 해야 한다. 정부는 올바른 교과내용을 교육과정에 넣는 것보다 평가방법을 개발하는 데 더 많은 투자를 하고 있어서 교사들은 그저 그 경쟁에 참여할 수 밖에 없다. 다른 대안은 없다.

동시에 우리 교사들은 학생들을 교육하는 데 최선을 다할 것이다. 평가와 교육, 나는 늘 이 두 가지가 대척점에 있다고 생각했지만 어쩌면 다시 생각해봐야 할지도 모르겠다. 교육에만 너무 치중하다 보면 학생들은 결국 고교졸업시험을 하찮게 여기게 될 것이다. 이 둘은 균형을 잡기가 매우 어려운 문제다. 만약 교사가 국가교육위원회를 빈정거리기만 한다면 어느 누구도 아닌 교사 자신과 자기가 가르치는 학생들에게만 상처를 줄 뿐이기 때문이다.

교육의 방향이 전면적으로 바뀌기 전까지는 아이들은 경쟁이라는 게임에 참여해야만 한다. 『4차원교육과 21세기역량(Four-Dimensional Education and 21st Century Skills)』의 공저자이자 교과과정재설계센터(Center for Curriculum Redesign)의 설립자 겸 회장인 찰스 파델(Charles Fadel)은 자신의 딸이 학교에서 겪은 이야기를 들려주었는데 우리 딸의 경우와 비슷했다.

파델은 가르치고 평가하는 일의 지평을 넓히는 것을 평생 목표로 삼아 학교의 성공이 아이들에게 과연 무엇을 의미하는지 그 해답을 얻고자 했다. 하지만 고부담평가가 교육에 미치는 불가피한 측면에 아이들이 직면할 때 그는 서로 조화시킬 수 없는 그 둘의 차이에서 발생하는 삐걱거림을 느낀다.

"딸이 고등학교를 다니면서 저에게 이런 말을 했어요. 이제까지 아빠는 '배움을 위한 배움'에 대해 이야기해왔으면서 이제는 저더러 점수에 신경 써야만 한다고요? 그래서 제가 말했죠. 그것은 '양자택일'의 문제가 아니라 '둘 다' 챙겨야 하는 문제야. 우리는 아직 점수도 중요한, 불안정한 교육체제 속에서 살고 있잖니. 애야, 아빠를 믿어라. 나는 평가의 폭을 넓혀서 네가 한 것 가운데 아주 작은 부분만이 아니라 네가 한 모든 것이 중요한 의미를 갖도록 만드는 중이야. 하지만 지금으로서는 둘 다 해야 한다." 파델은 덧붙였다. "맞아요. 바로 이런 측면들이 아이들을 위한 교육을 말살시키는 거죠. 물론 교사들 관점에서도 마찬가지고요."

결국 우리는 교육시스템을 변화시킬 때까지 아이들을 경쟁의 가혹한 속도를 견디도록 밀어붙일 것이며, 경쟁을 유지시키는 동안에는 지속적으로 성과를 평가하고, 학부모들은 여전히 다른 아이들과 자녀를 비교하며 등수를 알고 싶어할 것이다. 하지만 부모들은 자녀가 아이들 가운데 몇 등이나 하는지를 정말로 알아야 할 이유가 무엇인지 자문할 필요가 있다. 아이 학급의 전혀 다른 24명 사이에서 벌어진 경쟁의 결과를 왜 굳이 알아야 하는가? 만약 아이가 다른 반에 들어간다면 아이의 등수도 달라지지 않겠는가?

이 개념을 피냐타(장난감과 사탕이 가득 든 통. 미국 내 스페인 문화권 아이들이 파티를 할 때 눈을 가리고 막대기로 쳐서 이 통을 넘어뜨리는 놀이를 함-옮긴이)처럼 실제로 내리친다면 이런 말이 쏟아져 나올 것이다. 세상에 하나밖에 없는 당신의 자녀를 다른 아이들과 비교하는 짓은 아무짝에도 소용없다. 자녀가 둘 이상인 부모들이라면 이미 알고 있겠지만, 한 가지 기준으로 아이들을 비교하는 것은 바보같은 짓이고 아주 불공정한 처사다.

모든 것을 스포츠에 비유하는 어리석은 생각을 일찍이 폐기했지만, 부디 너그러이 양해해준다면 경쟁의 본질(또는 조장)에 관한 스포츠 일화를 하나 들고 싶다.

나는 일일이 기억하기 힘들 만큼 아이들 운동회에 많이 참석했다. 하지만 특별했던 그 운동회는 결코 잊을 수 없다. 그 어느 운동회보다 우렁차고 긴 박수와 환호가 이어졌기 때문이다.

100미터 경주였고 아이들이 출발했다. 달리던 아이들 가운데 하나가 심한 신체장애로 힘겹게 맨 마지막으로 들어오고 있었는데, 그 아이는 넘어졌다가 다시 일어나 달리며 온힘을 다하는 중이었다. 아이들이 달리는 동안 사이드라인에 있던 사람들이 열렬히 응원했지만, 그 애는 비틀거리다 다시 쓰러지고 말았다.

아이들이 결승선을 통과하려던 결정적인 순간, 갑자기 두 아이가 경주를 포기하고 장애가 있는 아이를 도우러 와서는 양 옆을 부축해 결승선까지 걸어왔다. 그 50미터는 길고도 힘든 길이었다. 그리고 영광스러운 길이기도 했다.

그 자리에 있던 사람들 모두가 눈시울을 붉히며, 두 친구의 도움을 받아 결승선을 통과하기 위해 일생일대의 난관을 극복한 아이에게 귀가 먹먹해질 만큼 우렁찬 환호와 큰 박수를 보냈다. 사람들은 이럴 때 더 큰소리로 환호한다. 이러한 성취가 더 위대하기 때문이다. 또한 동정심과 협력, 경쟁에서 이기려는 마음보다 친구를 돕겠다는 마음이 소중하기 때문이다.

이 경주는 이긴 아이와 진 아이의 부모들을 모두 하나가 되게 해주었고, 잠시 동안 '사람은 무엇으로 사는지'에 대한 의미를 깊이 새기게 해주었다.

5장

교실 속
동아시아 코끼리

여자는 말했다. "우리 아들 반에 한국애가 하나 있는데요, 걔는 토요일에도 학교에 간대요. 어떤 학습장애가 있는 건 아니고 정말 똑똑하고 패션감각도 있는 데다 과제할 때 도움이 필요한 것도 아니래요. 그 아이는 그냥 다른 아이들보다 더 앞서가려고 애쓰는 거래요. 걔네들은 겨우 열 살인데 말이에요!"

이 이야기에서 짚고 넘어가야 할 것이 몇 가지 있다. 첫째, 이 아이는 더 이상 한국사람이 아니라 호주사람이다. 둘째, 사실은 토요일에도 학교에 가는 게 아니다. 개인교습을 받는 것이다. 셋째, 이 아이는 정확히 무엇에서 남들보다 앞서려고 하는 것일까? 마지막으로, 이 아이는 고작 열 살이다!

우리는 뒤얽힌 덤불 속으로 뛰어들고 있다. 조심하라! 덤불 속에는 가시가 있다. '교실 속 동아시아 코끼리'를 다루지 않고서는 교육에서 압박감의 증가를 논하는 건 불가능하다. 교실 속 동아시아 코끼리란 우수한 학업성적을 올리기 위해 오랜 시간 공부하는 아시아국가 출신 아이들의 증가를 뜻하는 말이다. 사람들은 이 문제를 정면으로 다루고 싶어하지 않는다. 불가피하게 인종차별을 한다는 비난을 받거나, 실제 인종차별을 초래할 수 있기 때문이다.

시드니에 사는 작가이가 감독인 애나 브로이노브스키(Anna Broinowski)의 이야기를 들어보자. 그녀는 성적우수자를 선발하는 공립학교의 입학시험을 준비하면서 딸에게 추가로 과외수업을 시킬지를 두고 느꼈던 양가적인 감정을 연대기적으로 기술한 기사를 썼다.

브로이노브스키는 딸이 좀 더 치열한 면학분위기에서 공부할 기회를 갖기를 바랐다. 하지만 그런 학교의 입시에 자녀를 대비시키거나 시험에 응시라도 해보게 하려면, 선발학교에서 다수를 차지하는 아시아 출신 아이들의 수준에 맞춰 딸의 학습량을 대폭 늘리거나 개인교습을 받게 해야 했다.

그녀는 기사에서 '과외교사의 지도를 받는 것은 범죄다.'라거나 '과외교사의 지도를 받는 것은 컨닝이다.'라는 식으로 말하는 다른 부모들의 발언을 인용했지만, 기사가 나간 뒤 이런 발언에는 동의하지 않는다는 점을 스스로 분명히 밝혔다. "과외교사의 지도는 꼭 필요해요. 시스템이 그렇게 되어 있지요. 과외교사의 지도를 받은 아이들이 입학하는 데 유리하다는 것은 명백합니다." 그녀는 말한다. "저로서는 동의할 수 없는 시스템이지만 딸에게 더 나은 기회를 주고 싶었어요."

교육문제에 관한 한 자녀에게 더 나은 기회를 주고 싶다는 것은 자녀가 영재프로그램과 선발제학교에 들어갈 수 있도록 노력하겠다는 것이다. 그렇게 하려면 과외수업을 시킬 돈이 필요하다. 호주에서 그 규모가 연간 60억 달러에 달하는 과외산업은 지난 5년 동안 거의 40퍼센트나 성장했다. 학교의 위기를 반영하는 수치이거나 자녀를 선발반에 넣기를 바라는 부모의 열망이 커지고 있다는 방증일 것이다. 아니면 둘 다일 수도 있다.[1]

브로이노브스키는 이렇게 썼다. 우리 아이에게 기회를 줄 수 있다면 내 안의 '타이거 맘(tiger mom, 중국계 미국인 에이미 추아(Amy Chua)가 2011년 출간한 책 『타이거 마더(Battle Hymn of the Tiger Mother)』에서 비롯된 표현으로, 자녀에게 완벽을 추구하는 엄격한 양육자를 일컬음–옮긴이)'을 풀어놓겠다고 털어놓자 친구가 경악했어요. 친구는 영재반은 아예 생각도 하지 않는다는 쪽이었죠. 이렇게 묻더군요. "정말 애를 점수 따는 로봇으로 만들고 싶니?"[2] 브로이노브스키는 '자녀가 충격을 받고 열심히 공부해야 한다고 믿는 중산층 백인여자'라는 소리를 비롯해 인종차별적 비난과 비판에 직면했다.

한 블로그에서 이 이야기의 '편집증적인 인종주의'를 문제 삼자 애초 이 이야기가 올라왔던 페이스북과 블로그에 달린 댓글들은 이 이슈를 둘러싸고 의견이 크게 둘로 나뉜 양상을 띠었다. 즉, 앵글로계 아이들은 게으르고 아시아계 아이들은 강도 높은 학습을 두려워하지 않는다. 혹은 반대로, 앵글로계 아이들은 적응을 잘하

고 균형적인 삶을 살지만 아시아계 아이들은 기계처럼 암기하는 로봇이다.[3]

인종에 기반한 이런 식의 일반화는 '타이거 맘'의 원조라 할 수 있는 에이미 추아(Amy Chua)가 자신의 세계적인 베스트셀러인『타이거 마더(Battle Hymn of the Tiger Mother)』에서 어느 정도 범한 적이 있다. 이 책은 국제평가에서 높은 성취도를 보이는 아시아 교육 시스템에 관심이 높아질 무렵 등장해 동아시아 교육방식에 대한 전 세계적인 토론을 촉발했다.

몇 년 전 출간된 추아의 책을 실제로 읽어보진 못했어도 많은 이들이 그녀의 양육철학을 다룬 기사는 읽어보았을 것이다. 그것은 흡사 눈을 뗄 수 없는 공포영화와 비슷한 수준이다. 추아는 중국 엄마는 서구 엄마에 비해 자녀양육을 더 잘한다는 전제에서 시작해 두 딸이 최상위 수준의 성공을 이루었다는 사실을 강점으로 삼아 책 전체에 걸쳐서 말도 안 되는 주장을 이어나간다.

짧게 발췌하면 이렇다. "내가 딸들에게 절대로 허용하지 않는 것들이 있다. 외박, 친구들과 노는 약속, 학예회 참가, 학예회에 가게 해달라는 불평, TV시청이나 컴퓨터게임, 교과 외 특별활동을 스스로 선택하는 것, A이하의 학점, 체육과 연극수업을 제외한 학과 분야에서 1등을 놓치는 것, 피아노나 바이올린 이외의 악기연주, 피아노와 바이올린 연습 건너뛰기." 이 정도면 공포영화다.

중국계 미국인 법학과 교수인 추아는 모진 양육법으로 딸들을 음악천재로 만든 방식들을 개략적으로 설명하면서 왜 서구의 엄마들은 좀처럼 그런 결과를 만들어내지 못하는지 의아하게 생각했다. '타이거 맘'이란 용어는 사전에 정식 등재되었다. 일반적으로 칭찬의 의미는 결코 아니다.

추아는 (자녀의 자존감에 대해 과도하게 걱정한다고 표현한) 서구 부모와 (자녀에게 최선의 것이 무엇인지를 알고 있기 때문에 자녀의 욕망과 선호도보다 부모의 생각을 우선시한다고 표현한) 중국 부모 간의 차이를 매우 직설적으로 묘사했다. 그녀는 또 모든 시간과 노력을 자녀의 일정에 맞추어야 하기 때문에 타이거 맘이 되는 것은 정말 힘든 일이라는 점도 강조한다.

이 아이들은 가족휴가를 보내는 동안에도 피아노 연습시간을 채워야 한다. 휴가지에 도착해서 추아가 가장 먼저 하는 일은 딸이 연주할 수 있는 피아노를 구하는 것이다.

하지만 둘째 딸인 룰루가 열세 살이 되면서 '중국 엄마 방식'에 반기를 들고 추아도 그 앞에 항복하면서 결국 이야기는 반전된다 (그녀의 글에는 가끔 투정부리는 듯한 자조적인 표현이 등장한다). 룰루는 반항하고 유리잔을 박살내고 엄마와 자신의 삶을 미워하고 하라는 일은 거부하는 전형적인 십대가 되었다. 언젠가는 일어날 수밖에 없는 문화충돌이었다. 이 일로 추아는 자신의 방식이 옳은지 점검하는 기회를 가지며 약간의 굴욕을 감내했다(사실 그다지 감내한 것 같지는 않지만).

미디어에 비친 추아는 대부분의 사람들에게 자녀를 학대하는 것처럼 보였고(그녀는 어린 딸이 집에서 만든 생일축하카드를 딸에게 되돌려주며 그림이 수준 이하라고 비난하기도 했다) 자녀를 모든 면에서 최고로 만들려는 지나치게 경쟁적인 양육방식을 반성하지 않고 계속 몰아붙였다는 이유로 크게 비판받았다. 아이들이 엄마의 요구에 따르느라 '평범하고' 즐거운 어린시절을 잃어버리는 너무 큰 대가를 치렀다고 많은 이들이 지적했다.

추아와 비교하자면 나는 '반(反)-타이거 맘'이다. 게다가 극단적인 반-타이거 맘인 내 엄마의 셋째 자식이다. 엄마는 내 시험기간조차 모르셨을 것이다. 내가 공부계획표를 짜거나 구구단 외우는 것을 도와주시거나 몇 시간 동안 곁에 앉아 내가 글을 고치는 것을 봐주시거나 한 적은 확실히 없다. 엄마는 내가 학교과제로 읽고 있는 책을 함께 읽어주시지도 않았고 내 피아노 연습을 도와주시지도 않았다. 나는 숙제 때문에 엄마와 의논하거나 다투었던 기억이 없지만, 그럼에도 내 잠재력을 실현하는 것에 대해 의논했던 일은 기억난다. 엄마는 이렇게 이야기했다. "우린 네가 최선을 다하길 바랄 뿐이다."

부모님께 압박받은 기억은 있나? 전혀 없다. 부모님이 내게 관심이 없었기 때문은 아니다. 부모님은 학교 운동경기가 있는 날이나 피아노레슨을 받으러 갈 때 차로 데려다주셨다. 하지만 부모님이 안 계신 날은 외박도 많이 했다. 부모님도 사회생활로 꽤 바쁘게 사셨다.

부모님 세대의 자애로운 방목방식은 우리 세대에게는 즐거운 기억으로 남아있고 오늘날의 서구 부모들은 아이들도 비슷한 삶을 살았으면 한다고 말한다. 하지만 그와 동시에 아이들 숙제와 공부계획에 깊이 관여하고 딸이 1890년경의 별로 유명하지 않은 러시아 여성 마르크스주의자에 대해 쓴 날카로운 논문에 교사가 왜

A+를 주지 않고 A를 줬는지 따진다. 자녀가 잘하기를 바라는 부모의 압력은 알게 모르게 존재한다.

세대가 바뀌면서 변화가 있었고 부담은 가중되었다. 많은 부모들이 이런 변화를 어떻게 다루어야 하는지, 또는 어떻게 받아들여야 하는지 모른다. 오늘날 상당한 영향력을 발휘하고 있는 문화적 차이까지 고려하면 심지어는 어떻게 말해야 하는지도 알지 못하는 부모가 많다. 많은 부모들은, 높은 학업성취도를 보이며 학업에서 새로운 선두 주자가 된 아시아 출신 아이들을 따라잡기 위해 필요한 개인교습시간을 보고 움찔하게 된다. 과외비는 논외로 하고도 말이다.

결국 브로이노브스키는 딸이 '효율적으로 공부를 잘할 수 있게끔' 보충학습에 등록하는 것은 아이에게 적합한 방안이 아니라고 결론지었다. 대부분의 사람들처럼 그녀는 방과후 보충학습이 '기타 교습을 받고 프랑스어를 조금 배우는 것'을 의미하던 좀 더 느긋했던 시절을 떠올렸다. "인구구성 비율이 언제 이렇게 바뀌었는지 모르겠어요."라고 그녀는 말했다.

크리스티나 호(Christina Ho) 박사는 시드니기술대학 교수이다. 그녀는 이민과 문화다양성 분야를 연구하며 이와 관련된 문제들을 모두 살펴보았지만, 인구구성이 언제 바뀌었는지에 대해서는 개인적인 이유로 아주 분명히 안다. 20년 전 시드니의 한 선발학교에 다닐 때, 그녀는 '20명에 한 명꼴'로 있던 아시아 출신 학생이었다. 20년 만에 다시 가본 현재 이 학교에서는 영어를 모국어로 사용하지 않는 학생의 비율이 93퍼센트에 달했다.

"공부하는 데 많은 시간을 할애하는 걸 당연하게 여기는 문화권에서 온 학생들이 선발제학교에 단기간 내 급격히 늘어났어요. 이에 따라 아이들 사이에 건강하지 못한 경쟁이 치열하게 벌어지고 학업스트레스가 많이 쌓이는 공부환경으로 바뀌게 되었습니다."[4] 방과후 과외교사의 증가세는 호주 학교의 모습과 학업적 성공의 양상을 바꾸었다.

이것은 어느 정도 이민자들이 전형적으로 겪는 일이다. 이민자들은 더 나은 삶을 위해 이민을 왔고 다음 세대인 자녀들은 더 나은 삶을 위해 부모들보다 더 죽어라 노력하게 된다. 하지만 이 성급한 일반화가 모든 것을 설명해주지는 않는다.

이런 경향이 생겨난 큰 이유는 동아시아의 교육모델을 주도하는 문화 때문이다. 한국이나 일본, 대만, 홍콩, 상하이 같은 지역의 고부담 고성취도 교육모델은 읽기, 수학, 과학 분야에서 치르는 국제평가에서 지속적으로 최상의 결과를 내며 바람직한 교육모델로 높은 평가를 받고 있다. 서방 선진국들은 이 성취도 높은 지역의 학생들이 보이는 성공을 보고, 개인적 차원에서 많은 사람들이 그러듯 높은 성적이라는 단순한 지표에 매달려 그것이 성공에 이르는 길이라고 생각한다.

하지만 국가적 차원에서는 단순암기와 장시간의 학습이 21세기에 요구되는 창의적인 인재를 키우기에 충분한 방법이 아니라는 생각이 공감을 얻고 있다. 중국의 북경사범대학 라오 카이셩(Lao Kaisheng) 교수는 "중국의 교육체제는 단순암기를 과도하게 강조하는데 이는 학생이 시험을 치르는 능력에는 도움이 되지만 문제해결과 리더십능력, 대인관계능력에는 도움이 되지 않는다. 중국의 학교는 이런 것들을 그냥 무시한다."라고 말한다.[5]

정부는 이를 바로잡고 학생들의 스트레스도 줄이기 위한 개혁방안을 도입했다.[6] 이 교육개혁 방안에는 학교에 학생의 '인성개발'과 시험점수가 아닌 '민주시민의식'에 초점을 맞추어줄 것을 촉구하는 지침이 실려있다. 하지만 평가되지 않으면 이 같은 비인지적 능력은 가치를 갖지 못하게 되고, 결국 누구의 관심도 받지 못하게 될 것이다.[7]

한국은 일관되게 최고의 평가결과를 보여주는 나라로 국제교육계에서 명성을 날리고 있다. OECD의 국제학업성취도평가(PISA) 결과에 따르면 한국은 문자 그대로 세계에서 가장 똑똑한 학생들을 배출하고 있다. 한국은 또한 국가의 문해율이 100퍼센트라는 기념비적인 성과를 이루었다. 교육 덕분에 한국전쟁 이후 이 나라는 가난으로부터 탈출했다. 교육을 통해 한 나라, 아니 한 사람이라도 지독한 가난에서 탈출할 수 있다면 교육이 얼마나 중요해지겠는가?

『무엇이 이 나라 학생들을 똑똑하게 만드는가(The Smartest Kids in the World: And How They Got That Way)』라는 저서에서 아만다 리플리(Amanda Ripley)는 학업성취도가 뛰어난 나라들을 개략적으로 살펴보고 있는데 그 중에서도 특히 핀란드, 한국, 폴란드 3개국에 초점을 맞추고 있다.

한국에 대한 그녀의 이야기는 충격적이다. 개인교습 학원이 밤 12시까지 운영되고 한국의 십대들은 앞으로의 인생을 결정하는 대학입학시험을 잘 치르기 위해 학교와 학원에서 하루 16시간 동안 공부한다. 그것은 시험이 어떻게 인식되고 있는지를 보여준다. 왜 이렇게 압박이 심할까? 리플리에 따르면 입학할 만한 가치가 있다고 높이 평가를 받는 대학이 세 개밖에 없기 때문이다. 이 학교 가운데 한 곳에 들어가기만 하면 살아가는 동안 높은 수입이 보장되는데, 고교졸업생의 2퍼센트에 해당하는 최고의 학생들만이 이 세 개의 대학에 겨우 입학할 수 있다.

그래서 경쟁이 아주 치열하다. 입시를 준비하는 학생들은 오후 4시에 학교수업을 마치면 교실청소를 하고 저녁을 먹은 다음 9시까지 교사와 함께 다시 공부한다. 그런 다음 '학원'이라는 개인교습소의 과외교사에게 가서 어떤 때는 밤 12시까지 공부한다. 한국정부는 개인교습이 통제불능이라는 것을 알고 학원의 교습시간에 제한을 두어 밤 10시에는 문을 닫도록 규제했다. 리플리는 학원단속반과 동행해 학원이 교습시간 제한을 어기지 않는지, 밤 12시까지 과외하지 않는지 감시했던, 거의 초현실적인 장면을 묘사했다. 한 학원을 단속하러 들어가자 원장은 문을 닫았다며 항의했는데 그때… 옆방에서 한 학생이 과외교사에게 질문하는 소리가 들렸다. 깜짝이야!

리플리는 한국의 '성공이야기'를 연구한 서구의 언론인이자 국제적인 교육전문가로, 한국 교육체제의 특이사항을 상세하게 기록했다. 수조 원에 이르는 사교육시장, 잠자는 시간만 빼고 입시공부에 매달리는 학생들, 소위 명문이라는 SKY대학에 입학하기만 하면 인생이 역전돼 고소득은 물론 성공적인 결혼도 보장된다는 믿음, 이런 '성공'관에 의해 사회가 돌아간다는 사실, 주도권을 휘두르는 '타이거 맘', 항공기 소음이 수험생들을 방해하지 않도록 입시일에는 정부에서 항공기 이착륙을 제한한다는 놀라운 사실까지.

이런 입시체제는 당연히 부유층에 유리하다. 22조 원에 이르는 한국의 사교육산업에서 구매력이 있는 가정은 자녀들에게 경쟁우위를 제공할 수 있다. 그런데 이런 가정의 자녀들은 자살 확률 또한 더 높다.

김용 전 세계은행 총재는 2014년 11월 기자회견을 통해 한국 아이들이 심리적 부담을 덜 느끼도록 한국인은 사교육을 줄여야 한다는 의견을 발표해 여러 언론의 헤드라인을 장식했다. 김용 전 총재는 서울에서 열린 한 기자회견에서 이렇게 말했다. "한국은 세계 최고의 교육체제를 가진 국가에 속합니다. 우리가 지적하고자 하는 것은 경쟁 자체가 문제가 아니라는 것입니다. 문제는 학생들이 겪어야 하는 심리적 비용이 아주 높다는 것입니다."[8]

나는 의견을 달리하고 싶다. 실제로 경쟁 자체가 문제라고. 한국 아이들에게 닥친 심리적 비용은 자살률 증가로 측정되고 있다. 한국 이외의 선진국에서는 자살률이 하락세 내지 안정세이지만 한국 십대들의 자살률은 지난 몇 년 동안 급격한 증가세를 보이고 있다. 2014년의 조사에서 한국 학생들의 반 이상은 자살을 생각한 적이 있고 세 명 중 한 명은 우울감을 느끼는 것으로 보고되었다. 한국 건강증진개발원이 실시한 여론조사에서 응답자의 40퍼센트 이상이 학업압박과 미래에 대한 불안으로 걱정이 많다고 대답했다.[9]

한국에서 학창시절을 보내고 캐나다로 이민갔다가 성인이 된 뒤

다시 한국에 돌아와 일하고 있는 한 교사는 이렇게 쓰고 있다. "세계교육평가에서 최상위 성적을 거두는 한국을 교육의 이상적 모델로 바라보는 시각이 일각에서 있기는 하지만 한국교육체제의 어두운 면은 그 그림자를 길게 드리우고 있습니다. 타이거 맘, 학원, 권위적인 교사가 주도권을 행사하는 한국교육은 건강과 행복이라는 값비싼 대가를 치르면서 우수한 성적을 내는 학생집단을 배출하고 있습니다. 전반적 교육프로그램은 아동학대에 가깝습니다."[10] 심한 표현이긴 하지만 이런 교육체제를 고려한다면 그리 과한 표현은 아닌 듯하다.

대만에서도 이와 같은 고부담 경쟁시험 이야기를 들었다. '최고' 대학(대만에는 두 개밖에 없다)에 입학하기 위해 명문고에 입학해 모두가 선망하는 자리를 차지하는 것을 목표로 엄청난 압박을 받고 있는 학생집단에 대한 이야기다. 명문대에 들어가게 해줄 것이라는 기대 하에 명문고교에 입학하기를 원하는 12-15세까지의 대만 아이들은 15세에 치르는, 그들의 장래를 결정하는 이틀간의 입학시험에 대비하기 위해 상시적으로 엄격하게 암기학습을 하고 모의시험을 치른다. 입시를 치르는 기간에 컨디션이 좋지 않다면 하늘이 무너지는 일인 셈이다.

국립대만사범대학의 학장인 슈티안밍 교수는 정부에서 입시체제를 변경함으로써 고부담시험이 젊은이들의 삶에 가져다주는 불균형을 바로잡으려 하고 있다고 말했다. "모든 아이들의 미래가 단 이틀 동안에 결정된다는 것은 말도 안 되는 일이에요. 사람들도 이건 말도 안 된다고 생각합니다. 이런 이유로 우리는 고부담시험을 폐지하려고 합니다. 학생들에게 가해지는 부담을 줄이려는 거지요. 아이들은 3년 동안 오직 이틀간의 입학시험을 위해 공부합니다. 그런데 시험에 실패하기라도 하면…."

내가 슈 교수를 만났을 때 그는 이제 대학생인 사랑스런 딸 소피를 데리고 왔다. 그녀에게 학창시절의 스트레스는 모두가 너무 새삼스럽다. "정말로 스트레스 쌓이는 일이었어요. 7시에 등교해서 저녁 9시까지 학교에 있었어요. 거의 하루 14시간 학교생활을 하니까 너무 스트레스였죠. 학교에서 출제하는 시험을 많이 치르다 보니 입학시험을 치를 때까지 스트레스는 매일 반복됐어요." 그녀는 말했다. "선생님들은 시험에 나오는 것만 가르쳤어요. 그게 선생님들이 매일 하는 일이었어요. 만약 누가 기타 치는 것에 흥미가 있어서 잘 치더라도 선생님은 이건 시험에 도움이 안 되니까 입학시험 치를 때까지는 좀 미루라고 했을 거예요. 선생님들은 학생들이 좋아하는 것을 하도록 장려하지 않습니다." 창의적인 것은? "특히, 창의적인 것은 장려하지 않지요."

대만 교육상담심리학과 승야오틴 교수는 아이들이 치르는 국가시험을 준비하는 책임을 맡고 있는데, 고부담시험과 성적을 기준으로 한 순위 매기기에서 점진적으로 탈피하기 위한 개혁과정을 총괄하고 있다. 그는 획기적인 문화의 변화를 촉구하고 있다. 하지만 이런 교육방식에 깔린 역사의 무게를 감안한다면 그렇게 쉽게 기대할 수 있는 일은 아니다. 이런 교육전통은 2천 년 전 한나라시대에 뿌리를 두고 있다. 당시에는 공부를 하는 최종 목적이 공직에 진출하는 것이었는데 과거시험을 통하지 않고는 관리가 될 수 없었다.

"사회적 스트레스가 높습니다."라고 그는 말했다. "장기간 고부담 시험을 치러야 하는 데서 오는 수험스트레스가 아주 높아요. 명문고에 입학해 명문대학에 진학하고 싶다면 6년을 공부해야 합니다." 그런데 그 6년은 청소년이 자기정체성을 찾아야 하는 시기와 일치한다.

"고3 학생들 대부분은 방과 후에 학원에 가서 늦은 밤 10시까지 공부하다가 집에 가서 자정이나 새벽 1시까지 또 공부합니다. 운동할 시간도 없고 자기 자신과 세상, 직업세계, 무엇을 왜 해야 되는지 등에 대해서 탐구할 시간이라곤 없습니다."라고 그는 말한다. "교육상담학자로서 나의 책임은 학생들이 자신에 대해서도 배우도록 돕는 것입니다. 교육은 아이들에게 자기 자신을 계발할 기회를 제공해야 합니다. 이 말은 자신을 남과 비교하지 말라는 의미입니다."

정부의 교육자문위원인 슈티안밍 교수는 명문고에서 학생들을 선발하는 방식을 폐지하도록 하는 것을 최종 목표로 삼고 있다. 그는 대만 교육체제에서 모든 아이들이 부모의 소득에 상관없이 '최고' 교육을 받을 수 있도록 하는 것, 그래서 모든 학교가 질 높은 교육을 할 수 있도록 평등교육 추구를 사명으로 여기고 있다.

중국에서는 인생의 성패를 가늠하는 시험으로서 교육에 대한 이야기가 전설 수준인데, 도를 넘는 학업지상주의의 정점을 보여주는 사진 한 장을 소개한다. 이것은 2012년, 시험시간이 9시간이나 된다는 중국의 대학입학시험인 가오카오(gaokao, 高考, 중국의 중앙정부가 시행하는 대학입학시험-옮긴이)의 준비과정을 보여주고 있다.

잘못 읽은 게 아니다. 가오카오 시험시간은 9시간이나 된다.

사진은 책상에 웅크리고 있는 고등학생들로 꽉 찬 교실을 찍은 비디오의 한 장면을 캡처한 것이다. 학교 밖은 어둑어둑하고 책상마다 병원에서나 볼 수 있는… 아미노산이 든 링겔주머니가 달려 있다. 중국의 가오카오 준비생은 집중력이 떨어진다고 느끼면 집중력 회복용으로 처방된 아미노산 주사를 맞기 위해 양호실로 가는 게 허용된다. 아이들이 교실에서 양호실로 걸어가는 시간도 절약할 수 있도록 이 학교는 교실에 양호실을 설치했다. 아이들은 공부하면서 혈관에 주사를 꽂고 집중력 향상 수액을 맞을 수 있었다.

2007년 무렵에는 '숙제를 마치지 못했다'고 자살한 학생들을 보도하는 기사가 났었다.[11] 한 기사는 너무 소름끼쳐서 '조작된 뉴스가 아닐까'라는 생각이 들 정도이다. 「가디언(Guardian)」 2014년 기사에 따르면 한 학생은 시험이 끝나고 나서야 어머니가 자동차사고로 돌아가셨다는 소식을 전해들었다. 친척과 학교당국은 어머니의 죽음 때문에 그가 시험에 집중하지 못하는 일이 없게 하려고 시험을 다 마칠 때까지 어머니의 죽음을 알리지 않았다.[12] 그가 어머니의 죽음을 전해들은 것은 어머니가 돌아가신 지 12일이나 지나서였다. 믿기지 않는 이야기다. 어머니와 12일이나 아무런 대화가 없었다면 그는 그동안 어머니가 어디 계신다고 생각했을까? 사실이든 아니든 미쳐 돌아가는 세상의 이야기인 것만은 분명하다.

크리스티나 호가 말했다. "제가 홍콩에서 연구작업을 하고 있을 때 13살 소년이 건물에서 떨어졌는데 다들 학교에서의 학업압박 때문에 그랬을 거라고 얘기했어요. 학교생활에서 아이들에게 가해지는 학업압박에 따른 당연한 결과라고 모두가 속으로 생각하는 거죠."

홍콩의 학업압박은 특히 심하다고 호는 말한다. 한 살짜리 아기가 공부를 잘할 수 있도록 훈련하는 일이 그렇게 유별난 일이 아니다. 성공시나리오에 따라서 부모들은 인생설계도를 그리고 밝은 미래를 자녀에게 준비시키려는 의도로 한 살이라도 더 일찍 아이에게 압박을 가하기 시작한다.

"정말 심란한 광경이에요. 내가 대화해본 한 어머니는 자녀가 한 살 때부터 개인교습을 받게 했어요. 최고의 어린이집에 들어가게 하려면 면담을 치러야 하거든요. 유아원 원장이 18개월 아기를 데리고 90분 동안 면담을 하는데 아기들은 블록으로 건물쌓기와 같은 다양한 과제를 합니다. 그래서 그녀는 아이를 한 살 때부터 훈련시켜야 했대요. 한 살짜리 아이를 훈련시키는 전문교육기관도 있습니다."라고 호는 말했다. 이건 아주 정신 나간 짓이다. "내가 면담한 사람들은 하나같이 아이들에게 너무 과중한 압박을 가하고 있다는 데 동의했습니다. 하지만 다른 사람들이 모두 이 게임에 뛰어들었기 때문에 자신들도 보조를 맞추지 않으면 뒤처지게 된다고 하소연했죠."

어느 정도는 우리 모두를 자극한 요인이 있다. 호주에 아시아계 인구가 유입되면서 사회적으로 교육부담을 증가시킨 게 틀림없다. 크리스티나 호는 호주사회에 아시아계가 유입됨으로써 성적우수영재선발고교에 입학하기 위한 압력이 증가한 현상에 대해 특별연구를 하고 있다.

그녀는 이 주제에 대한 대중적인 토론에 관심이 높지만 인종차별을 둘러싼 두려움과 혐오감 때문에 담론이 진전되지 못하고 있음을 보았다. 그녀는 이 문제를 다루면서도 인종차별을 피할 수 있는 방법이 있다고 말했지만, 그에 앞서 호주로 온 아시아계 이민자로서의 경력과 배경, 타이거 맘 현상에 대한 그녀의 설명을 들으면 완전히 새로운 안목을 갖게 된다.

1989년 천안문광장 사태 이후 호주의 호크 총리 정부는 호주 유학생인 중국본토 학생들의 이민을 허용했습니다. 4만 명의 본토 중국인의 이민을 받는 일회성 정책을 펼친 것이죠. 그때 들어온 4만 명이 틀림없이 자기 친지들의 이민을 후원했을 테니 아시아계의 교육문제는 1990년대에 본격화된 것으로 봐야 합니다.

이전까지 중국정부는 해외이민을 허용하지 않았습니다. 따라서 중국본토에서 온 이민자들이 많지 않았고, 이민을 떠날 수 있는 중산층이 없었으므로 아시아계 교육문화는 실제로 최근에 생긴 현상입니다. 호주에 온 초기 중국 출신은 주로 학생이었고 학생들은 아주 부자들은 아니었어요. 그 이후로 호주로 이민을 온 사람들은 부유한 전문직이었습니다. 호주로 이민 가고 싶은 사람은 시험을 통과해야 하고 일정 정도 이상의 점수를 받아야 했죠. 그 시험이란 게 대부분 자격과 재산, 그리고 일정 금액 이상의 은행잔고와 관련된 것들입니다.

이들 이민자들은 전문직 부유층으로, 자신들이 교육을 받았기 때문에 전문직이 될 수 있었고, 교육을 받은 덕분에 이민이 가능했다는 것을 잘 알고 있습니다. 교육이 자기 삶에서 이 모든 가능성을 제대로 열어주었으므로 당연히 자녀들에게도 같은 길을 걷도록 밀어붙이는 것이 이들에게는 이치에 맞는 일이지요.

그들이 가진 전부는 전문성과 돈뿐이고, 여기 호주에는 인맥이 없습니다. 새로 온 이민자로서 동창이나 친척도 없고 개인적인 자격과 신용을 제외하고는 의지할 것이 별로 없어요. 이민자 이야기는 타이거 맘 현상을 설명하는 그럴 듯한 가설이라고 생각합니다.

중국본토의 사회경제적 위상 변화는 상당한 영향력을 발휘하고 있다고 그녀는 말한다. 교육받은 다수의 중산층이 두 세대 만에 빈곤에서 탈출했다.

이들 중산층은 가난한 시절을 기억하며 여차하면 다시 가난했던 때로 돌아갈 수 있다는 것도 안다. 자녀들을 공부하라고 밀어붙이지 않으면 금세 다시 가난에 빠질 수도 있다는 것도 알고요. 현장연구 작업을 하고 있던 홍콩에서 나는 아주 큰 흥미를 느껴 공격적인 타이거 부모들과 인터뷰했습니다. 이들 타이거 부모 자신은 교육을 많이 받지 못했습니다. 일부는 고등학교도 마치지 못했고 공장노동자나 청소부 같은 육체노동자 가정 출신이었어요.

내 연구는 이들 계층이 어떻게 그렇게 짧은 시간에 중산층으로 계층이동을 할 수 있었는지 그 사회이동에 관한 것입니다. 상대적으로 늘 부유했던 호주와 같은 나라에서 대부분의 사람들은 아시아사람들과 같은 불안감은 갖고 있지 않아요. 극도의 빈곤상태에 있지 않았기 때문에 일반적으로 느긋한 삶의 태도를 갖고 있죠. 아시아에서 사람들은 아주 다른 환경에서 살았기 때문에 극빈상태의 삶은 어떤지에 대해서도 가족의 경험을 통해 잘 알고 있습니다.

완벽히 이해할 수 있는 일이다. 늘 그렇듯 맥락이 중요하니까. 하지만 나는 우리가 목격하고 있는 문화충돌에 그들이 어떻게 대처해야 하는지 물었다. 이런 환경에서 부모들은 어떻게 헤쳐나가야 할까?

내 연구분야는 문화적 다원주의로 반드시 교육과 관련된 것은 아니지만 지금으로선 두 분야가 하나로 결합되어 있다는 느낌이 듭니다. 이런 유형의 경쟁문화에서는 사람들의 불안감이 인종적 특성을 강하게 띠게 되기 때문입니다.

나는 이런 문화는 어디서 오게 되었는지를 설명하려고 합니다. 중국사람들은 이를 유교의 영향 때문이라고 설명하는 경우가 많아요. 유교는 수천 년 전에 만들어진 아주 오래된 철학이기 때문에 이런 설명이 명쾌하게 다가오진 않습니다. 유교가 생긴 이래로 중국과 다른 아시아국가에서는 수많은 일이 벌어졌고 유교가 그런 역사적 사건을 모두 설명할 수 있는 것은 분명히 아니니까 말이죠.

아시아국가들이 지금처럼 개발되지 않았을 때 서구에서는 유교 때문에 아시아국가들이 잘 살지 못한다고 비판했습니다. 유교는 진취성이 부족한 수동적인 사람들을 만들기 때문에 아시아국가들이 개발되지 못했다는 것이죠. 이제 아시아국가들이 개발되자 이것도 유교 때문이라고 말합니다. 유교가 사람들을 근면하게 일하고 더 나은 삶을 꿈꾸게 만든다고 말이죠. 유교를 두 경우에 모두 적용해 설명하는 것은 말이 안 됩니다. 나 자신도 중국계인 탓에 평생 동안 '수학엔 천재겠구나'와 같은 고정관념에 시달렸어요. 나는 이런 모든 게 문화 탓이라는 설명이 사안을 너무 단순화한다고 봅니다. 문화적 설명은 우려스러운 부분이 있고 이런 발언은 다소 인종차별적인 말로 들릴 수도 있다는 것을 알기에, 이번 논의는 여기서 줄이겠습니다.

실제로 사람들은 인종차별주의자라고 불리는 것에 너무 예민한 나머지 서로의 문화적 차이에 대해 토론하고 어떤 행동유형에 대해 깊이 알아보는 것은 괜찮다는 것까지도 망각한다.

"맞아요."라고 호는 설명한다. "하지만 저는 그냥 순전히 문화적인 설명이 아닌 뭔가 다른 설명을 찾으려고 노력하고 있어요. 정책과도 관련이 많지요. 호주 이민정책은 이런 사람들을 선별해서 받으니까요. 이민가능 점수제도 없고 이민 오는 데 전문성을 갖춰야 되는 것도 아닌 다른 나라에서는 이민자 구성이 전혀 다른 양상을 띱니다. 이민정책에서 미국은 호주와 다르지 않습니다. 미국에 사는 한 동료는 이것을 과도한 선별정책이라고 부릅니다. 정부는 교육수준이 높고 충분한 자격을 갖춘 이민지원자만 선별하기 때문에 이민자그룹의 소수 샘플을 중국이나 한국, 그 어느 나라의 전형적인 인구샘플로 보면 안 됩니다."

"실제로 우리는 타이거 학부모의 이민을 받아들이고 있는 것입니다." 용 자오(Yong Zhao)는 중국계 미국 학자이자 교육운동가로『누가 거대한 악룡을 두려워하는가? 중국이 세계 최고(이자 최악)의 교육체제를 갖게 된 이유(Who's Afraid of the Big Bad Dragon? Why China Has the Best (and Worst) Education System in the World)』를 저술했다. 그는 멜버른의 미첼연구소에서 국제 자문으로 근무하면서 왜 서구국가들이 중국의 체제와 경쟁하려고 하면 안 되는지에 대한 방대한 연구를 진행했다. 구체적으로 말하면, 중국은 시험성적이 높기 때문에 세계 최고의 교육체제를 가진 것으로 평가받는데 사실은 최악의 체제를 갖고 있다는 것이다. 그 점수는 독창성, 창의적 사고, 개성을 희생시키고 성취된 것이기 때문이다.

용 자오는 중국의 교육체제가 호주나 다른 나라에서 복제되는 것을 결코 원치 않으며 문화충돌을 우려한다. "저는 이점에 대해서 우려가 큽니다. 중국이민자들이 중국문화를 호주로 유입하기를 바라지 않으며 이 나라에 또 하나의 중국을 세울 필요도 없습니다. 저는 차이나타운의 여러 부모들에게 조언합니다…. 중국문화를 여기서 고집하려면 본국으로 돌아가라고요."라고 그는 말했다.

그는 이민세대가 바뀌면 극단적인 문화가 걸러지면서 변화가 생길 것이라는 데 동의한다. "아이들이 호주나 미국에서 성장하면 호주화와 미국화를 경험한 아이들은 부모세대와 갈등을 겪게 되는 것 같습니다. 이를 뒷받침하는 구체적인 자료가 있는 것은 아닙니다. 하지만 이민 와서 여기서 살게 되면 그 사람은 호주사람이라고 저는 생각합니다."

크리스티나 호는 세대가 바뀌면서 사고가 바뀐 사람의 완벽한 사례이다. "저는 타이거 부모의 손에 자랐지만 제 자신은 결단코 타이거 맘은 아닙니다. 그 당시에 타이거 맘 방식은 오늘날처럼 그렇게 극단적이진 않았습니다. 하지만 저는 제 어머니와는 정반대의 방식을 택해서 이 문제에 대해서는 늘 의견충돌이 있습니다. 저와 같은 아시아계 이민 2세대 중에는 기존의 자녀교육방식에 반기를 들고 선발제학교에 자녀를 보내는 것을 절대 반대하는 사람들이 많습니다. 선발제학교에 아시아계가 많기 때문이 아니라 우리 아이들이 그런 방식의 교육을 받는 것을 원치 않기 때문입니다. 명문학교에 아이를 보내려면 무엇이 필요한지 알고 나니 우리 애를 그런 학교에 보낼 방법이 없더군요."

개인적으로 나는 배경에 상관없이 모든 사람들이 크리스티나 호의 선례를 따르기를 바란다. 문제는, 선발제학교나 영재프로그램, 능력별 편성교육이 존재하는 한 자녀에게 대단한 기대를 거는 부모들은 자녀를 그 프로그램에 넣고 싶어 한다는 것이다.

정책이 행동에 영향을 미친다는 것은 명백하다. 대다수의 연구 결과가 제안하는 것처럼 어떤 식으로든 능력별 편성이 없고 모든 학교가 우수한 학업성과를 제공한다면 자녀에게 최고의 교육을 제공하기 위해 그렇게 노심초사할 필요는 없을 것이다. 공립학교에서 선발제학교와 사립학교로 전학 갈 필요도 없고 뒤처진 공립학교가 그로 인해 피폐화되지도 않을 것이다.

크리스티나 호와 나는 능력별 편성제도를 폐지하는 데 공조할 필요가 있다는 데 의견을 같이했다. "이런 문화가 존재하는 이유는 모든 사람들이 능력별 편성이 옳다고 믿기 때문입니다. 만약 능력별 편성제도에 반대하는 대안적 문화를 만들 수 있고 더 많은 사람들이 이 방향에 몸을 싣고 자녀를 보통학교에 보내고 자녀에게 부담을 주지 않겠노라 결심하게끔 하려면 어떤 임계점에 도달해야 합니다. 그렇게 되면 모두가 자녀에게 과도한 압박을 가하는 문화도 사라지겠죠."라고 그녀는 말한다.

그러면 청소년은, 구체적으로 설명하긴 어렵지만, 청소년으로서의 삶에 많은 시간을 보낼 수 있게 된다. 거품처럼 금세 사라지는 유년기의 소중한 시간은 자아를 탐색하는 데 더 쏟아야 한다.

대만의 소피 이야기로 다시 돌아가자. "선생님들은 자아 탐구나 관심사 탐색이나 자기 재능을 어떻게 찾는지에 대해선 절대로 가르쳐주지 않아요." 소피는 망설이며 말했다. "자기 삶에 어떻게 착륙해야 되는지도요." 소피는 무슨 일이 벌어지고 있는지를 아주 시적으로 표현했다. 공장을 닮은 교육체제에서 아이들은 자기를 부정하고, 자기 자신이 되거나 자신을 찾도록 장려받지 않는다. 그보다는 최고가 되기 위한 경주에 충분한 준비가 되었는지 점검을 거듭할 뿐이다. 그리고 정형화된 기대에 도달하기 위한 체크리스트를 채워야 한다는 압박감에 짓눌릴 것이다. 그리고 이것은 단순히 아시아계 사람들만의 문제는 아니다.

6장

압박
피라미드

교육체제는 압박이 위에서 아래로 내려가는 역피라미드 구조로 가장 밑단에 있는 건 아이들이다. 교사는 가르치는 학생들이 국가수준 표준화평가에서 학교의 위신을 떨어뜨리지 않는 성과를 얻을 수 있도록 단기간에 학생들의 기본 문해력과 산술력을 높이라는 압박을 받는다. 교장은 학교가 평가순위에서 상위를 유지하도록 표준화평가에서 학교의 성적이 잘 나오게 하라는 압박을 받는다. 정책입안자들은 짧은 임기 동안 실적을 내야 한다는 압박과 국가가 국제평가순위표와 글로벌 교육지표에서 상위권을 유지하도록 하라는 압박을 받는다. 압박범위는 점점 넓어지고 무거워지면서 역피라미드 구조의 압박은 고스란히 아이들의 어깨에 고통스럽게 가해진다. 압박은 피라미드를 떠받들고 있는 학부모의 옆구리를 파고 들어 갈비뼈를 친다… 이제껏 계속 해온 이야기다.

'글로벌 교육'이라는 개념을 이해하기 위해 관점을 잠시 지구의 위성사진으로 옮겨본다면, 카메라는 사랑스럽고 평화로운 모습의 청록색 지구를 롱숏으로 잡았다가 급강하하면서 북반구, 유럽, 프랑스, 파리, 마침내는 불로뉴 숲 근처의 평범한 사무실 건물을 차례대로 클로즈업할 것이다. 그 건물에는 OECD의 교육역량위원회 위원장(Directorate of Education and Skills)인 안드레아스 슐라이허(Andreas Schleicher)의 사무실이 있다. '세계의 교장'이자 이름은 못 들어봤겠지만 실질적으로 가장 '영향력 있는 교육전문가'로 불리는 슐라이허가 집무실 책상에 앉아 있고 그의 오른쪽 어깨 위로 멀리 에펠탑이 모형처럼 걸려 있다.[1]

내가 이 장소를 선택한 이유는 오늘날 학생들에게 가해지는 압박이 어디서 오는지 찾아보기 위함이다. 문제는 결국 상부에서부터 내리누르는 압력인 것으로 드러났다. '상부'는 각국의 교육체제에서 교육정책을 총괄하는 정부였지만, 새로운 글로벌 교육의 패러다임이 도래하면서 더 윗단계의 압박이 추가되었다. 교육체제의 효율성을 측정하기 위해 만든 국제순위표에서 상위에 오르기 위한 경주이다.

교육계에 몸담고 있지 않다면 PISA(Programme for International Student Assessment, 국제학업성취도평가)라는 용어를 들어보지 못했을 수도 있다. 하지만 3년마다 치러지는 PISA 참가국들의 성적표는 언론에서 즐겨 다루기 때문에 낯설지 않을지도 모르겠다. PISA

는 OECD 국가의 15세 학생들을 대상으로 읽기, 과학, 수학에서 비판적 사고력과 지식을 측정하는 시험이다. 정부마다 자국의 순위가 어느 정도인지 알기 위해 허겁지겁 달려든다. 호주는 일반적으로 중위권 어디쯤에 위치하고 아시아권 국가들과 핀란드가 늘 상위 5위 안에 든다는 것도 아는 내용일 수 있겠다.

PISA는 한 국가의 교육체제 실태, 즉 국가의 '글로벌 경쟁력'을 측정하는 방식의 대명사가 되었고 국가 간의 교육경쟁력을 비교하는 수단으로 자리잡았다. 따라서 PISA는 그 자체로 일종의 상위 수준의 경쟁이 되어 다른 나라를 밟고 올라서려는 나라들이 사다리 위의 자리를 두고 경쟁을 벌이게 되었다. PISA는 모든 교육경쟁의 모태이다… 교육경쟁이 얼마나 심각한 문제가 될 수 있는지를 우리는 익히 알고 있다.

PISA는 2000년에 처음 실시되었는데 그 결과는 가히 충격적이었다. 아마 경제 부국이자 과거에 대제국이었던 서방 강대국들은 교육효율성 측면에서 자국이 상위에 속할 것이라 기대했겠지만, 상위권은 아시아국가들이 압도적이었다. 싱가포르, 상하이, 홍콩, 대만, 일본, 한국은 북극권(Arctic Circle, 여름에 해가 지지 않는 백야와 겨울에 해가 뜨지 않는 극야 현상이 일어나는 남쪽 한계인 북위 66° 33′ 44″ 윗선-옮긴이) 변방국인 핀란드와 같은 예상 밖의 최상위 국가와 더불어 성취도 상위 국가로 이름을 올렸다. OECD는 가계소득, 성별, 일인당 교육비, 학교의 수준차, 학습동기 같은 비인지적 성과를 포함한 사회적·교육적 지표도 측정한다. 하지만 언론에서 주목하는 것은 읽기, 과학, 수학 세 영역에서의 상대적 순위이다.

사람들은 모두 등급, 점수, 순위처럼 보기 쉬운 기준을 좋아하고 그 기준에서 자신의 상대적 등수를 알고 싶어한다. 각국의 정치인들은 이런 발언을 했다. "2025년까지 상위 5위 안에 들어가기를 원합니다."(호주 총리 줄리아 길라드(Julia Gillard), 2012년 9월 2일)[2], "'교육 정체(停滯)'와 PISA 결과는 현교육 상황에의 안주와 낮은 성취기대감에 경종을 울리는 계기로 삼아야 합니다."(미국 교육부장관 안 덩컨(Arne Duncan), 2013년 12월 3일)[3], "다른 나라 학생들의 성취도를 따라잡기 위해 교육과정을 새롭게 바꿀 것을 촉구합니다."(영국 교육부장관 마이클 고브(Michael Gove), 2013년 7월 8일)[4]

정책입안자들은 PISA 결과를 자국의 교육체제가 더 나은 성과를 올려야 한다고 요구하는 수단으로 활용하며, 글로벌 교육지표에서 경쟁력을 향상시키는 것만을 최종 목표로 삼는다. 교육개혁은 국제 순위에서 상위를 차지하는 방향으로 추진되고, 모든 정책판단은 PISA 성적을 기준으로 이뤄진다. 압박은 교육현장으로 내려갈수록 심해지는데, 교사를 내리누르던 압박은 교육의 최종 수혜자인 학생들에게로 고스란히 전달된다. 아이들은 압박 피라미드의 무게를 견뎌내려 사투를 벌인다.

PISA가 출현한 2000년을 교육에서 즐거움이 사라져버린 원년으로 보는 교육학자들도 있다. 2014년 5월 전 세계의 교육전문가 100인은 국가순위를 매기는 것이 교육을 망치고 있다면서 이를 취소해줄 것을 요구하는 공개서한을 슐라이허 위원장에게 보냈다.[5]

이 공개서한에 서명한 런던대학교 교육연구대학원 교수인 스티븐 볼(Stephen Ball)은 이렇게 썼다. "전 세계의 교육정책은 PISA에서 자국의 성취도순위를 향상시키고자 하는 오직 한 가지 목표에 의해 추진되고 있습니다. 이는 엄청나게 심각한 영향을 끼치며 교육을 왜곡시키고 있는데, 이 영향은 교실수업에까지 미칩니다."[6]

PISA 순위에 대한 비판은 일반적인 표준화시험에 쏟아지는 비판과 비슷하다. 서로 다른 수많은 응시자들을 테스트하고 등수를 매기고 비교하는 것으로는 의미있는 데이터를 얻는 것이 불가능할 뿐만 아니라 애초에 잘못된 일이라는 것이다.

학계에서는 PISA의 운영 및 평가방식이 교실에서 표준화시험에 대한 의존도를 증가시켰다고 주장한다. 이외에도 PISA는 여러 면에서 비판을 받고 있는데, 주로 다음과 같은 면에서다. PISA 결과가 3년 주기로 보고되기 때문에 교육정책을 단기적 관점에 맞추어 입안하게 만든다. 또한 신체적·도덕적·예술적 목적을 무시하고 교육 본연의 목적에 대한 집단적 상상력의 폭을 좁혀버렸다. 물론, OECD는 경제기구이기 때문에 학교의 경제적 역할에 경도되는 태생적인 한계를 가질 수밖에 없다. 그러나 교육은 아이들을 노동인력으로 준비시키는 것 외에도 다른 많은 것들을 고려해야 한다.

"마지막으로 가장 중요한 점은, PISA 방식으로 3년 주기의 글로벌 평가를 지속하는 것은 아이들에게도 해롭고 교실수업을 망친다는 것입니다. 그로 인해 어쩔 수 없이 다지선답의 객관식 시험문제 위주로 학습하게 되고, 동영상 수업이 늘어남으로써 교사의 자율성이 줄어들게 됩니다. 이런 식으로 PISA는 이미 위험수치에 이른 학교의 스트레스 수준을 더 악화시켜 학생과 교사의 행복을 위협하고 있습니다."[7]

공개서한의 또 다른 서명자인 샐리 톰린슨(Sally Tomlinson) 옥스퍼드대학 교육학과 연구교수는 다음과 같이 주장했다. PISA 순위표는 과학적 근거가 있는 것처럼 보이지만 "리히텐슈타인처럼 작은 나라와 중국처럼 큰 나라를 비교할 수 없듯이 각기 다른 정치·사회·문화적 환경에서 오랫동안 발전해온 교육체제들을 비교할 수는 없습니다"[8] 그런 이유로 아이들을 서로 비교할 수 없는 것이며 국가 간의 체제를 비교하는 것도 이에 못지않게 까다롭다. 게다가 체제는 한 개인이 아니라 개인들이 모인 집단이 만드는 것이다. 그런 비교평가가 절대 악인지 절대 선인지, 아니면 도덕적으로 중립적인지를 판단할 때 이런 구별을 하는 것이 중요하다. 핵심은 이 비교평가가 어떻게 활용되고 어떤 영향을 미치는가이다. 한 교육체제의 효율성과 건강함은 읽기, 과학, 수학 이 세 가지 평가과목에서 공개되는 결과로 알 수 있는 것보다 훨씬 복잡한데도, 성취도향상의 가이드이자 자극제로 사용하기 편한 순위에만 집착하는 것이 문제다.

모든 나라의 교육을 향상시키겠다는 최종 목표를 달성하기 위해서 안드레아스 슐라이허에게 '국가 간 비교'는 각국의 잠재력에 대한 증거를 확보하는 데 매우 중요한 역할을 한다. 내가 그에게 국가별 순위를 매기는 게 무슨 소용이 있느냐고 질문하자 그는 이렇게 대답했다. "국가별 순위가 상대적 성취도만 다루는 것이라면 이것이 좋은 방식이 아니라는 데 동의하겠지만, 실제로 PISA 순위를 살펴보면 모두가 향상될 수 있는 시스템이란 것을 알게 될 겁니다. 평균값이 절대 변하지 않는 규준지향적 분포도(normative reference distribution), 즉 절대평가 방식에서 나오는 제로섬 게임(zero-sum game)에서는 상대적으로 잘하는 사람은 반드시 누군가 실패하는 사람을 만들게 됩니다. 그러나 실제로 평균값이 변하는 PISA 평가 방식과 같은 상대평가 방식에서는 어느 나라든지 성취도를 향상시킬 수 있습니다."

그렇다면 각국의 정부는 도대체 왜 성취도 순위에서 상위로 올라가려는 목표를 세우는 것일까?

나는 국가 간 순위경쟁에 의해 만들어지는 교육정책이 몹시 우려스럽습니다. 여기서 다시 질문을 제기합니다. 이것은 승자나 패자를 만드는 국가 간의 경쟁입니까? 아니면 모두가 더 발전하기 위해 협력하려는 방안입니까?

다음과 같은 점은 희망적이라고 생각합니다. 매년 국제적인 교육전문가, 교육각료, 교원노조 지도자들이 모이는 정상회의에서 서로에게 무엇을 배울 것인가를 생각하는 시간을 갖는데, 나는 이것이 PISA의 가장 중요한 성과 중 하나라고 생각합니다. 서로 협력할 수 있는 부분을 발견해 실제로 국가 간 협력이 더 활발해지고 있는데 이것이 정말 중요한 부분이지요. 2015년까지 상위 5위 안에 들고 싶다고 말하는 것은 사실상 아무 의미가 없습니다. 5위 안에 들고 싶지 않은 나라가 어디 있겠습니까? '나는 오늘의 나보다 더 나은 사람이 되고 싶고, 다른 사람들만큼 기민하게 움직이고 배우기를 원하며, 최고의 성취도를 보이는 교육체제에서 배우고 싶다'고 말하는 것, 바로 이런 것이 정말 의미 있는 것입니다.

나는 슐라이허의 선의에 대해서는 의심하지 않는다. 그는 자신의 사명은 '모든 아이들을 위한 교육을 향상시키는 것'이라고 명확히 밝혔고, 실제로 데이터나 교육체제, 글로벌 경쟁만이 아닌 '아이들'에 대해서 말하고 있었다. 그에게 부모로서 그리고 OECD 교육역량위원회 위원장으로서 자신이 생각하는 교육의 목적은 무엇이고, 교육에서의 성공이 그에게 의미하는 바가 무엇인지를 묻자 그는 이렇게 대답했다. "부모로서나 교육통계학자로서나 내 대답은 같습니다. '성공이란 아이들이 미래를 설계하고, 사회에 의미있게 참여하고, 더 나은 세계를 만들 수 있는 역량을 갖추도록 돕는 것'입니다. 단순히 그냥 참여하는 것이 아니라 내일의 세계를 창조하고 만드는 사람으로서 참여하게 하는 것입니다. 이런 관점과 방식으로 교사, 학교를 비롯한 우리 모두가 교육의 목적과 성공을 판단해야 합니다. 나는 모든 아이들과 또 내 자녀가 더 나은 세계와 사회를 만드는 데 기여하기를 원하며, 학교는 아이들이 그렇게 할 수 있도록 적극 돕기를 바랍니다."

"OECD가 하는 일은 분명히 가치있는 일이지만 그것이 갖는 의미와 복잡성이 제대로 걸러지지 않고 왜곡된 채 일반 사람들에게 전달되고 있다는 것을 잘 알고 있습니다. 대외적으로 발표되는 순위 때문에 수학, 과학, 읽기만 중요하고 그것만으로도 최고의 성과를 올리는 교육체제를 이루기에 충분하다고 여기게 되는 거죠." 나는 이렇게 상대평가에 의해 최고부터 최하까지 국가별 순위를 발표하는 것에 도대체 어떤 실질적 가치가 있는지 모르겠다. 한국이 1등을 하면 국가적 자부심과 그 1등을 지켜야 한다는 압박 외에 무엇을 더 얻는가? 페루가 꼴등을 한다는 것은 국가적 수치와 상위로 올라가야 한다는 압박을 받는 것 이외에 무슨 의미가 있나? 이것은 교실에서 아이들 등수를 매기는 것을 국가 단위로 확대한 것 뿐이다. 교실에 있는 아이들과 마찬가지로 모든 관심은 잘하는 국가에만 쏠린다.

중국의 상하이 시는 중국과 별도로 PISA 순위를 매기는 데 늘 상위를 차지한다. 그 때문에 상하이 학교는 어떻게 교육을 하는지에 관심이 쏠리며 모두들 상하이의 교육방식을 연구하느라 바쁘다. (솔직히 중국정부는 여전히 반체제 인사들을 재판 없이 고문하고 투옥하는 관례를 보이고 있는데, 왜 중국지역의 교육을 모방하려 하는지 솔직히 나는 모르겠다. 사회에 반체제 사상가를 두지 않을 생각인가?)[9]

슐라이허는 말한다. "국가를 서로 비교평가하는 PISA 평가방식을 도입한 근본적인 이유는 실제로 교육으로 성취할 수 있는 것이 무엇인지를 알기 위해서였습니다. 나라마다 상황은 달라 교육적 성공은 아주 불균등하게 일어나고, 교실에 앉아 있는 다수의 젊은이들은 아무 것도 배우지 않거나 중도탈락하거나 그냥 사라지고 있습니다. 우리의 임무는 우리가 교육을 얼마나 제대로 할 수 있을지를 살펴보는 것입니다. 예를 들어 가난은 어느 정도까지 타고난 것일까요? 사람은 타고난 운명을 어느 정도까지 바꿀 수 있을까요? 가능한 성취수준은 어느 정도일까요, 우리는 얼마나 빨리 발전할 수 있을까요? 발전하는 사람은 누구이고, 발전하지 않는 사람은 누구이며, 그 차이는 무엇일까요?" 이런 질문에는 확실한 증거를 기반으로 하는 연구가 필요하다고 그는 주장한다. "두 학생을 개인 대 개인으로 직접 비교하는 건 불가능하겠지만, 두 학생이 할 수 있는 것이나 할 수 없는 어떤 것을 비교할 수는 있다고 생각합니다. 이는 학교나 국가에도 적용할 수 있습니다. 비교라는 개념은 아주 효과적인 것이어서 타자의 관점에서 자신을 바라보는 일은 배움을 촉발시킵니다. 문제는 비교의 목적이 과연 대상 간의 공통분모를 찾기 위함인가 하는 것입니다. 그것은 좋은 시도가 아닌데, 그 생각은 기본적으로 비교대상을 단순화 하여 공통분모로 대치시켜버리는 환원주의적 관점입니다. 아니면 혹시 비교를 통해 모든 가능성을 모색하기 위함일까요?"

영국의 교육개혁 연구자이자 활동가인 사이먼 브렉스피어(Simon Breakspear)는 멜버른 교육전략센터에 기고한 논문을 통해 PISA 순위는 각국의 교육경쟁력을 평가하는 글로벌 척도로 '인정'받는 지위에 도달했다고 밝혔다.[10] "언론을 통해 국가평균 PISA성적과 국가 간 상대적 순위가 공개되고 관심을 받는 상황에서 정책입안이 반드시 증거에 근거한다고 보기는 어렵습니다. PISA는 정책입안자에게 고부담평가가 되어 순위경쟁을 위한 개혁을 촉발할 가능성이 있으며, 이는 교수학습의 질을 떨어뜨리는 부정적 효과를 끼칠 수 있습니다."[11] 그는 '문화적 맥락이나 전반적인 정책 일관성은 그다지 고려하지 않고' 좋은 성과를 보이는 다른 나라의 정책을 '입맛대로 취사선택'할까봐 걱정한다.[12]

"문화는 천부적이고 불변의 존재가 아닙니다."라고 슐라이허는 말한다. "문화는 사람들에 의해 만들어집니다. 다른 문화와 비교를 통해 우리 문화를 이해할 수도 있고 형성할 수도 있습니다. 하지만 다른 문화를 그대로 모방해서 이식할 수 있다는 뜻은 아닙니다. 비교는 수용 가능한 것이 무엇인지를 파악하고 어떤 요소가 자기네 문화적 맥락에 맞는지 살핀다는 뜻입니다. 이게 바로 우리가 비교를 받아들이는 방식이라고 생각합니다. 핀란드와 중국은 수단과 방식이 서로 전혀 다른데도 둘 다 매우 좋은 성과를 보입니다. 그렇다면 그 전체에서 자신이 관심이 가는 것을 선택하면 되는 겁니다."

슐라이허는 다시 교육개선이라는 그의 중심 사명으로 화제를 돌렸다. 교육체제와 아이들 모두에 대해 우려하면서 산업모델에 맞춘 학교구조와 암기식 학습에서 탈피해야 할 필요성을 강조했다. 그는 학습에 흥미를 잃는 학생들에 대해서도 걱정하고 있다. "이런 추세가 지속되면 학업중단 학생의 비율이 30퍼센트가 아니라, 거의 80퍼센트에 달할 것입니다. 아이들은 의미있는 학습에 흥미를 불러일으키지 못하는 이런 교육체제를 더 이상 견디지 못할 겁니다." 라고 그는 말했다.

우리가 걱정해야 하는 대상은 이들 학업중단 학생들뿐만이 아니다. 학교에 남아있지만 현재 배우고 있는 내용에서 전혀 접점을 찾지 못하는 아이들도 문제다. 그들은 그저 시험이나 통과하자는 생존게임을 하고 있는 것이다. "예를 들면, 과학시험을 잘 치는 아이들이 있습니다. 이 아이들은 과학지식은 알지만 그것이 현재와 미래의 삶에 어떻게 연결되는지 전혀 이해하지 못하거나, 과학은 세계를 이해하고 예측하고 확인하는 데 도움이 되는 도구라는 개념을 알지 못합니다."

"성공이란 무엇일까요? 배울 필요가 있다고 정해진 것을 학생이 배운다고 성공적인 교육일까요? 그럼 학생은 학습과정에 아무런 자기주도력을 갖지 못하게 되지 않을까요?"

"학업을 포기하는 학생이 30퍼센트라고요? 실제로는 이 수치도 아주 낮잡아 본 수치라고 생각합니다." 슐라이허는 '교과과정은 그 폭은 너무 넓고 깊이는 너무 얕다'며 교육이 너무 겉핥기식이라고 우려한다.

오늘은 금융지식 수업이니 학생들에게 계좌관리법을 가르칩니다. 내일은 디지털 리터러시 수업이고 그 다음날은 환경수업을 합니다. 이런 교과과정이 시사하는 바는 이렇습니다. 교육은 학생이 더 강한 사람, 더 비판적 사고를 하는 사람, 창의적인 인재로 성장하는 데 도움이 되는 깊이 있는 학습엔 관심이 없다는 겁니다. 교육은 내일 당장이 아니라 미래에 필요한 도구를 학생들에게 장착시키는 것입니다.

단기적 관점 탓에 미래의 세계가 어떠한지를 알고 학생들에게 미래에 대비할 수 있도록 훈련시키길 원치 않는 것처럼 보입니다. 미래세계를 창조하기 위해 필요한 사람은 어떤 인재고 그런 인재를 육성하기 위한 기본 구성요소는 무엇인지를 생각할 필요가 있습니다.

그럼 이런 결론에 이르게 됩니다. 창의성, 비판적 사고, 문제해결력과 같은 사고방식과 협업능력, 사회 · 정서적 기술, 인성, 회복력, 리더십, 공감능력과 같은 행동방식이 기본 구성요소들입니다. 이는 학생들이 숙달할 필요가 있는 역량들로서 각각에 좀 더 명확한 설명이 필요합니다. 그리고 그 측정기준과 방법도 개선할 필요가 있습니다.

이런 역량은 측정할 수 없는 게 아닐까? "그런 주장 때문에 우리의 교육이 지금과 같은 결과를 보이고 있다고 생각합니다. 이런 태도가 현행 교육체제를 만든 겁니다. 기본적으로 중요한 것은 수학, 과학, 그리고 역사와 언어라고 보고 그 외 다른 것은 모두 뒷전입니다. 이게 다 이런 역량은 측정할 수 없다는 사고방식이 낳은 결과입니다." 슐라이허는 말한다.

PISA는 진화를 거듭하며 평가범위를 확장해왔다. 2016년에 발표된 평가에서 처음으로 사회성이 평가항목에 들어갔다. "우리는 평가에 객관성을 확보할 수 있는 한 PISA 평가범위를 광범위한 사회적 역량과 정서적 역량으로까지 넓히기 위해 상당한 노력을 기울여왔습니다. 국제적 평가로서 완성되거나 완벽한 상태에 도달하지는 못했지만 합목적성은 확보했다고 자신합니다."라고 그는 주장한다.

슐라이허는 자신이 추구하는 인재상을 육성하고 가르치던 사립학교의 전통적인 교육영역을 언급하며, 모든 학교가 아이들에게 이런 품성을 키워줘야 한다고 말한다.

나는 개인적으로 가치관은 교육의 핵심영역이며 학과교육과 지식교육 못지않게 인성교육이 중요하다고 생각합니다. 하지만 이를 학교의 역할로 보지 않는 사람들이 많습니다. 인성교육과 역량교육을 학과교육이나 지식교육과 달리 취급해야 할 이유를 모르겠습니다. 잘 설계된 수학 수업은 학생들의 자율성과 협업능력을 키워주고 창의적이고 비판적이며 리더십을 발휘하고 공감능력을 키워줘야 한다고 생각합니다.

엘리트학교는 이런 점에서 차이가 납니다. 평범한 학교와 일류학교의 차이를 만들어내는 것은 바로 이런 역량교육입니다. 하지만 다수의 학생들을 대상으로는 이와 같은 역량교육이 허락되지 않습니다. 정말 좋은 일류학교에서는 수학, 과학 등의 학과교육에도 신경쓰고 잘 가르치지만 이에 못지 않게 인성교육에도 집중합니다.

이런 요구에 부응하기 위해서는 '교육체제가 어떤 역할을 하기를 기대하는가'와 같이 교육의 사명이 무엇인지에 대한 광범위한 토론이 필요하다고 슐라이허는 말한다. "만약 교사들에게 인성교육에 초점을 맞춰 깊이있는 교육을 할 수 있겠느냐고 질문한다면 대부분은 그렇다고 대답할 것입니다. 그럼 자신도 교직에서 더 보람을 느낄 수 있을 거라고요. 인성교육을 하는 데 자원이 많이 필요한 것은 사실이지만, 그보다는 투입 대비 결과물이 확실한 교육관을 선호하다 보니 지금의 교육체제가 만들어졌다고 생각합니다."

PISA 결과에만 초점을 두면 결국 아이들에게 피해가 돌아갈 텐데 이점을 어떻게 생각하는지, 그리고 시험을 늘리고 한정된 과목에서의 성과에만 초점을 맞추면 교실에서 무슨 일이 벌어지게 될지에 대해 질문하자 슐라이허는 이렇게 답변했다.

세계 어디에서나 부모들은 자녀가 삶에서 성공하려면 지식과 역량을 갖춰야 한다는 것을 잘 알고 있습니다. 이로 인해 자녀들에게 비현실적인 기대를 갖고 과도한 압박을 가하게 됩니다. 하지만 그런 압박이 시험 횟수에서 생긴다는 생각에는 아무런 근거가 없습니다. 저는 최근 노르웨이에 갔는데 거기에서는 학생들이 1년에 두어 번 표준화시험을 치릅니다. 달리 말하면, 1천 시간 강의를 듣는다면 표준화시험을 치는 시간은 고작 두어 시간 남짓 되는 겁니다. 따분하고 형편없는 수업을 앉아서 견뎌야 하는 시간과 비교해보세요. 그런데도 노르웨이 교육자들의 말을 들어보면 학생들은 늘 시험을 치르고 시험 때문에 스트레스를 받는 것처럼 말합니다. 시험이 스트레스의 주범이라는 연막전술은 교육과정을 투명하게 공개하는 것을 반대하는 교사들한테서 주로 나옵니다. 학생이나 학부모에게서 그런 불평을 들을 가능성은 별로 없지요.

내가 현장에서 목격한 바와는 거리가 먼 답변이었다. 데이터가 중요하다는 점은 나도 인정한다. 정책결정권자에게는 교육체제의 효율성에 대한 데이터가 필요하다. 다만 데이터를 정치적으로 악용하지 않고 원인을 분석해서 문제를 해결하는 방향으로 신중하게 사용할 수만 있다면 먹이사슬을 거쳐 최종적으로 아이들에게 압력이 가중되는 이런 압박 생태계가 만들어지진 않을 것이다.

안드레아스 슐라이허는 "데이터가 없이는 개인적 의견에 그치고 만다."라고 즐겨 말하는데 그건 맞는 말이다. 일반 사회에서나 학교 같은 체제에서, 그리고 가정에서도 선택을 할 때는 그것을 뒷받침할 증거가 필요하다. 하지만 용 자오(Yong Zhao)는 이렇게 말했다. "이거 아세요? 교육에서 부작용에 대해 연구하는 사람은 아무도 없습니다. 사람들은 그게 얼마나 좋은지를 밝히려고 항상 노력하지요. 그게 얼마나 효과적인지를 증명하려고 하지 아무도 그게 얼마나 해로운지를 증명하려고는 하지 않습니다."

해롭다는 직접적인 인과관계를 증명하는 통계가 없으면, 아이들이 교육과정 중에 받는 압박에 대해 뭔가 아주 잘못되었다는 불안감과 학업포기, 괴로움, 고통과 상실을 겪는 아이들의 이야기는 끝없이 이어질 것이다. 그 불안과 사례들이야말로 우리에게 꼭 필요한 증거다.

청소년이
죽어가고 있다

조명등을 보고 아이가 혹시 목을 매려고 하면 아이의 무게를 버틸 수 있을까 계산하게 되거나, 혹시나 하는 마음에 칼이나 일회용 면도칼, 소형 플라스틱 연필깎기조차 숨겨야 하거나, 밤중에 아이의 숨소리를 가만히 확인하거나, 방바닥에 흥건한 피를 발견하게 되지나 않을까 심장이 두근댄다면, 그건 상황이 제 우선순위를 되찾고 있다는 뜻이다. 응급처치를 위한 부상자 분류가 시작되는 것이다. 자식의 목숨보다 더 중요한 것은 없다. 학교도, 일도, 시험도 자식보다 중요하지는 않다.

내 경우에는 딸에게 학교를 그만두라고 설득하던 힘든 시기가 바로 그런 결단의 순간이었다. 학교가 딸에게는 불안과 우울의 근원처럼 보였기 때문이었다. 역설적이게도 딸애는 학교를 좋아했다. 일단 가기만 하면 학교는 딸이 크게 위안을 얻을 수 있는 곳이기도 했다. 친구와 돌봐주는 선생님이 많고 잘 사는 지역사회의 중심에 있다는 자부심을 주는 학교였다. 중퇴를 하면 훨씬 우울해지고 스스로 가치 없는 사람이라는 느낌을 더 갖게 될 거라고 딸아이는 말하곤 했다.

우울증에 빠진 자녀가 자살할지도 모른다는 걱정으로 일상의 급한 일도 처리 못할 지경인 상태가 영원히 지속되는 것은 아니다. 걱정이 극에 달한 상태에서 자연스럽게 찾아오는, 자식의 목숨보다 소중한 것은 없다는 깨달음도 지속적으로 유지되지는 않는다.

걱정으로 지새우던 시기가 지나고 나면 서서히 일상성이 회복된다. 숨을 쉬고 일상이 돌아가면 희망이 다시 생긴다. 삶은 지속되고 세상은 돌아간다. 두려움은 언제 있었던가 싶을 정도로 잦아든다. 자녀가 행복해지면 당신도 다시 행복해진다. 일상적인 생활로 바빠지고 다른 일로 신경을 쓰기 시작하면서 사소한 일로 스트레스를 받거나 화를 내거나 좌절하는 자신을 다시 발견할 수 있게 된다.

자살로 자식을 잃은 부모들에게는 이런 말조차 복에 겨운 투정으로 들릴 것이다. 쓸데없는 감정소모일 뿐이다. 나는 딸애가 불안감으로 학교생활에 어려움을 겪다가 마침내 고등학교를 졸업하게 된 사연을 올린 적이 있는데, 린다라는 뉴질랜드 여성이 내 글에 댓글을 남겼다. 진심으로 가슴 따뜻한 위로를 전하면서 그녀는 우리 딸애가 학교를 마쳐서 참 다행이라고 했고 자신의 딸 빅토리아는 그러지 못했다고 했다. 2014년 4월 14일 열일곱 살이던 빅토리아는 가족이 살고 있던 싱가포르의 아파트에서 엘리베이터를 타고 건물 옥상으로 올라가 난간에서 몸을 던졌다.

우리 딸애 이야기에 린다가 댓글을 남기게 된 이유는 내 글이 학교 스트레스에 관한 것이었기 때문이다. 린다는 자기 딸이 자살할 생각을 하고 있다는 것을 전혀 몰랐다. 딸을 살릴 수 있을 자살방지책을 강구할 이유가 전혀 없었기에 딸이 학교에서 느끼는 스트레스와 절망감을 너무 늦게 알게 된 것이다.

루시님, 따님이 졸업하게 되었다니 다행이네요. 안타깝게도 우리 딸 빅토리아는 졸업하지 못했답니다. 우리 애는 올 초 2학년 개학 첫날에 세상을 떠났습니다. 겨우 열일곱 살이었지요. 저는 딸이 남긴 메모를 보고서야 학교가 애한테 고통스런 곳이었으며 선생님의 질문에 대답하지 못하거나 발표를 하지 못하는 수업시간을 매우 불안해 했다는 것을 알게 되었습니다. 아이는 어려움을 이겨내려고 노력했고 학교합창단에 들어가 노래를 부르기도 했답니다. 우리한테는 모든 걸 감추고 집에 있을 땐 씩씩하게 수다도 잘 떨었어요. 학교에서는 아이가 불안감으로 학교상담사와 면담했었다는 사실조차 우리에게 알리지 않았습니다. 우리는 어느 날 갑자기 영문도 모른 채, 우리의 기쁨이던 딸애가 없는 세상에서 하루하루가 지옥인 삶을 사는 처지가 되었습니다. 애가 살아만 있다면 졸업시험을 통과하지 못한들 그게 무슨 대수겠어요.

그 이후로도 편지를 주고받으면서 이 책을 쓰는 동안 매일 나는 빅토리아 맥러드를 생각했다. 빅토리아 엄마는 내게 빅토리아의 사진을 보내주었고 아이의 이야기를 들려주었다. 빅토리아는 정말 예쁜 소녀였다. 빅토리아는 합창반을 좋아해서 연습을 위해 매일 새벽 5시 45분에 일어났다. 빅토리아는 우쿨렐레를 연주했고 혀를 내밀어 혀가 코끝에 닿게 할 수도 있었고 고양이를 좋아하고 해리포터시리즈의 광팬이었으며 청록색과 보라색을 가장 좋아했다. 초콜릿수플레, 호박파이, 짭짤한 팝콘, 얼그레이차를 좋아했다. 식판의 음식을 시계방향으로 돌아가면서 가장 싫어하는 음식부터 먹기 시작해 가장 좋아하는 음식으로 마무리하곤 했다. 눈은 청록색이었다.

린다의 슬픔과 상실감 속에는 딸이 학교상담사와 면담하면서 자살얘기를 꺼냈다는데 정작 자신은 그 사실을 모르고 있었다는 분노가 있었다. 심한 스트레스로 도움을 요청하는 십대들의 문제에 효과적으로 대처할 수 있도록 학교에 엄격한 규정과 전문가의 조언이 필요함을 이보다 더 절실하게 보여주는 사례는 없다. 린다는 딸을 기리는 의미로 빅토리아의 이름을 걸고 이에 대한 해법과 정의를 찾는 사명에 전념하고 있다. 빅토리아의 죽음 이후 린다는 오랫동안 연인으로 지내온 말콤 맥러드와 결혼하기로 결정했다. 두 사람의 결혼은 견고하지 못했던 딸의 삶에 뭔가 기댈 수 있는 기반을 바치는 셈이었다. "저 역시 딸과 마찬가지로 '맥러드'라는 성을 갖고 싶었어요."라고 그녀는 덧붙였다.

린다는 아이들 상담에 관한 한 최고의 대처방안을 만들 필요가 있다는 것을 학교측에 이해시키는 데 필사적인 노력을 기울이고 있으며, 그런 이유로 그녀 삶의 큰 기쁨이었던 어여쁜 딸에 관해 나와 대화하는 것에 행복해했다. 그녀는 십대의 고통은 대부분 일시적이라는 것을 부모나 아이들에게 이해시키는 데 도움이 되는 모든 정보를 공유하고자 한다. "아이들이 일단 한 고비를 넘기면 삶이 괜찮아진다는 것을 알기만 한다면…"이라고 그녀는 말한다. 그녀는 호주 교과과정으로 운영되는 싱가포르 국제학교의 학생 두 명이 자살한 이야기를 내게 해주었다. 한 명은 빅토리아의 학급친구이고 또 한 명은 다른 학교 학생으로 열네 살이었다.

린다는 남편과 자신도 대부분의 학부모처럼 공부에 대해서 딸과 입씨름을 하곤 했다고 말했다. 빅토리아가 다니던 학교에서 주는 압박감의 수위가 매우 높았기 때문이었다. "우리 학부모들은 실제로 시험을 그다지 대수롭지 않게 생각하지만, 학교는 교사를 통해 한밤중에도 학부모를 압박하면서 우리가 부모 역할을 제대로 못한다는 느낌을 갖게 만들었어요. 그래서 빅토리아가 공부를 하지 않으면 과잉대응을 하곤 했지요. 우리는 뭘 제대로 알지 못했어요. 어설픈 변명일 뿐이지만요."

이는 우리 모두가 빠지는 함정이다. 학교에서 집요하게 학과성적에만 초점을 맞추기 때문에 자녀의 학습에 과도하게 반응하는 부모들이 많다. 학교에서 삼투압처럼 퍼지는 이 압박은 학부모를 거쳐 자녀들에게 가해진다. 비극적이게도 아이들은 터놓지 못하고 계속 고통받는다. 린다는 빅토리아가 자살하기 3개월 전에 쓴 일기를 내게 보여주었고 이제 여러분에게도 공개하려고 한다. 이 일기는 가상의 친구에게 말하듯이 쓴 것이다.

1월 14일 수요일

로레인에게

시험을 망쳤어. 왜 그런지 정말 모르겠지만 그냥… 망쳤어. 화난 건 아니야… 그렇게 열이 뻗치진 않아. 나는 쓰러지다시피 누워서 '더이상 못하겠어'라고 생각했어. 이런 점수를 받아서는 멋진 삶을 살 수 없다는 걸 알아. 성적을 이렇게 계속 받는다면 난 결국 무너지고 말거야. 전에도 무너진 적 있지만 그때는 열네 살이었고 바로잡을 시간이 있다는 걸 미처 깨닫지 못했어. 비참한 삶을 견디려면 마음을 다잡아야 한다는 건 알고 있는데 도대체 삶의 의미가 무엇이냐 말이야. 오늘 나는 어떻게 하다가 S의 수영장에 들어가 노래를 부르고 있었어. 풀밭 위에서 일광욕을 하다가 미소지었지. 그러다가 문득 이렇게나 중요한 그 모든 게 생각나 갑자기 울음이 터졌어. 감정이 점점 격해져서 눈이 퉁퉁 붓도록 울었어.

학교에 다시 가면 도대체 어떻게 대처해야 할지 모르겠어. 나는 M의 말이 맞다고 생각해. 우리 중 한 사람은 올해 무너질 거야. M은 괜찮을 거야. M은 정신과의사와 상담하고 있고 똑똑하니까. 나는 아무래도 올해를 견뎌내지 못할 것 같아. 멜로드라마에서나 나올 법한 말이긴 하지만. 성적표에 찍힌 점수를 보면 좋아서 깡총깡총 뛰거나 아니면 집 옥상에 올라가 뛰어내리게 되겠지. 고등학교에서 낙제했다고 자살한다는 건 정말로 어리석은 짓이라는 건 알아. 하지만 인생에서 실패할 게 확실하고 제발 살려달라고 외치고 싶은 마음만 굴뚝같은 채 하루하루를 보내게 될 게 불 보듯 뻔하니까. 죽고 싶다는 생각에 사로잡히면 세상사가 아무 의미도 없게 돼.

어떻게 해야 좋을지 모르겠어. 상담을 요청하면 정말 도움이 될까? 괜히 부모님의 돈만 날리는 것은 아닐까? 하지만 요는, 나는 도움을 요청할 수 없다는 거야. 내게 사회공포증이 있을지도 모르겠다는 걸, 그리고 자살을 생각하고 있다는 걸 무슨 수로 설명할 수 있을까? 너무 무서워.

린다와 말콤은 딸의 유골을 수습하러 화장터에 갔을 때 유골 속에서 뼈조각을 발견했다. 말콤은 놀라서 뒤로 물러섰지만 린다는 그것을 집어들고 딸의 이마뼈라고 생각했다. 딸이 아기였을 때 쓰다듬고 어루만져주던 그 이마, 밤에 자장가를 불러주면서 엄지손가락으로 매만져주던 바로 그 이마뼈였다. 그녀는 딸의 자취를 갖게 돼 기뻤다.

자살의 원인이 무엇일까를 말할 때는 신중해야 한다. 유서나 일기가 없는 상황에서는 자살을 생각하게 된 계기를 알 수 없기 때문에 극단적인 행동으로 이끈 요인이나 직접적 인과관계는 밝히기 어렵다. 남은 사람들은 고르디아누스의 매듭에 묶인 채 죽는 날까지 해답을 찾게 된다. 이것은 끔찍한 짐일 수도 있고 린다 맥러드의 경우처럼 삶의 동인이 될 수도 있다.

전문가들에 따르면 자살의 원인은 여러 가지가 겹칠 수 있으므로 한 가지 이유로만 단정짓는 것은 불가능하고 잘못된 것이라고 한다. 이는 자신이 몸담고 있는 조직이 아이들의 고통에 큰 책임이 있을 수 있다는 가능성을 회피하거나 인정하지 않는 사람들에게는 좋은 핑계거리가 된다. 어떤 식으로든 십대의 자살로 영향을 받지 않은 학교는 거의 없다. 그런데도 학교의 책임자들은 이같은 비극에 대해 오랫동안 자신들의 책임을 부정해왔다.

아이들이 스트레스가 많고 불안하다고 호소하며 학교가 주는 스트레스가 그 주요 원인 중 하나라고 말한다면, 교육체제의 압박과 학생의 정신건강 사이의 관련성을 살펴봐야 할 때다. 실제로 내가 면담해본 교장들은 모두 학생들의 정신건강이 현재 가장 큰 고민거리 중 하나라고 말했다. 한 교장은 그 때문에 자주 불면의 밤을 보내게 된다고도 했다.

15-19세 그룹의 가장 흔한 사망원인이 자살인 호주에서 자살방지 학교프로그램이 생긴 것은 2010년과 2011년에 멜버른에서 세 건의 죽음이 연달아 일어난 다음이었다.[1]

세계적으로 학업스트레스로 인한 학생 자살은 학업성취도가 높은 지역에서 많이 발생한다. 체제에 순응해야 하는 부담감과 성적을 올려야 한다는 압박이 상호작용하는 것이다. 한국은 세계적으로 교육강국에 속하지만 두드러지는 점이 또 하나 있다. 세계에서 가장 자살률이 높은 나라 중 하나라는 것이다. 특히, 10-19세 연령군에서 자살률이 가장 가파르게 상승하고 있다. 2014년 조사에서 십대의 반 이상이 자살을 생각한 적이 있는 것으로 나왔는데, 학업스트레스와 미래에 대한 불안을 주요 원인으로 꼽았다.[2]

학업스트레스와 자살 간의 연관성은 한국에만 국한된 것은 아니다. 미국에서 최근에 샌프란시스코 외곽의 부촌에 관심이 쏠린 적이 있는데 엘리트고등학교에서 십대 자살이 연달아 발생한 까닭이었다. 그 지역의 치열한 성적경쟁이 논란의 중심이 되었다. 그러나 학교 경영진이 나서서 자기들 책임이라고 인정하지는 않았다. 하지만 학생과 교사들은 높은 성적을 내야 한다는 압박감이 실리콘밸리 지역의 몇몇 학생을 자살로 내몬 직접적인 원인이라고 확신했다.

캘리포니아 칼트레인(미국 캘리포니아 주 샌프란시스코 지역에서 운행되는 통근열차시스템-옮긴이) 노선 열차가 산타클라라 밸리를 통과하는 팰로앨토의 철도 건널목은 팰로앨토 십대들에게는 슬픔의 장소가 되었다. 2009년과 2010년에 헨리 M. 건고등학교 학생 네 명과 그 학교 출신 학생 한 명이 지나가는 열차에 뛰어들어 목숨을 끊었다. 이 지역에서 십대의 자살이 처음은 아니었지만 같은 장소에서 반복적으로 발생한 까닭에 학부모, 교사, 교육청 관계자들은 깊은 고민에 빠졌다. 전국적으로 가장 똑똑한 학생들을 배출하고 있다는 명성을 지닌 학교의 아이들에게 도대체 무엇이 잘못되어가고 있는지 근본적으로 생각하게 되었다.

교육계는 성적에 대한 학교의 강도 높은 압박이 이 학생들의 자살과 직접적인 인과관계가 있다는 생각과는 거리를 두면서 학생들을 단속하고 위로하는 조치를 취했다. 항상 그러하듯이 모방행동에 대한 우려가 컸다. 인기 좋고 공부 잘하고 운동도 잘했던 소년의 자살 이후에 한 학생이 말한 바와 같이 자살은 갑자기 하나의 '선택지'가 되었다.[3] 건고등학교가 속한 학군에 상담사들이 투입되어 지원그룹을 형성하고, 상담이 필요한 학생들에게는 자살에 대한 이야기를 나눌 수 있도록 했다.

팰로앨토에 있는 두 고등학교인 팰로앨토고등학교와 건고등학교는 STEM(과학, 기술, 공학, 수학) 과목에 강세를 보였다. 이 학교 출신 학생들은 스탠퍼드대학이나 아이비리그 대학에 들어가게 될 것이라는 기대가 높다. "스탠퍼드나 아이비리그 대학에 들어가지 못하면 실패자라는 느낌을 받게 된다."라고 또 한 번의 자살사건이 일어난 뒤에 한 학생이 말했다.[4]

2013년과 2014년에 이 지역사회는 또 다른 연쇄 자살사건으로 채 아물지 않은 상처를 다시 다쳤다. 8개월 동안 팰로앨토 학생 네 명이 더 자살했다. 자살감시조로 철길 건널목에 동네 자원봉사자 당번을 세워 보초를 서게 하고 자살방지 핫라인번호와 함께 '도움의 손길이 가까이 있습니다'라는 팻말이 적힌 3미터 높이의 울타리를 쳐놓았음에도 불구하고 자살한 넷 중 둘은 기차에 뛰어들었다.

결과적으로 5년 동안 두 차례의 연쇄 자살사건으로 인해 전체 지역사회는 트라우마에 빠져 술렁거리며 팰로앨토의 십대들이 왜 미국 전체 평균보다 4-5배 이상 높은 자살률을 보이는지 그 원인을 파악하려고 노력했다.[5]

팰로앨토 근교를 지나게 되면 그곳이 그렇게 특이해 보이지는 않을 것이다. 샌프란시스코 남쪽으로 한 시간쯤 달리면 시야에 들어오는 별장식 단층주택과 스트립몰을 보며 지구상 그 어느 지역보다도 단위 면적당 부자들이 많이 사는 지역에 와있다는 느낌을 받지는 못할 것이다. 이 지역은 IBM, 구글, 애플, 페이스북, 휴렛패커드와 같은 세계적인 IT기업 덕분에 백만장자와 억만장자가 가장 밀집해 사는 지역 중 하나다.[6]

실제로 285억 달러[7] 자산가인 세르게이 브린(Sergey Brin)과

299억 달러[8] 자산가인 래리 페이지(Larry Page) 두 공동창업자가 이끌고[9] 2020년경에 시장가치 1조 달러에 도달하는 최초의 기업이 될 것으로 예측되는 구글만 해도 이 지역에 스톡옵션 백만장자를 수천 명이나 배출했다.

세상이 돈으로 돌아간다는 말은 사실이다. 평범한 거리에다 아주 수수하고 그다지 멋있지도 않은 낮은 지붕의 침실 4개짜리 별장 스타일의 주택 시세가 무려 385만 달러이다. 이해되는가? 1885년 이래로 이 구역에 아주 권위있고 부유한 스탠퍼드대학이 자리 잡으면서 팰로앨토고등학교 맞은편 도로를 따라서 테라코타 색조의 웅장한 건물과 그 건물들로 둘러싸인 깔끔하게 손질된 사각형 정원이 (캘리포니아의 가뭄에도 불구하고) 줄줄이 들어섰다.

스탠퍼드는 세상을 바꾸는 혁신가와 신생기업을 끌어들이는 이 지역의 꿀단지 역할을 해왔고 스탠퍼드 동문들은 이 지역 기업가로서 미국에서 가장 성공한 사람들로 여겨진다. 최고의 성취도를 보이는 중심지에서 1980년대의 IT혁명을 주도했던 세대들이 이제 자녀세대를 양육하는 과정에 있다. 시대의 흐름을 선도해야 한다는 압박이 자녀세대의 높은 자살률이라는 끔찍한 대가를 초래한 것이다.

나는 팰로앨토의 스타벅스커피점에서 캐롤린 월워스(Carolyn Walworth)를 만났다. 여기는 그녀의 동문 여러 명이 기차에 몸을 던져 생을 마감한 열차 건널목과 1킬로미터도 안 되는 거리이다. 그녀가 다니는 고등학교 출신의 남학생이 2015년 3월에 철로에서 자살한 이후에 캐롤린은 높은 기대치에서 비롯된 부담감으로 십대들

이 겪는 고통에 대한 기사를 썼다.[10]

가느다란 몸집에 창백한 피부를 가진 귀여운 소녀인 캐롤린은 말할 때 목소리를 떨었지만, 그녀의 이야기는 고통을 호소하는 외침이었다. "학생들은 숨 들이마실 시간도 부족해… 헉헉거리고 있다…. 우리는 왜 배우고 교육받아야 하는지 그 의미를 완전히 잃어버렸다. 교육의 의미가 학생들에게는 왜 제대로 전달되지 않고 있는가? 학교는 왜 이 미친 짓을 계속하고 있는가?"

지역신문 웹사이트에 실린 그녀의 이야기에는 일말의 주저도 없었다. 그녀는 십대들이 자살을 떠올리는 이유는 복합적이라는 것을 강조하면서도 친구들의 정신건강문제는 높은 성취부담 때문이라고 썼다. 성적을 올리려면 하루 온종일, 주말과 공휴일에도 공부해야 한다고, 학생들에게 가해지는 과도한 압박을 이제는 멈출 때가 되었다고 그녀는 썼다.

2015년 초 기사를 발표한 뒤에도 캐롤린은 학생들에게 가해지는 과도한 압박문제에 맞서 싸우려는 의지, 말하자면 '거대한 문화적 변화'에 대한 요구가 실망스러울 정도로 없었다고 말했다. "제가 팰로앨토 사람들의 목소리를 제대로 대변하는 것은 아니라고 말하는 사람들이 있었어요. 모든 사람들이 제가 느끼는 것과 같지는 않을 테니 그 점은 저도 인정해요. 하지만 제 경험은 다른 수많은 학생들의 경험과 별 차이가 없을 거예요." 내가 그녀에게 학교 친구들 중에 학교생활에 대해 걱정이 많거나 스트레스를 받는 학생의 비율이 얼마나 되는지 묻자 그녀는 "전부 다 그래요."라고 대답했다.

다음은 캐롤린의 개인적 경험이다. 스트레스가 심해지다 못해 그녀는 생리도 멈췄고 해야 될 과제가 너무 많아서 자주 울음을 터뜨렸다. 수업시간에 공황발작을 일으키고 우리 딸처럼 높은 데서 몸을 던지고 싶은 충동을 억눌러야 했다. 그녀는 가슴통증으로 응급실에 실려가기도 했다. "너무 스트레스를 받아서 가슴이 아파오기 시작했어요. 찌르는 듯한 통증 때문에 비명이 나올 지경이었어요. 열여섯 살밖에 안 되었으니까 심장발작일 리는 없을 텐데 왜 이렇게 심장이 아픈 걸까 생각했지요."

의사는 스트레스를 제외하고는 아무런 문제가 없으므로 긴장을 풀라고 조언했다. "한 주 동안 고등학생 열 명을 진찰했는데 지난 사흘간 심장에 통증을 느끼는 학생이 세 명이었지만 특별한 이상이 발견된 학생은 없었다고 했어요." 그러나 그녀는 이 압박을 감당할 수 없을 것 같았다. "해야 할 일이 너무 많아요. 벽에 부딪쳐 울기 시작하면 우는 것 외에는 할 수 있는 게 아무 것도 없었어요. 내가 무엇을 할 수 있을지 막막하고 아무런 희망없는 상태를 느낄 뿐이죠. 자주 있는 일이에요." 그녀는 말했다. "부모님은 저한테 B를 받아도 괜찮으니까 너무 스트레스 받지 말라고 말씀하시지만 저는 왜 제가 스트레스를 받는지 부모님께 자세히 말씀드리지는 않아요. 부모님이 제가 해야 할 숙제의 양을 줄여주시거나 뭔가를 해줄 수 있는 것도 아니잖아요."

다음은 그녀의 글에서 발췌한 내용이다.

사회가 규정한 정상적인 경로를 밟으려면 대학입학이라는 비정상적인 경쟁체제에 뛰어들 수밖에 없다. 성적에 대한 불안감에 시달리는 건 정상적이고 필요한 일이라고 배우고는 전 과목 A학점을 받는 데 초점을 맞춘다. 과도한 양의 과제를 끝내기 위해 매일 새벽 1시에 잠자리에 들고 몇 시간밖에 못 자고 일어난다. 그래도 주말에는 쉬면서 자기가 좋아하는 일을 할 수 있지 않을까? 어림없다. 금요일 밤에도 해야 할 숙제가 넘쳐나고 SAT 문제풀이도 해야 한다. 물론 학생들 자신도 사회생활을 유지하고 가족들과의 시간도 적당히 갖고 싶어 한다. 십대들에게는 이성친구를 만들어야 한다는 부담도 추가된다.[11]

나는 캐롤린에게 이렇게 물었다. 부모님이 너무 애쓰지 말고 좀 쉬어가면서 공부하라고 하시고, 네가 보아도 교육체제가 미쳐서 돌아가고 있는 게 확실하다면, 왜 공부를 좀 소홀히 하지는 못하는 거니?

"이런 낙인효과 때문이에요."라고 그녀는 말했다. "C학점을 받으면 기분이 나쁘고 정말 당혹스러워요. 내가 모자란 사람이라는 느낌이 들죠. 그 기분이 얼마나 끔찍한지도 알고 그런 기분을 절대로 느끼고 싶지 않지만 어쩔 수 없어요. C를 받았다는 것을 다른 애들에게 말하면 창피하니까 어느 누구에게도 알리고 싶지 않아요. 하지만 대체로 우리는 '난 이 점수 받았어.' 하며 서로의 점수를 공유하는 분위기라, 밝히고 싶지 않은 낮은 점수를 받아도 말해야 하는 상황이 되는 거죠."

이런 빌어먹을 압박감은 도대체 어디서 오는 것일까? "개인적으로 저는 이런 압박은 사회적 환경과 대학입시제도에서 온다고 봐요. 어떤 아이들은 하버드나 스탠퍼드에 들어가야 한다고 말하는 부모님 때문에 압박을 느끼죠. 학교에서 들을 수 있는 대화는 이런 식이에요. '나는 리버럴아츠컬리지(liberal arts college, 일반적인 4년제 종합대학과는 달리 소규모 학부생들의 전인교양교육에 초점을 맞춘 대학-옮긴이)에 가고 싶은데 부모님은 내 의견은 무시하고 내가 하버드에 들어가기를 바라서.'"

대학에 진학하고 싶지 않은 아이들은 어떤가?

대학에 가지 않겠다는 누군가의 이야기를 들으면 아주 이상한 기분이 들어요. 대학에는 꼭 가야 한다는 절대적인 느낌이 있거든요. 안 간다면 실패자라는 낙인이 찍히죠. 다행스럽게도 저는 이런 압박에서는 벗어났어요. 전 스탠퍼드나 하버드, 예일에는 가고 싶지 않아요. 부담이 너무 크기 때문이에요. 기사를 쓸 무렵 그런 압박감에서 벗어났어요. 그저 미친 것이라는 생각이 들었거든요.

좋은 대학에 진학해야 한다는 부담은 사회적 압력을 통해 곧바로 학생에게 전달되는 것 같아요. 며칠 전에 저희 반의 한 아이가 평점 3.9점밖에 받지 못했다고 말했던 것과 같지요. 그런 얘기를 늘 들으니 늘 그런 압박에서 벗어날 수가 없어요.

그러면 배우는 즐거움은 어떻게 되는 걸까? 캐롤린은 '농담하세요?'라는 표정을 지어보였다. "저는 교육이 실종되었다는 게 가장 큰 문제라고 생각해요. 이건 교육이 아니라 'GPA 만점받기 작전'이죠. '전 이걸 배우고 싶어요.' 이런 경우는 없어요. 교육적 관점은 이런 체제에서는 실제로 사라지고 없는 거죠. 이건 정말 슬픈 일이에요."

하지만 서글픈 문제는 이것만이 아니다. 실제로 캐롤린 윌워스와의 대화에서 나온 이야기 중에는 무엇이 가장 서글픈 일인지 가늠하기 어려울 정도로 심각한 문제들이 몇 가지 있었다. 첫째, 부유층 출신 아이들의 삶에서 물질적 기대가 그 아이들의 미래를 어떻게 규정하는지에 관한 문제이다. 내가 캐롤린에게 학교를 졸업하면 무엇을 하고 싶은지 묻자 정치학에 관심이 많다고 대답했다. "하지만 정치학 분야에서 경력을 쌓고 돈을 잘 벌기는 어려워요." 지금 그녀가 흥미를 갖고 있고 확실한 재능을 보이는 글쓰기도 돈벌이가 시원치 않다는 이유로 배제했다.

돈부터 생각하는 것이 최우선인가? "돈부터 생각하는 것이 절대적으로 중요해요. 팰로앨토 같은 곳에서 살고 싶다면 말이에요. 저는 여기서 제대로 해내지 못했지만 이곳으로 다시 돌아올 기회를 갖고 싶어요. 여기 사람들은 돈벌이를 추구하는 경향이 강해요."

이 답변을 들으니 고등교육을 받는 대학생들에게 대학에서 원하는 것이 무엇인지를 35년이라는 장기간에 걸쳐 추적연구한 UCLA 연구가 생각났다. 1960년대 말 학생들은 대학을 다니는 최우선 가치가 '의미있는 삶의 철학을 개발'하는 것이라 대답했다. 돈벌이 또는 '경제적으로 아주 잘 사는 것'은 우선순위에서 훨씬 뒤에 있었다. 1980년대 말 무렵 역전현상이 벌어져 경제적으로 잘 사는 것이 최우선 가치가 되면서 이는 그 이후로도 최고의 가치로 자리잡았다.[12]

하지만 최악은 이것이다. 캐롤린 윌워스는 아주 담담한 어조로 자기 삶의 큰 부분이 사라진 느낌이 든다는 말을 했다. "불우한 어린시절을 보낸 것은 아니지만, 이런저런 경험을 하러 다니지도 못했고 십대답게 보내지도 못했어요. 그냥 들어앉아 공부만 하면서 십대시절을 보냈죠. 물론 이렇게 반박하는 사람도 많을 거예요. '너는 특권을 누린 거다. 선진국에서 자랐잖아.'라고요. 그렇다 해도 문제가 없는 건 아니죠. 우리에게는 제대로 성장할 기회가 주어지지 않았거든요." 다시 그녀의 글을 발췌한다. "우리는 십대가 아니다. 우리는 경쟁과 증오를 키우고, 협력과 진정한 학습을 방해하는 체제 속에 살아가는 생기없는 몸이다. 우리는 진정한 열정이 부족하다. 우리는 아프다…"

"기본적으로 제가 진정으로 하고 싶은 것을 할 수 있는 충분한 자유시간이 주어지지 않았어요."라고 그녀는 내게 말했다. 자유시간이 주어진다면 그녀는 무엇을 할까? "친구들과 더 많이 놀러 다닐 거예요. 늘 재봉 같은 것을 해보고 싶었어요. 전에 경험한 적 없는 일을 시도해볼 거예요. 저는 더 많은 일을 해보고 싶지만 시험공부를 다섯 과목이나 해야 해서 할 수가 없어요." 지금은 그녀 인생에서 한 번밖에 없는 십대시절인데 늘 방에서 혼자 미친 듯이 공부하며 성적에 대한 불안감에 사로잡혀 지내고 있다. 재미있게 지내며 자신이 누구인지를 찾아야 하는 시기인데 말이다. 실은 그게 바로 십대가 할 일이기도 하다. "십대에 하지 못하면 언제 할 수 있겠어요?"라고 그녀는 말했다. "대학에 들어가고 취업을 하고 나면 못하는 거죠. 정말 안타까운 일이에요. 저는 십대를 도둑맞은 것 같아요. 저는 제 자신이 누구인지 정말 모르겠어요." 청소년기가 사라져버린 것이다.

나는 캐롤린과 헤어져 실리콘밸리 거리를 운전해 오다가 공지판에 이런 경구를 써놓은 교회를 보았다. "구글은 모든 검색을 만족시키지는 못한다." 맞는 말이다. '나의 강한 자아관은 어디에 있나?'를 검색어로 입력하고 해답을 찾기를 기대할 수는 없는 일이다. 젊은이들이 이 교회 안에서나 또는 다른 종교기관에서 해답을 구하려 하지 않는다면 다른 어디에서 삶의 의미와 목적을 찾을 수 있을까? 성장하면서 자신이 누구인지 정체성을 찾고, 미래의 불확실한 세상에서 살아가기 위해 필요한 무기와 자신감을 개발하는 데 도움이 될 해답을 말이다.

나는 대만의 소피아가 했던 말을 떠올린다. 그녀는 자신이 무엇을 좋아하는지, 자신이 누구인지, 자기 생각이 무엇인지를 찾을 시간이 전혀 없다고 했다. 나는 클레어의 고통의 시간과 그녀의 그림속 얼굴 없는 여인을 떠올린다. 나는 불안이 앗아가버린 내 딸의 십대시절과 탄탄한 자아관 없이 세상을 살아가게 될 수많은 십대들이 표현한 공허함을 떠올린다. 그 아이들은 그런 자기 정체성이 없이 어떻게 인생을 헤쳐나가게 될까?

8장

세대 간에
박힌 쐐기

"인구의 몇 퍼센트가 ○○한다고 생각하세요?"와 같은 질문을 하면 사람들의 짐작이 틀리는 경우가 많다. "청소년 중에 정신질환을 겪고 있는 학생의 비율이 얼마나 될까요?"하는 질문을 무작위로 10여 명의 사람들에게 했더니 10-15퍼센트 정도 될 거라는 추측이 많았다. 실제로 정신질환을 겪는 청소년의 비율은 4분의 1이 넘는 26퍼센트다.[1]

이 사태를 묘사하는 최적의 표현은? 깜짝 놀랄 통계? 불온한 역병? 국가적 재앙? 어떤 경우든 간에 이해할 수 없을 만큼 엄청난 숫자의 청소년들이 고통받고 있어 여러 면에서 사회적으로 엄청난 부담이 되고 있는 것이 사실이다. 그리고 이 상황이 호전될 기미는 당분간 거의 없어 보인다. 세계보건기구(WHO)는 2030년경에는 우울증이 전 세계적으로 가장 큰 의료부담이 될 것으로 예측했다.[2]

멜버른대학 긍정심리학센터 연구소장인 레아 워터스(Lea Waters) 교수는 "50년 전만 해도 우울증이 발병하는 평균 나이는 28.5세였는데 현재는 14.5세로 빨라졌습니다. 나는 이 통계를 읽으면서… 정말로 당혹스러웠습니다."라고 말했다.[3] 워터스 교수만 그런 것은 아니다. 이건 누가 봐도 당혹스러운 숫자이다.

최근 들어 우울증이 국가적으로 정신건강의 초점이 된 것은 확실하지만, 불안 역시 큰 문제로 대두되고 있다. 물론 우울증과 불안은 밀접하게 관련되어 있고 우울증은 불안에 수반되는 것이지만, 지금은 특히 아이들에게서 보이는 불안이 관심의 초점이 되고 있다. 불안은 우리 주변 도처에 있는 것 같다. 16세부터 24세 여성의 20퍼센트와 동일 연령대 남성의 10퍼센트가 불안장애를 겪고 있는 것으로 추산된다.[4]

「호주·뉴질랜드 정신건강학회지」에 실린 연구는 정신건강문제로 병원에 입원한 청소년의 증가에 대한 해답을 모색했다. 2014년 12개 국가에 걸쳐 19건의 연구를 검토한 바에 따르면 십대 소녀들의 불안과 우울증 발병률은 지난 10년간 증가 추세를 보인 것으로 밝혀졌다. 연구책임자인 아동청소년정신과 전문의 윌리엄 보어(William Bor) 박사는 도움이 필요한 청소년이 계속 증가하고 있는 것을 보고서 이 연구에 착수하게 되었다고 한다. "십대 소녀들이 불안과 우울증 증세로 응급병동에 입원하는 숫자가 증가하고 있습니다."라고 그는 말했다. "여성 자살률이 증가하지 않을까 우려가

큽니다."⁵

통계적으로 정신건강문제가 증가한 것과 관련하여 중요한 질문이 있다. 삶이 30년, 40년, 50년 전보다 정말 악화되었는가, 아니면 단순히 악화되었다고 보고하는 사람들이 더 많아진 것인가? 진단도구가 좋아진 것인가, 아니면 혹시 치료약을 공급하게 될 제약회사에 혜택을 주기 위해 정상범위 내의 증상까지도 질병으로 과도하게 진단하는 것은 아닐까?

이 말은 약물사용에 대해서 폄하한다거나 우울증과 불안을 치료하는 약의 효과를 의심하는 것도 아니고, 그 점을 따질 자격이 나에게 있는 것도 아니다. 그러나 연간 3천 억 달러의 거대 제약업계에 의한 약물처방 건수가 아찔할 만큼 수직 증가한 현상에 대해서는 의심의 눈초리를 보내지 않을 수 없다.⁶

정신건강 관련업계 내에서도 약물처방 문제를 두고 오랫동안 의견이 갈렸다. 2013년 영국심리학회(British Psychological Society, BPS)는 정신과의사들을 맹공격하기 시작했는데 정신건강문제를 생물학적 원인을 가진 질병으로만 보고 과도하게 생체의학적 접근을 하는 것은 도움이 되지 않는다는 이유에서였다. "반면에 이제는 사별과 이별, 가난과 차별, 트라우마와 학대 같은 사회적·심리적 상황이 복합적으로 작용함으로써 사람들이 심리적으로 무너진다는 증거가 압도적으로 많다."라고 밝히며, 영국심리학회는 우울증은 뇌의 호르몬 불균형에 의해 생긴다는 주장을 근본적으로 뒤집었다.⁷

시드니대학 심리학 조교수인 폴 로즈(Paul Rhodes)는 생체의학적 접근방식은 '인간의 절망을 생리적 작용으로 격하시킨다'고 비판하면서 아이들을 과도하게 진단해 약물을 처방하는 데 우려를 표명했다.[8] 그는 청소년 시기에 정신질환을 진단받는 것은 아이의 정체성에 영향을 끼치며 그로 인해 실제로 회복에 방해가 될 수 있음을 우려했다. "일련의 정신적 장애를 진단받은 청소년은 우울증을 겪고 자기 삶에 대한 통제력이 약화될 가능성이 높습니다. 그런 진단을 받은 청소년은 질병을 자신의 신체적 문제로 받아들여 스스로를 정신적 장애가 있는 사람으로 인식하게 됩니다. 이런 현상은 좀 더 조사해볼 필요가 있겠지만 완치과정에 부정적 영향을 줄 가능성이 있습니다."

우리는 이해당사자들의 기득권을 알아채야 한다. 정신과의사들은 약물치료를 통해, 심리학자들은 상담을 통해 밥벌이를 한다. 당연히 상담과 약물치료를 결합하는 방식을 택해 안전하고 논쟁을 피하는 길을 택하는 의사들도 많다. 이건 충분히 타당하지만 이 노선을 유지한다면 어떤 방식이 효과적인지 결코 알 수 없게 되는 부작용이 따른다.

항우울제 처방률과 ADHD(주의력결핍과잉행동장애), ODD(반항성장애)와 같은 발달장애 치료약물의 판매수치는 계속 증가 추세다. 호주는 항우울제 처방에서 세계 2위로 지난 10년간 처방이 두 배로 증가했다[9](아이슬란드가 2013년 1인당 항우울제 처방률 1위 국가였다). 영국은 최근 몇 년간 항우울제 처방이 역대 최고로 증가했는데 2011년 한 해 동안만 9.6퍼센트가 증가했다. 미국 국립보건통계센터는 12세 이상의 십대 및 성인의 항우울제 사용 비율이 1988-

1994년과 2005-2008년 사이에 거의 400퍼센트 증가했다고 보고했다.[10] 미국인 열 명 가운데 한 명이 항우울제를 복용하고 있는 것이다.[11]

시장이 포화상태에 도달했다고 볼 수 있다. 과도한 약물처방이 위험수위에 이르렀다고 믿는 사람들이 적지 않다. ADHD 약물처방을 받은 아동의 증가에 대해 오래전부터 경고하는 사람들도 많았다. 호주에서는 ADHD 아동에게 가장 많이 처방되는 약품인 리탈린 처방이 2012년까지 4년간 35퍼센트 증가했다.[12] 영국에서는 리탈린 처방이 10년간 두 배로 증가해 1백만 건이 처방되었고 미국에서는 2006년부터 2010년 사이에 83퍼센트나 증가했다.[13] 다시 말하지만 이것은 정신질환 범위를 축소하는 문제와 더불어 가정의가 시간에 쫓겨서 '최후의 방책'으로 사용해야 하는, 혹은 일부 의견에 따르면 효과가 의심스러운 약품의 처방전을 남발하는 문제까지 포함한 복잡한 영역이다.

특히 리탈린은 아동기의 학생들에게 처방하는 것의 적절성 여부에 대한 면밀한 검토가 이루어지고 있다. 리탈린은 자리에 가만히 있지 못하거나 과제에 집중하지 못하는 아이, 교실에서 행동에 문제가 있는 아이에게 처방해도 되는 약품이 되었다. 전통적인 교실환경과 이 아이들의 행동 간에는 어떤 상관관계가 있을까? 미국 임상심리학자인 브루스 레빈(Bruce E. Levine)은 이렇게 말한다. "ADHD 판정을 받은 아이들은 따분하고 반복적이고 외부의 통제를 받아야 하는 환경에 가장 적응을 못한다는 연구결과가 있습니다. 하지만 ADHD 판정을 받은 아이도 자신이 학습활동을 선택해 그 활동에 흥미를 보일 때는 '정상적인' 아이와 아무런 차이를 보이지 않습니다. 따라서 일반적인 교실은 ADHD로 판정된 아이의 학습욕구에 부응할 수 있도록 설계된 것이 전혀 아니라고 볼 수 있습니다."[14]

개인적으로 한 어머니는 자기 아들이 어렸을 때 담임선생님으로부터 ADHD 진단을 받고 약물치료를 받아보라는 권고에 얼마나 고통스러웠는지를 내게 털어놓았다. "그냥 그건 아니라는 생각이 들었어요. 우리 애는 좀 달라서 반 친구들의 속도를 따라가지 못할 뿐이라는 생각이었지요. 우리 애는 산만해서 다른 아이들처럼 자기가 해야 할 일을 하지 않고 있는 거라고요. 하지만 아이에게 어떤 질병이 있다고는 여기지 않았어요." 그녀는 결국 자기 판단을 따랐다. "하지만 한참을 고민했어요. 우리 애가 장애아동으로 낙인찍히는 것은 원치 않았거든요. 하지만 선생님은 제가 아이한테 필요한 진료를 받게 하지 않으면 아이를 위해 부모로서 마땅히 해야 할 일을 하지 않는 것처럼 느끼게 했어요."

다른 어머니도 학교의 전화를 받았는데 아들이 집중하는 데 문제가 있는 것 같으니 약물치료가 필요할 것 같다는 말을 들었다고 했다. 나는 이런 이야기를 여러 차례 들었다. 교사가 학부모에게 자녀가 진단 받아볼 필요가 있다고 조언한다는 것이다. 이렇게 되면 학부모는 해결책보다는 실제로 문제점을 더 안겨줄 수도 있는 길로 발을 떼어놓아야 할지 고민에 빠지게 된다.

뉴욕의 아파트에 사는 다른 어머니는 내 손을 잡고 말했다. "이 건물에 사는 모든 아이들이 약물치료를 받고 있어요." 과장처럼 들리지만 슬프게도 나는 그녀의 말을 믿는다. 분리불안으로 고통 받는 어린 아이들부터 학교성적에 대한 고민으로 불면에 시달리는 아이들, 우리 딸처럼 공황장애로 말 그대로 아무 것도 할 수 없는 아이들에 이르기까지 여러 유형의 불안이 있다.

공황, 호흡곤란, 아드레날린의 과잉분비, 불안의 생리작용을 생각하는 것만으로도 딸이 겪을 고통이 내 가슴에 그대로 전해진다. 정신과의사가 한 번은 딸의 호흡을 측정했다. 위협이 없는 상황에서 정상적인 일상 호흡을 측정했는데 호흡이 극단적으로 짧고 약해서 불안의 전형적인 징후를 보이는 것으로 밝혀졌다. 이것은 외부 스트레스로부터 자신을 보호하기 위한 반응으로 투쟁-회피 반응이 작동한 것이다.

우리 딸은 항상 회피상태에 있었다. 아니면 회피하고 싶은 상태였다. 이런 개인적인 이유로 불안을 이해하려고 노력하다가 나는 간단한 공식 하나를 생각해냈다. 자기에게 스트레스를 주는 모든 것을 더하고 그 다음에는 그 스트레스에 맞설 수 있는 자신의 능력을 빼라. 남은 것이 자신의 불안 수준이다. 물론 사람마다 감당할 수 있는 수준은 다양하다. 한 아이에게 불안을 야기하는 스트레스가 다른 아이에게는 즐거운 도전거리가 된다. 문제는 우리가 맞서야 하는 스트레스가 증가하고 있느냐, 아니면 대처할 수 있는 우리의 능력이 줄고 있느냐 하는 것이다. 아니면 둘 다인가?

미국의 심리학자인 로렌스 코언(Lawrence J. Cohen)은 불안증세를 보이는 아이들의 숫자가 증가하는 현상을 추적하고 나서 『걱정의 이면: 아동 불안과 걱정에 대처하는 재미있는 양육방식

(The Opposite of Worry: The Playful Parenting Approach to Childhood Anxieties and Fears)』이라는 책을 썼다. 「타임(Times)」지에 기고한 글에서 그는 이렇게 썼다. "상담을 하면서 나는 사회불안이 너무 심해서 학교에 가지 못하고, 성적에 대한 스트레스가 커서 인생을 즐길 수 없고, 분리불안이 너무 심해 나이가 들어도 독립하지 못하는 아이들이 증가하고 있는 것을 보았다. 도대체 무슨 일이 벌어지고 있는 것일까?"[15]

그렇다. 이것은 모든 사람들이 입에 올리는 질문이다. 코언은 불안과 오늘날 아이들이 살고 있는 세계에 대해 많은 것을 알려주는 말을 덧붙였다. '불안은 경보체제'라고 코언은 썼다. '우리는 어느 정도의 경계심이 있어야 길을 건널 때 양쪽을 살피게 된다. 하지만 위험이 지나고 나면 아무 문제 없다는 해제경보가 나와야 한다. 24시간 인터넷 접속이 가능한 세상은 해제경보가 사라진 세상 같다. 우리는 벌어지는 모든 재앙에 대한 뉴스를 실시간으로 듣고, 처음에는 화면에서 다음에는 우리 마음속에서 무한 반복될 영상의 폭격을 맞는다."[16]

우리 자녀들에게 왜 해제경보가 필요할까? 지난날에 대한 향수는 과장되기 마련이지만 우리의 어린시절을 되돌아보자. 뉴스를 접하는 것은 어쩌다 있는 일이었다. 뉴스를 시청하기는 했는가? 부모님은 매일밤 뉴스를 시청했을지 모르지만 당신은 그 시간에 어쩌다 그 방에 있게 되었을 것이다. 부모님이 저녁식탁에서 뉴스에 대해서 이야기했을지도 모른다. 어떤 쟁점은 학교 사회시간에 일주일에 한 번 정도 토론주제로 올랐을 것이다. 당신은 〈어린이 뉴스데

스크(Behind the News)〉를 시청했을 수도 있다. 세계의 주요 시사뉴스를 어린 학생들이 교실에서 교사의 지도하에 볼 수 있도록 재미있고 쉽게 만든 뉴스프로그램이다.

어릴 때 나는 핵재앙을 다룬 영화를 보고 공포에 시달렸던 기억이 있다. 정말로 공포스러웠던 그 영화를 본 덕분에 나는 가까운 미래에 핵겨울의 회색세계에서 가족 중에 혼자 살아남아 내 몸에서 피부 덩어리가 떨어져 나가는데도 잿더미 속에서 석화된 사과를 찾아 헤매며 살게 될 것이라고 확신했다. 나는 이 불안을 대부분 혼자 간직한 것으로 기억한다. 그 생각을 얼마나 자주 했는지는 기억나지 않지만, 언젠가 부모님한테 털어놓았던 것은 분명하다. 그 핵 단추를 누를 세계의 지도자는 아무도 없다는 말을 듣고 나서야 안심했던 기억이 있으니까 말이다.

그런 공포를 상상하다 가끔 불면의 밤을 보내기도 했던 것을 생각하면, 오늘날 우리 애들이 보게 되는 것들에 내가 노출되었을 때 느꼈을 불안을 생각만 해도 몸서리쳐진다. 이제는 와이파이에 연결되기만 하면 누구나 인간의 비참함과 악독함을 끝없이 보여주는 장면을 지켜볼 수 있다. 익사한 갓난아기가 터키 해변에 떠밀려온 장면, ISIS의 어린 소년이 시리아에서 참수된 머리를 들고 용병을 모집하는 장면, 어린이 네 명이 가자지구 해변에서 놀다가 이스라엘의 폭격을 받아 사망한 장면, 성인 9명과 학생 132명이 파키스탄의 페샤와르에서 탈리반에게 학살당한 장면, 수용소의 망명신청자들이 항의 표시로 자기 입술을 꿰맨 장면, 폭발한 잔해에 묻힌 아이들을 사람들이 맨손으로 파내는 장면, 노르웨이의 한 섬에서 미치광이 하나가 여러 명을 살해한 사건, 미국의 유치원 아이들을 대상으로 일어난 또 다른 총기사건, 학교와 교회가 관행적인 성추행에 연루된 사건, 이 외에도 쓰나미·허리케인·지진 등 자연재해 관련 각종 속보가 쏟아지고 있어서 세상은 너무나 끔찍한 곳처럼 보인다. 아이들은 이런 이야기를 그저 글로 읽는 게 아니라 직접 눈으로 본다. 유튜브 덕분이다.

이런 것들은 명확히 눈에 보이는 스트레스 요인에 불과하다. 좀더 미묘하게 작용하는 다른 요인들도 많다. 레아 워터스 교수는 '스위치 끄기 요인'에 대해서 이야기한다. 아이들에게는 컴퓨터를 언제 꺼야 하는지를 알 수 있는 정보가 없다는 것이다. 이것은 아이들이 오늘날 겪고 있는 정신건강문제에 중대한 영향을 끼치고 있다고 그녀는 생각한다.

"환경에서 요구되는 일을 다 하려다 보면 사람은 스트레스를 받게 됩니다. 디지털기술에 의해 요구되는 일은 더 늘어났는데 우리는 컴퓨터 스위치를 끌 수도 없고 젊은이들은 언제 스위치를 꺼도 되는지 알 수 있는 정보가 없습니다. 컴퓨터 스위치를 끄는 게 때로는 사회적 자살이 되기도 합니다."라고 그녀는 내게 말했다.

친구들과 항상 연락할 수 없다면? 십대의 부모들은 누구나 알듯이 이런 상황은 죽음보다 더한 것으로 여겨진다. 스위치를 끄지 못하는 것은 '디지털 중독'이란 개념의 출현으로 이어졌다.

컴퓨터 사용시간은 현대의 자녀양육에 있어서 가장 신경 쓰이는 문제일 수 있다. 인류 역사상 최고의 발명품 중 하나가 현재의 부모세대와 십대인 자녀세대를 가르는 시기에 생겨났는데, 이것은 다른 세대와는 아주 다르게 이 두 세대를 가르는 쐐기로 작용했다고 본다.

1989년에 등장한 월드와이드웹(www)은 오늘날 대다수의 부모들이 어렸을 때는 없던 것이다. 부모세대에는 컴퓨터도 없었고 인터넷도 없었고 전화기는 벽에 걸려 있었다. 정말 긴 전화선이 달린 전화기가 있어야만 '이동'통신이 가능했다. 동네 밀크바(또는 브로드비치 호텔의 비어가든)에서 팩맨이나 동키콩 같은 아케이드게임을 할 수 있었다. 만약 부자 친구가 있다면 인내심을 시험하는 느린 텔레비전의 '테니스' 게임을 할 수 있었을 것이다. 이것은 흰 네모를 화면 위아래로 움직여 앞뒤로 움직이는 네모 '공'을 치는 게임이다. 아, 얼마나 지루했던지!

엄청난 디지털 파워에 대해서 사람들은 지겹도록 많은 글을 써왔다. 아이들은 오늘날 손안에 든 스마트폰을 통해 상상을 초월하는 양의 정보에 접속한다. 다들 알고 있는 내용을 여기서 재론할 필요는 없을 것이다. 만약 일상에서 이 스마트폰 사용에 대해 분명한 선을 지킬 수 있는 사람이라면 당신은 오늘날 자녀양육이라는 게임에서 앞서가는 사람이리라.

앞으로 하려는 이야기에는 충고의 의미가 담겨있다. 나는 첫애와 디지털 사용시간을 정하는 데 완전 실패했다. 나는 딸에게 컴퓨터와 스마트폰 사용시간을 얼마로 할 것인지에 대해 아무런 발언권을 가질 수 없었다. 사용제한을 두는 것이 너무 격렬한 갈등요인이 되다 보니 결국 가정이 전쟁터가 되지 않도록 그냥 내버려두게 되었다. 이런 상황은 극도로 기분 나쁘고 엄마인 나를 무기력하게 만들었다.

부끄러운 얘기지만 한번은 딸과 다투다가 드라마에서 본 장면에서처럼 딸의 스마트폰을 창문 밖으로 던져버린 적이 있다. 공포에 질린 딸의 얼굴을 바라보며 전화기가 도로바닥에 떨어져 산산조각 나는 소리가 나기를 기다렸다. 그러나 기대대로 되진 않았다. 나는 의기양양하게 이겼다고 손을 털고 딸은 비명을 지르며 도로로 막 뛰어나가는 순간 빌어먹을 전화기는 화단의 새로 다듬어놓은 흙 위로 사뿐히 안착했고 다시 살아나 딸의 시간을 지배한 것이다.

이제는 그 당시를 되돌아보면서 쓴웃음을 지을 수 있지만 솔직히 나는 그때 딸을 빼앗긴 느낌이었다. 딸애는 자기 방에 처박혀 감금되다시피 혼자만의 시간을 보내고 있었는데 가족과 연결을 끊고 수백 명의 온라인 '친구'들과만 연결되어 있었다.

나는 이것이 오늘날 십대들이 독립하는 인터넷접속 통로이고 인터넷은 부모의 권위에서 벗어날 수 있는 공간이라는 점을 이해한다. 나는 인터넷은 악의 근원이므로 없애야 한다고 보지도 않고, 웹이 제공하는 부정적인 측면에 위축되기보다는 긍정적인 측면에 더 기대를 품고 있다. 나 자신도 온라인으로 일을 해서 먹고 산다. 하지만 나는 브리스번 변두리의 척박한 환경에서 형성된 강한 자아관을 갖고 있다. 그 변두리 동네에서 나는 동네 십대들이나 학교 친구들과 어울려 돌아다니면서 따분해지면 개울에 발을 담그거나 말을 타거나 거실바닥에 누워서 남자애들에 대해 떠들거나 따분한 텔레비전 테니스게임을 하면서 긴 주말시간을 함께 죽치면서 자랐다. 직접 대면하는 주변세계는 재미없어서 우리는 변두리에서 벗어나 아직 보지 못했지만 상상할 수는 있었던 넓은 세상에서의 신나는 미래를 꿈꿨다.

이제 넓은 세상에 대한 신나는 기대는 자기 방, 자기 침대에서 화면상으로 즉각 아이들에게 전해진다. 뇌에 도파민이 과다분비될 정도의 조회수, 기분을 붕 뜨게 만드는 '좋아요' 러시, 내 페이스북에 '좋아요'를 누른 사람이 1천 명이나 돼! 아직 자아관을 형성하는 과정에 있는 아이들이 끊임없이 실시간 검색과 댓글, 메시지를 확인하는 것은 분명 위험한 측면이 있다. 자아관이 약한 아이일수록 비키니를 입은 자기 모습이 얼마나 예쁜지 찬사받을 때 얻는 인정을 갈구하고 거기에 더 의존하게 될 것이다. 그런 인정을 받지 못하면 좌절하게 되는 것은 당연하지 않겠는가?

2010년 메릴랜드대학의 수잔 모엘러(Susan Moeller) 교수는 "24시간 동안 아무런 미디어 없이 지낼 수 있는가?"라는 질문을 던지고 대학생을 대상으로 실험을 하기로 결정했다.[17] 아무런 미디어가 없다는 것은 스마트폰, 컴퓨터, 아이팟, 문자, 인터넷, 이메일이 일절 금지된 상황을 말한다. 모엘러 교수는 신문, 잡지, 텔레비전, 라디오도 모두 금지해 자기 자신 이외의 세상과는 모든 연결이 끊긴 상황을 만들었다. 24시간 실험을 마치고 나서 학생들에게 그 상황을 어떻게 대처했는지 설문에 답하게 했다. 여기 그 답변을 몇 개 소개한다.

"친구와 문자나 채팅을 하는 것은 내게 안정감을 주었다. 이런 두 가지

사치를 할 수 없게 되자 아주 혼자이고 고립된 느낌이 들었다."

"수천 명의 학생들과 함께 학교에 다니지만 미디어로 아무하고도 소통할 수 없다는 사실이 참을 수 없을 지경이었다."

"나는 중독된 게 명확하고 그 의존도는 거의 병적이다."[18]

미디어 없이 사는 느낌을 묘사하는 데 다음과 같은 표현이 사용되었다. 금단증세. 미친 듯이 하고 싶다. 극도의 불안감. 극단적 초조감. 비참하다. 어지럽다. 미치겠다.

모엘러 교수는 이렇게 쓰고 있다. "학생들은 단절감을 느끼고 뭔가를 놓치고 고리가 끊기고 상실될까봐 불안하고 걱정된다고 했습니다. 통신수단이 되는 기기들을 빼앗기자 학생들은 틀림없이 어딘가 불편해했습니다. 자신의 느낌을 설명하는 데 이상하다거나 낯설다는 단어를 사용하는 학생이 많았습니다."[19] 이것이 바로 레아 워터스가 말한 '사회적 자살'이다. 집단에서 소외될까봐 두려운 것이다.

모엘러 교수는 계속해서 이렇게 쓰고 있다. "타인과 디지털 연결이 끊기자 학생들은 동료가 없다는 느낌뿐만 아니라 혼자서 즐길 수 있는 주요 수단과 단절되었다는 느낌을 가졌습니다. 학생들은 특히 혼자일 때 주로 스마트폰으로 인터넷을 하면서 공강시간을 때우고, 과제를 하거나 등하교 시간에, 심지어 캠퍼스 안을 이동하는 중에도 인터넷을 한다고 했습니다. 미디어 없이는 학생들은 놀랄 정도로 지루함을 느꼈습니다."[20]

상상력과 창의력은 이런 지루한 공백기를 채우기 위해 발현

된다는 점을 생각하면, 이 결과는 아주 우울한 소식이다. 한 학생이 24시간 동안 디지털 연결 없이 지내본 경험을 정리한 말보다 더 절망적인 소식은 없다. "솔직히 말해 이 경험이 내가 살면서 겪은 것 중에서 최악의 경험일 것이다." 이 말은 6분에서 15분 동안 혼자서 자기 생각에 갇혀 있기보다는 스스로 전기충격을 가하겠다고 한 사람들이 많았다는 2015년 연구결과(이 연구의 매개변수는 아주 이상하지만, 그 내용은 의미 있다)에 부합한다.[21]

하지만 이처럼 부정적인 연구결과만 있는 것은 아니다. 2014-2015년 미국의 퓨 연구센터(Pew Research Center) 보고서는 온라인에서 십대들에게 긍정적인 일들도 벌어진다는 사실을 확인했다. 십대들은 일반적으로 주중에는 (과중한 학교과제로 인해) 사람을 만날 수 없기 때문에 온라인상에서 새로운 친구를 사귀고 어울려 놀거나 소셜미디어를 통해 친구관계를 돈독히 할 수 있다.[22]

십대를 대상으로 한 조사에서 92퍼센트는 매일 온라인에 들어간다고 말했다. 소셜미디어 사용자의 80퍼센트 이상은 소셜미디어가 친구의 삶과 더 연결되어 있는 느낌을 갖게 해준다고 했다. 70퍼센트는 친구의 감정과 좀 더 연결된 느낌을 갖게 된다고 했으며, 68퍼센트는 친구가 어렵고 힘든 시기를 잘 헤쳐나가도록 지지하는 느낌을 소셜미디어를 통해 가질 수 있었다고 했다. 게임은 십대 소년들에게 특히 중요했다. 온라인게임을 하는 아이들의 78퍼센트는 게임을 하는 동안 "같이 플레이하고 대화하면 친구와 더 가까워진 느낌이 든다."라고 했다.[23]

부정적인 측면은? 가장 많이 언급된 것은 과도한 정보공유다. 소셜미디어 사용자의 88퍼센트는 자신에 대한 정보를 온라인으로 너무 많이 공유하고 있다고 생각한다. 소셜미디어 사용자의 53퍼센트는 초대받지 못한 행사에 대한 정보를 보게 되어 행사에서 배제된 느낌을 받았다고 했다. 42퍼센트는 자신이 변경하거나 통제할 수 없는 내용이 다른 누군가에 의해 포스팅되는 경우가 있었다고 말했다.

십대 소셜미디어 사용자의 21퍼센트는 다른 친구의 소셜미디어에서 본 내용 때문에 자기 삶에 대해서 더 불만을 갖게 되었다고 했다. 이들이 불안장애를 겪는 26퍼센트와 주로 겹치는 건 아닐까? 상시적 사용자로 말하면, 십대의 4분의 1은 '거의 항상' 온라인 상태인 것으로 보고되었는데, 딸의 십대시절을 겪으며 목격한 바로는 딸이 이 그룹에 속하는 것은 확실하다. 이 그룹은 심히 걱정되는데 여기에 속한 이들은 샤워하는 시간 외에는 스마트폰을 손에서 떼어놓을 수 없는 사람들이다.

저명한 교육개혁 주창자인 스티븐 헤펠(Stephen Heppell) 교수는 걸음마 떼는 유아들 손에 스마트폰을 쥐어주면 이런 집착증을 피할 수 있을 것이라고 믿는다. 이 주장은 가능하면 스마트폰 사용시간을 최대한 줄이려고 하는 나와 같은 대다수 부모들의 생각을 정면으로 반박한다.

하지만 헤펠 교수는 네 살짜리 아이에게 스마트폰을 쥐어주자고 주장한다.[24] 아주 어린 아이에게 스마트폰을 주면 초연결된 세상의 구성요소들을 이해하는 데 도움이 된다는 것이다. 대다수의 성인들은 컴퓨터가 도입됐을 때 겪었던 것처럼 이들 구성요소를 이해하는 데 어려움을 겪는다. 이에 대한 이해 부족이 '금지와 차단'이라는 해로운 편견의 근원인 경우가 종종 있을 수 있다.

"문제는 스마트폰 자체가 아니라 '아이들이 스마트폰으로 무엇을 하는가'입니다. 방영되는 비디오를 수동적으로 시청하는 것은 TV나 스마트폰이나 좋지 않기는 마찬가지입니다. 만들기, 직접 해보기, 문제해결하기, 창의적인 활동하기, 소통하기, 말하기, 문자하기… 등 실제로 쌍방향적이거나 콘텐츠를 생산하거나 협력적인 것은 무엇이든 도움이 됩니다." 이는 미국 소아과학회에서 제시한 2015년 완화된 화면시청 가이드라인과 조언에 의해 지지받은 내용이다.[25] "내가 주장하는 바는 아이들이 텔레비전을 많이 시청하도록 하지 말자는 것입니다. 그저 수동적으로 가만히 앉아있게 되기 때문입니다. 한 시간 시청도 과도합니다."라고 헤펠 교수는 말한다.

그는 부모에게 연령제한 가이드라인을 준수하라고 강조하면서 말을 이었다. "나는 아이가 학교에 들어가기 전에라도 아이에게 스마트폰(다른 디지털 기기로 대체해도 무방하다)을 주는 것을 분명히 옹호하는 사람입니다." 그의 손주들도 스마트폰을 갖고 있다. "나는 손주들에게 크레용, 종이, 종이반죽, 책도 줍니다. 손주들은 나한테 문자와 셀카를 찍어 보내고 페이스북도 하고 이메일도 주고받지만 주말에는 기꺼이 스마트폰을 내려놓습니다. 평소에는 스마트폰을 금지하지 않기 때문입니다. 아이가 열 살이 될 때까지 스마트폰을 사용하지 못하게 한다면 아이들은 나중에 스마트폰을 끼고 살게 됩니다. 그러면 아이들 손에서 스마트폰을 뺏는 전쟁을 치르게 됩니다."

이 말은 일리가 있고 내게도 어느 정도 와닿는 면이 있다. 우리 애들은 자기들이 사탕에 중독된 것은 모두 엄마 탓이라고 농담처럼 얘기한다. 자기들이 어릴 때 내가 사탕을 못 먹게 했기 때문이라는 거다. 하지만 이 관점은 설탕이나 스마트폰의 중독성이 아니라 접근성만을 문제점으로 삼고 있다. 나는 중독성 문제를 아이에게 맡겨놓을 수 있는 것인지도 의문이다. 청소년기에는 중독에 더 취약하고 더 불안해하고 사회적 승인을 더 요구하며 신경경로에 중독이 길을 내기 좋은데 이 아이들에게 그저 맡겨놓자는 말인가? 언제부터 사용했는지는 상관없이 일주일 내내 스마트폰을 내려놓지 못하는 아이들에게 말이다.

레아 워터스 교수는 한 가지 이상의 기기를 사용할 때 일어날 수 있는 주의분산에 대해 이야기한다. "주의가 분산되면 주의집중능력이 떨어진다는 연구결과가 있는데, 이 능력은 인지 및 정서기능과 직접 연결되어 있습니다. 주의는 감정을 조절하는 능력과 인지기능의 기저가 되는 핵심요인이기 때문입니다. 그리고 감정조절능력과 인지기능은 둘 다 정신건강에 영향을 미치는 요인입니다."라고 그녀는 말한다.

청소년의 정신건강과 관련해 워터스 교수는 추가로 디지털기술의 두 가지 측면을 언급한다. "하나는 사이버상의 괴롭힘과 성적인 문자나 동영상 전송 같은 행동이 일어날 수 있다는 것입니다. 비난하려고 하는 것은 아니지만 그런 것들은 청소년을 위험에 처하게 할 수 있습니다."

"이전에는 괴롭힘이 없었다는 말은 아니지만, 하루 24시간 일주일 내내 인터넷에 접속되어 있는 상태라는 점을 고려하면 아이들은 잠시 피하거나 도망칠 곳도 없다는 느낌을 받기 쉽습니다. 전에는 서너 명의 그룹한테 괴롭힘을 받았다면 이제는 소셜네트워크상에서 동시에 수백 명의 사람들로부터 괴롭힘을 당할 수 있습니다. 사이버공간은 이런 부정적 측면을 확대합니다."

"또 다른 측면은 매우 공격적인 광고마케팅입니다. 이것은 청소년의 정신건강에 영향을 주는 세 번째 요인과 관련이 있습니다." 워터스 교수는 이 문제 때문에 개인적으로 힘든 시기를 보냈다. 그녀는 9세, 12세의 두 자녀가 있고 다른 부모들과 마찬가지로 그녀도 '태블릿 같은 것 없이' 자랐다.

아들이 올해 6학년에 올라가며 학습도구로 태블릿이 필요하게 되어 갑자기 태블릿이 집에 들어오게 되었습니다. 아이가 전에도 광고에 노출되지 않았던 것은 아닙니다. 광고는 텔레비전, 라디오, 친구들이 입고 있는 점퍼 브랜드를 비롯해 도처에 널려 있으니까요. 아이가 슈퍼마켓에 들어가면 거기에 광고가 있고 어떤 공공장소에도 광고는 넘쳐납니다.

하지만 디지털기술은 광고를 증폭시키는 역할을 합니다. 디지털기술이 집에 들어오면 광고도 따라 들어오게 되기 때문이죠. 아이가 특정 게임을 하거나 유튜브로 최신 뮤직비디오를 볼 때도 태블릿 한쪽에는 각종 광고와 이미지가 떠있습니다.

청소년의 정신건강을 해치는 요인 중 하나는 이런 공격적인 광고마케팅이라고 생각합니다. 이것은 청소년을 물질주의에 빠지게 만들죠. 완벽한 마케팅은 결핍캠페인입니다. '당신에게는 뭔가 부족하다, 이 제품을 구매하면 당신은 완벽해진다'는 것이 광고카피 뒤에 숨겨진 의미예요. 어린 아이에게까지 아주 사악한 이런 메시지를 마구 보내죠. 당신은 뭔가 부족하고 우리의 특정 제품은 그 해답이 될 수 있다고 말이에요.

워터스 교수는 디지털기술의 사용이나 디지털기술 그 자체가 정신질환을 유발하는 것은 아니지만, 문제를 일으킬 수 있는 다른 요인으로 연결되는 통로가 된다고 생각한다. 24시간 초고속 접속망을 가진 통로가 말이다.

내가 '인터넷은 악'이라고 치부하던 시절에 우리 딸은 인터넷에는 해로운 점보다 이로운 점이 더 많다고 말하곤 했다. 나도 딸의 관점에 설 수 있다. 기쁨과 웃음(재미있는 비디오), 위로(비슷한 관심사를 가진 사람들과 대화를 나누는 채팅방), 희망(억압받는 사람들을 위한 웹기반 혁명), 사회운동(자신들의 목소리를 내고 변화를 이루기 위한 시민들의 모임)을 이끌어내는 기반이 된다는 점에서 말이다.

방금 셀카사진을 올리고 누군가 '좋아요'를 눌러주기를 초조하게 기다리는 아이, 알지도 못하는 이들로부터 계속 악플을 받는 아이, "이제 괜찮아, 위험은 지나갔으니 이젠 안전하다."라고 말해주는 어른도 없이 자기 방에서 혼자 인간이 저지를 수 있는 최악을 목격하고 있는 아이를 생각해보라. 모든 것을 감안할 때 세상은 살만한 곳이고 인간은 대체로 선하다는 것을 어른들은 알고 있지만, 페이스북에 실시간으로 올라오는 왜곡된 세계관에 노출된 아이들에게는 '이제 괜찮으니까 안심하라'고 지속적으로 해제경보를 줄 필요가 있다.

이런 불안의 확산은 실제로 가정생활을 아주 고통스럽게 만들수 있다. 부모들은 일상적인 십대들의 일탈과 자녀가 겪고 있을지도 모를 불안이나 우울증을 구분하기 어려워 혼란을 느낀다. 보통의 다루기 힘든 청소년 행동과 정신건강문제로 생겼을 수 있는 행동을 구분하는 것은 3주 내내 청소하지 않은 십대의 방에서 뭔가를 찾는 것과 같다. 어둠 속에서 지뢰밭을 헤매는 일이다.

성인의 정신건강 진단은 일반적으로 정상범위의 행동과 혼동되지 않는다. 미국정신의학회에서 나오는 「정신장애 진단 및 통계편람(Diagnostic and Statistical Manual, DSM)」 최신판에서 사랑하는 사람의 죽음에서 느끼는 슬픔을 '주요 우울장애'로 분류한 것은 예외로 한다는 전제 하에서는 말이다. 「정신장애 진단 및 통계편람 5판(DSM-5)」에서는 장례를 치르고 최소 두 달 동안은 사랑하는 사람의 죽음으로 고통받는 사람에게 우울증이라고 진단하지 말 것을 심리학자와 정신과의사에게 경고했던 '애도 제외' 항목을 삭제함으로써 우리가 살아가면서 어느 시기에는 겪게 될 무언가를 이겨내게 해줄 항우울성 약품을 처방할 수 있는 길을 정신과의사에게 열어주었다.[26]

그럼에도 불구하고 나이가 들어가면서 우울증 진단 처방은 줄어든다. 늙고 병들고 친구를 잃고 살 날도 얼마 남지 않게 되면 가끔씩 우울해지는 것은 당연한 일이다. 이런 경우에 우울증 진단을 내릴 필요는 없지 않은가?

청소년의 경우는 어떤가? 경계가 흐릿하다. 만약 당신이 정신질환 진단이 필요한 자녀를 가진 부모라면(네다섯 부모 중에 하나다) 자녀의 행동에 대해 의심의 눈초리를 보내며 어떻게 대처해야 할지 고민하게 될 것이다. 정신질환 진단을 받지 않았다 할지라도 잔뜩 긴장하고 있을 것이다. 아이가 사춘기를 겪고 있는 걸까, 아니면 우울증이 심해져 정말 뭔가에 대해서 불안해하는 걸까?

청소년기에는 호르몬 변화로 인해 기분이 종잡을 수 없이 바뀌고 어릴 때는 사랑스럽고 말 잘 듣는 아이였어도 성격이 완전히 바뀌어 전혀 딴사람이 된다는 사실을 명심해야 한다. 부모의 속을 끓이는 시기라는 것은 아무도 부인하지 못할 것이다. 울화통이 터지는 걸 참게 해주는 것은 이 시기도 언젠가는 결국 끝날 것이라는 생각뿐이다. 부모는 이것도 한때 지나가는 시기라는 것을 이해한다.

청소년기는 또한 정신질환에 아주 취약한 시기이므로 주의 깊게 살펴야 한다. 하지만 청소년기의 정신질환에 초점을 맞추게 되면 실제로는 우리가 피하고 싶은 바로 그 증상을 더 초래하게 되는 건 아닐까? 전형적인 십대의 우울감과 허무주의로 힘들어하는 '정상' 아이가 우울증 진단을 받게 되는 경우가 있지는 않을까? 어떤 십대가 "누가 날 낳아달라고 했나요!"라고 고함을 지르면 죽고 싶다는 의미일까? 그러면 자살을 걱정해야 하는가? 이전에는 당신한테 껌처럼 붙어있던 살갑던 아이가 갑자기 하루 종일 자기 방에 처박혀 있으면 우울증이라고 의심해야 하나? 불안과 분노는 연결되어 있고 불안한 아이는 분노한 아이일 수 있다는 것을 알면, 세상에 화를 내는 아이는 불안한 아이라는 의미일까? 아니면 비뚤어진 생각을 갖고 부모의 지배에서 벗어나려고 하는 십대의 반항아일 뿐인 걸까?

21세기의 우리들은 정신건강문제에 너무 민감하기 때문에 별것 아닌 증상을 심각하게 받아들이는 경우가 있다. 너무 많이 아는 것도 병이다. 하지만 정상적인 십대가 야단스런 행동을 보이는 것과 십대의 심각한 정신질환을 구별하는 것은 까다로운 일이다. 프랜시스 젠슨(Frances Jensen)은 십대의 뇌를 연구한 미국의 신경학자로 『십대의 뇌: 신경학자의 청소년과 청년 양육을 위한 생존가이드(The Teenage Brain: A Neuroscientist's Survival Guide to Raising Adolescents and Young Adults)』라는 책을 출간했다. 그녀는 종잡을 수 없는 십대의 행동에 대처해야 하는 부모, 양육자, 교사들에게 아주 도움이 되는 대처방안을 제시한다. "부모들이 기억해야 하는 원칙이 두 가지 있습니다. 첫째, 다른 징후와 관련 있거나 복합적인 성격으로 보이는 행동변화가 있으면 까다로운 십대의 사춘기 증상을 넘어서는 뭔가에 대처해야 하는 것으로 의심해봐야 합니다. 둘째, 후회하는 것보다는 안전한 것이 낫습니다. 청소년 자녀에게 극단적인 진행성 변화가 일어난다는 우려가 조금이라도 있다면 전문가에게 도움을 구해야 합니다."[27]

극단적인 진행성 변화가 일어나는 시기에 부모들은 눈에 띄게 혼란스러워 한다. "이런 행동특성(이 나이 때 아이들에게 일반적인)은 성격장애나 기분장애가 없는 십대와 주요 우울장애, 조울증, 조

현병과 같은 좀 더 심각한 정신질환을 앓는 십대 모두에게서 볼 수 있는 특성이기 때문입니다."라고 젠슨 박사는 말한다.[28]

그녀는 기분과 행동 변화의 심각성을 판단할 수 있는 가이드라인을 제시한다. "십대의 기분변화나 행동변화가 심해지거나 과격해 보일 때, 특히 분노, 슬픔, 초조함과 같은 한 가지 기분이 다른 기분을 압도하거나 특별히 2주 이상 지속될 때 정신질환의 징후가 될 수 있습니다."[29] 행동변화에 관해서는 다음 사항에 주의해서 지켜보라. 수면패턴의 변화, 식이행동, 도를 넘는 위험한 행동, 친구 및 가족과 떨어져 외톨이로 보내는 시간 증가, 취미와 운동, 과외활동 중단. "정신질환 없는 십대의 문제행동은 대체로 일회성에 그칩니다. 더 큰 차이점은 공부나 다른 활동을 수행하는 능력에 지장을 주지 않는다는 것입니다."[30]

학교에서 문제를 일으키면 부모의 걱정 수위가 한 단계 더 높아진다. 학교는 정신건강문제의 급증과 만연한 불안증세에 어떻게 대처하고 있나? 나는 멋진 이야기도 듣고 끔찍한 이야기도 들었다. 우리 딸의 이야기는 대체로 멋진 이야기에 속한다. 교장선생님은 너그럽고 늘 학생들을 격려했으며 친절했다. 이런 태도는 강제 제재규정에 따라 경고장을 발행하거나 체크박스에 표기해야 하는 그의 임무보다 늘 우선되는 것이었다.

우리 딸에게는 멘토교사가 있었는데 학교에서 소외감을 느끼는 딸이 절실히 필요로 하는 지지와 인정을 많이 해주었다. 그는 엄격하고 솔직하고 자애롭고 이해심이 많았다. 그는 딸에게 필요한 도움을 주는 일과 딸이 필사적으로 지키지 않으려고 했던 교칙에 따르도록 하는 일 사이를 노련하게 넘나들었다. 어르고 달래야 할 일이 많았다. 피곤한 일이었지만 그는 딸의 편에 서주었고 딸에게 존중받는다는 느낌을 갖도록 해주었다.

한편, 수업시간에 일상적으로 딸을 괴롭히고 창피를 주고 불안 때문에 아무것도 못하는 딸을 비난했던 교사도 있었다. 그 교사는 우리 딸에게 자기 수업을 들을 만한 지적 능력이 부족하다고 말했다. 우리 딸을 말 안 듣는 계집애로 분류하고 계속 그렇게 대했다. 내가 딸의 정신건강문제를 자세히 설명하면서 "이 애는 또 한 번의 기회가 절실히 필요하고 격려가 필요한 아이입니다."라고 양해를 구했을 때조차도 생각을 바꾸려 하지 않았다. 오히려 괴롭힘은 더 심해져 우리 딸을 다시는 자기 수업에 들어오지 말라고 하면서 수업에서 쫓아냈다. 딸은 화장실에서 흐느끼면서 전화해 이 사실을 알렸다. 기말시험이 있기 6주 전이었다.

정신건강문제는 항상 알아채기 쉬운 것은 아니고, 수백 명의 아이들이 다니는 학교와 같은 큰 기관에서는 그 미묘한 차이를 놓칠 수 있다. 우리 딸 같은 경우에는 증상이 결코 미묘하지 않았다. 모든 행동이 뭔가를 전하려는 의사소통이라면 우리 딸은 자동차 경적 같은 큰소리를 내고 있었다. 문제는 그 경적이 왜 울리는지 알아내려고 노력하지는 않고 어떻게 멈출 것인지 알아내는 데에만 많은 시간을 보냈다는 점이다. 나는 그에 대해 자책했다.

아이들은 정상적으로 보이려고 필사적으로 노력하는 경향이 있어서 자신의 증상을 감추려고 하는데 그건 실로 대단한 일이다. 도망치고 싶은 생각만 머리에 꽉 차 있는데 수업시간에 가만히 앉아 있으려면 얼마나 애를 써야 하겠는지 상상해보라. 정신이 너무 산만해서 수업내용을 하나도 이해하지 못해 죽고 싶을 정도라면 어떨지 상상해보라. 깜깜한 방에서 태아처럼 웅크려 있고 싶은 생각밖에 들지 않는데 학교에서 하루를 꾸역꾸역 보내야 한다면 얼마나 힘들지 상상해보라.

아이가 이런 장애를 감추고 있을 때 교사가 이를 못 알아보는 것은 이해할 만하다. 하지만 학부모가 자녀의 장애를 교사에게 정확히 밝힐 경우는? 어쨌든 정확히 밝히는 것은 학생의 사정을 알아야 할 교사와 학교에게는 아주 중요한 일이다. 부모는 자녀가 겪고 있는 상태에 대해서 알고 있는 문제점을 전부 솔직하게 학교에 알려야 한다. 그러면 학교가 학생의 이상행동 요인을 파악하는 데 큰 도움이 될 것이다. 학부모가 먼저 이런 대화를 시작한다면 학교가 이런 상황에 맞게 유연하게 대처할 수 있는 방안은 어떤 것이 있는지, 정신건강기관과 정부프로그램에서 제공하는 지원방안에는 어떤 게 있는지 당당하게 질문할 수 있다.

대부분의 선진 민주국가는 교사가 이 분야에 대해서 지원과 특수훈련을 받아야 한다는 점을 인정하지만, 그 외의 것도 문의할 수 있다. 교실에 정신질환을 가진 학생이 있는지 여부를 교사는 어떻게 파악하나? 교사가 시행하는 학생 대상 정신건강교육이 있나? 그 교사들은 어떤 지원을 받고 있나?

우울증이나 불안으로 인한 행동은 염려할 일이지 아이에게 화를 낼 일은 아니라는 것을 받아들이기 힘들어하는 교사도 만날 수 있다. 당신의 자녀를 멍청하다거나 버릇없다거나 게으르다고 욕하는 교사도 있을 수 있다(맞다, 여전히 그런 일은 벌어진다). 그런 교사들은 주시할 필요가 있고 신고할 필요도 있다. 림프선이 붓는 선열로 몸이 아플 때 학교당국의 이해와 동정, 교칙완화를 부탁할 수 있다면, 마음이 아픈 질환에 걸린 경우에도 당연히 그렇게 할 수 있어야 한다.

수잔(가명)에게는 제나(가명)라는 딸이 있는데 우리 딸처럼 과제수행을 잘 하지 못했다. 제나는 극도의 불안증세를 보였다. 매일 그녀를 등교시키는 일은 고역이었다. 그녀는 교복을 입고 등교준비를 하지만 문 밖에 나설 수 없는 날이 많았다. 나는 이런 장면을 잘 알고 있다. 어느 날 수잔네 집에 갔다가 현관에서 제나와 수잔이 낮은 목소리로 진지하게 말하는 소리를 듣고 예전의 그 상황이 떠올라 속이 불편해지는 것을 느꼈다. 아침 8시에 벌써 스트레스가 폭발할 지경이 되는 하루가 또 시작된 것이다. 매주, 매달 이런 일이 벌어지면 지치지 않을 가족은 없다.

제나는 얼마 전에 가톨릭사립여학교에서 다른 여학교로 전학하면서 상황이 호전되었다. 그녀가 다녔던 가톨릭사립여학교는 학업성적에 엄격한 학교로 명성이 높았는데 개인사정을 전혀 봐주지 않았다. 수잔이 말했다. "학교의 심리상담사는 제나의 '형편없는 점수'에 대해 말하면서 제나의 문제를 다루고 싶다고 했지만 그것은 우리가 걱정하는 바가 아니었어요. '형편없는 점수'에 초점을 맞춘다거나 '형편없는'이란 단어를 사용했다는 사실이 나로서는 믿기지 않았어요." 학교상담사는 아이의 학업성적이 아니라 아이의 행복에 신경써야 하는 사람이라는 사실을 유념하자.

수잔은 학교와 연락을 취할 때마다 더 큰 상처를 받았다. 학교는 제나의 '잘못된 행동'이 부모의 잘못된 양육 탓일 수 있고 제나는 버릇없는 아이라는 메시지를 끊임없이 보냈다. 두 모녀는 학교기관, 그것도 가톨릭학교에 의해 괴롭힘을 당한다는 생각에 몹시 당황스러웠다.

학비가 비싼 이 사립학교는 청소년 정신건강문제 대처에 있어서는 다른 학교보다 앞선 시스템을 갖추고 있어야 한다고 수잔은 생각했다. 하지만 "불안에 대한 이해도에서 완전 낙제수준을 보였어요. 만약 딸이 암에 걸렸다면 딸에게 온갖 관심을 다 보였을 거예요. 학교의 기대치에 부합하지 않는 학부모나 아이에 대한 지원은 전무했어요. 학교의 요구에 따르지 않으면 그 사람은 배제당해요. 딸은 제출한 과제가 한 번도 통과된 적이 없어 자신은 괜찮은 사람이라는 느낌을 한 번도 느낀 적이 없었답니다." 결국 과도한 압박감에 제나는 학교를 떠났다. 불안한 아이의 삶에 불안으로 야기된 또 하나의 불안상황인 셈이다.

학생의 정신건강에 대한 이해가 부족한 학교의 이야기는 다양하지만, 이런 경우에 잘 대처하고 있는 학교와 교사도 많다. 방금 사례를 든 경우처럼 별 도움이 되지 않는 학교상담사에게 가는 대신, 아이는 말이 통할 수 있는 교사나 어른을 찾을 수 있어야 한다. 대다수의 아이들은 그런 관계를 시작하기 어려울 테므로 학교가 멘토를 찾을 수 있도록 도움을 제공해야 한다. 멘토가 된 사람은 아이를 관심있게 지켜보면서 아이로 하여금 누군가 자기편이 있다는 느낌이 들게 하는 것을 우선시해야 한다. 온몸으로 거친 폭풍을 맞고 있는 이 아이들에게는 안전한 항구가 필요하다.

그렇지만 내가 대화를 나눠본 한 교사는 '심리상담사 역할까지도 해야 되는' 현실에 화를 냈다. 학교의 정신건강프로그램 개발 논의에 달린 댓글에서도 이런 정서를 찾아볼 수 있었다. '호주 교사의 절반은 학생의 정신건강을 다룰 시간이 없다고 생각한다'는 설문결과를 보도한 기사에 달린 댓글도 마찬가지였다.

"교장과 교사 6백 명을 대상으로 한 정신건강단체에서 실시한 설문조사에서는 조사대상자의 거의 100퍼센트가 정신건강을 학업성취도만큼 중요하다고 보고 있었다. 그러나 22퍼센트는 학생의 정신건강을 다루는 것이 자신의 책임이라고 여기지 않았으며 47퍼센트는 정신건강에 긍정적인 성과를 낼 수 있을 정도로 전념할 시간이 없다고 보고했다."[31]

이 기사에 달린 댓글들에서 단순히 교과과정을 가르치는 것을 넘어서 교사의 소명을 다해야 한다는 주장에 대해 일부 교사들이 느끼는 씁쓸함을 들여다 볼 수 있다. 학무모가 자기 역할을 더 잘 해야 하지 않는가, 자녀양육을 국가공무원인 타인에게 위임하지 않는 게 좋은 것 아닌가와 같은 주장은 학부모와 교사의 역할을 두고 벌이는 싸움 같은 느낌을 준다.

좀 더 긍정적인 소식도 있다. 레아 워터스 교수는 지난 5년간 1백 개 이상의 학교와 작업해오면서 교사들은 자기가 맡은 아이들의 마음속에 어떤 일이 벌어지는지를 아주 간절하게 이해하려고 한다는 것을 발견했다. "나는 이 점을 반드시 얘기하고 싶습니다. 대부분의 교사들은 학생들에 대해 진정으로 관심을 갖고 있으며 행복하지 못하고 제대로 따라오지 못하는 학생들 때문에 고민하지만 교사 자신들도 어떻게 대처해야 하는지 잘 모르고 있습니다. 교사들은 이런 학생들에게 적용할 수 있는 간단한 기초 정신건강 대처법을 배우고자 하는 욕구가 매우 강합니다."

교사들도 정서적 안정이 성적향상으로 이어진다는 것을 안다. "대부분의 교사는 학생이 수업시간에 기분이 좋으면 정서적으로 안정된 학생이고… 공부도 잘한다는 것을 직감적으로 압니다. 이는 학습과 학업성취도를 향상시키자는 교사의 목표에도 도움이 되죠. 교사 대부분은 학생들이 행복한 것은 그 자체로 의미있다고 여기지만, 소수의 몇몇 교사들은 학습에 도움이 된다고 여겨서 학생들의 행복에 관심을 갖는 경우도 있습니다."

워터스 교수는 교사에게 심리상담사 역할까지 하라고 요구하는 것은 그렇게 간단한 문제가 아니라고 말하지만, 학교는 단순한 학습기관이 아니라 건강증진기관이라는 것도 염두에 둘 것을 요구하고 싶다. "나는 학생들의 정신을 성장시키는 동시에 건강도 보살피고 있다."라는 생각이 필요하다. 학생들이 긍정적인 방식으로 발달하도록 돕는 것이 교사의 직무이다. 그렇지 않은가?

9장

교사의 입장을
이해해보자

나는 선생님들 생각만 하면 5분도 안 되어 금방 노래 한 구절이 귓속에 맴돈다. 룰루가 불렀던 1967년에 나온 명작 〈언제나 마음은 태양(To Sir, with Love)〉의 주제곡이다. 이 노래는 시드니 포이티어가 연기한, 훌륭한 교사에게 바치는 감동적인 노래이다. 이 교사가 맡은 학생들은 멍청한 늙은 교사의 강의를 듣기보다는 아주 시끄러운 음악에 맞추어 복도에서 흑인부족인 와투시족 춤을 추는 데 더 흥미를 보이는 어중이떠중이 졸업반이다. 어쨌든 그가 뭘 알겠는가?

"성공하든 실패하든 당신 하기에 달렸습니다."라고 런던 이스트엔드 빈민촌 학교 교장은 협박조로 나직하게 말하면서 그 신임교사를 교실의 다루기 힘든 말썽쟁이 학생들에게 보냈다. 전통적인 방식의 교육으로 수차례 실패한 후에 그 교사는 역사책을 창문 밖으로 내던지고 이 아이들에게 삶과 사랑에 대해서, 그리고 어떻게 남자가 되고 어떻게 창녀가 되지 않고 살 수 있는지를 가르치기로 맘먹는다(진정하시라, 이건 1960년대 영화이고 내가 꾸며낸 이야기가 아니다). 선생님은 서서히 아이들의 존경을 얻고 이들의 서글 프고 안타까운 삶을 희망의 삶으로 돌려놓게 된다는 것을 어렵지 않게 짐작할 수 있을 것이다. 성공이다!

〈죽은 시인의 사회(Dead Poet's Society)〉에서 로빈 윌리엄스도 한동안 성공을 거두는 듯했다. 영어교사 존 키팅 역을 맡은 윌리엄스는 뉴잉글랜드 지역 전통적인 사립학교의 엄격하고 신성한 강당에 열정과 영감을 불러일으킨다. 그도 눈썹을 찌푸리곤 하는 정통 교사상을 버리고 시와 열정으로 아이들에게 다가간다. 카르페 디엠(Carpe diem), 그는 아이들에게 '지금 여기'를 살고 누구의 기대가 아니라 '자기의 삶을 살라'고 가르친다. 하지만 전형적인 부모의 기대에서 오는 구속과 남과는 다른 삶을 살겠다는 바람이 부딪치는 갈등은 결국 한 학생의 자살로 치닫는 비극으로 이어진다.

영화 〈스탠드업(Stand and Deliver)〉에서는 에드워드 제임스 올모스가 실존인물인 LA의 교사 역을 맡았는데 그는 성적이 바닥인 학생들에게 미적분을 공부하도록 열의를 불어넣어 결국 학생들의 성적이 너무 올라서 다들 부정행위를 했다고 생각할 지경이었다. 학생들은 컨닝하지 않았다. 학생들 자신이 성공을 지키고 승리한 것이다. 성공!

성공한 사람은 모두 자기 삶에 영감을 준 교사에 대한 이야기를 갖고 있다. 성공한 사람의 마음에는 선생님이, 고비를 넘기고 현재의 성공으로 가는 확실한 길로 접어들도록 도움을 준 누군가가 있다. 빌 클린턴은 고등학교 때 만났던 스퍼린 선생님이 자기 삶에 평생 동안 영향을 끼치고 있다고 했다. 오프라 윈프리는 4학년 담임이었던 덩컨 선생님 이야기를 하면서 그분이 배움에 대한 사랑을 키워주셨다고 밝혔다. 미국의 위대한 시인인 고(故) 마야 앤젤루(Maya Angelou)는 플라워 선생님을 꼽으면서 그분이 자신을 도서관으로 데려가 그곳의 모든 책을 읽으라고 하면서 시의 세계로 안내했다고 말한다. 수백만 달러를 학교와 교육프로그램에 기부하는 것으로 유명한 빌 게이츠는 열심히 하도록 영감을 불어넣어준 수학 선생님과 연극반 선생님에게 헌사를 바쳤다. "선생님이 그때 그렇게 해주시지 않았더라면 지금의 마이크로소프트는 있을 수 없었습니다."[1]

개인적으로는 내게 직업적 소명을 불러일으킨 선생님을 떠올릴 수는 없지만, 쉽게 잊히지 않는 인상을 남겼던 선생님은 한 분 있다. 무어 선생님이었다. 나는 3학년 때 리처드라는 아이와 목재책상을 함께 썼는데 그 애는 안타깝게도 습관적으로 바지에 오줌을 지렸다. 리처드가 목부터 새빨개지며 오줌을 지릴 때마다 무어 선생님은 그 비상상황에 기민하게 대처했다. 아이들 모두 머리를 숙이고 있는 동안 선생님이 리처드에게 조용히 다가가 그의 어머니가 챙겨주신 여분의 회색바지가 들어있는 가방을 챙겨 화장실로 보냈다. 하루는 리처드가 바지에 똥을 싸서 반 아이들 전체가 냄새나는 곳으로 일제히 머리를 돌렸다. 조용히 구구단문제를 풀고 있던

30여 명의 7살 아이들로 꽉 찬 교실에서 똥보다 더 관심을 끌 수 있는 것은 아마 없을 것이다. 무어 선생님이 엄한 표정을 한 번 짓자 다들 시선을 칠판으로 돌렸고, 선생님의 도움으로 이 불쌍한 소년은 자리에서 일어나 최대한 다리를 오므리고 안간힘을 다해 교실을 빠져나갔다. 선생님이 자리를 비운 사이 아이들은 이 상황에 대해 히죽거렸지만 무어 선생님이 리처드를 데리고 돌아오자 즉시 조용해졌다. 선생님은 리처드를 씻기고 새 바지를 갈아 입혔던 것 같은데, 자리에 앉은 그 아이를 곁눈질로 훔쳐 보니 뺨에 굵은 눈물이 흐르고 있었다. 무어 선생님이 허리를 숙이고 그의 귀에 무슨 말을 속삭이자 아이는 어색한 미소를 지었다. 선생님은 그의 어깨를 꽉 잡았다가 등을 쓰다듬고는 중단했던 수업을 다시 시작했다. 누구도 그 사건을 다시 입에 올리는 일은 없었는데 못된 남자애들조차 그러지 않았다.

나는 친절한 무어 선생님을 사랑했다. 선생님이 보여준 친절이 아주 대단했다거나 나에게 소명의식을 불러일으킨 것은 아니었다. 수업을 쫓아가지 못하는 나를 끝까지 도와주셔서 내가 대수시간에 '아하!' 하고 이치를 터득했던 것도 아니다. '지금 이 순간을 즐기라'고 주장하면서 〈죽은 시인의 사회〉에서처럼 책상 위에서 소리친 적도 없었다. 최악의 상처가 될 수 있는 순간에 한 아이를 그냥 감싸주셨을 뿐이었다. 게다가 그 곤란한 상황에 처했던 게 나였던 것도 아니었다.

당신에게 잊히지 않는 인상을 남긴 선생님은 누구인가? 대부분의 사람들은 긍정적인 일화를 남긴 교사를 생각할 수 있겠지만, 교실에서 창피를 당하거나 특정 교사에게 늘 시달려서 그 트라우마로 오랫동안 상처를 안고 사는 사람도 있을 것이다. 학교에는 상처받기 쉬운 아이들이 넘쳐나므로 무엇보다도 친절이 중요하다. 마야 앤젤루는 이렇게 말했다. "사람들은 당신의 말은 잊고 당신의 행동도 잊겠지만, 당신이 자기를 어떻게 느끼게 만들었는지는 결코 잊지 못할 것입니다."

아이들에게 자기가 부족하고 못났다는 느낌이 들게 만드는 체제에서 자기가 괜찮은 사람이라는 느낌이 들게 만든 선생님은 말 그대로 자신이 살아있다는 느낌을 줄 수 있다. 십대 시기에 선생님은 아이들이 힘든 시기를 지나갈 수 있게 안내하고, 분출하는 호르몬과 어색함과 불확실함의 잡탕 속에 단단한 시금석이 되어줄 수 있다. 우리는 이런 선생님께 감사를 표해야 한다.

"그저 당신의 편을 들어주는 한 분의 선생님이 필요한 거예요."라고 한 학부모가 내게 말했는데 멘토가 결코 포기하지 않았던 우리 딸의 경우에 이 말은 절실하게 맞는 말이다. 친절은 아이에게 크고 작은 식으로 차이를 만든다. 나는 마약거래소로 도피한 학생을 결코 포기하지 않고 다시 공부하는 학생으로 만들었던 뉴캐슬 빅픽처 학교장인 트레이시 브리즈가 생각난다. 아이에 대한 그녀의 흔들리지 않는 믿음이 그 아이의 삶을 구했다고 해도 과장이 아닐 것이다. 그 믿음은 본질적으로 모든 아이들의 잠재력에 대한 뿌리 깊은 믿음이 아니겠는가?

대부분 교사들을 놀라운 이들로 본다고 하는 게 맞겠지만, 그럼에도 불구하고 교사는 최전선에서 학부모의 공격을 받는 경우가 많다. 그 결과 사방이 적들에게 둘러싸여 있다는 강박관념 혹은 학부모와의 소통의 단절이 일어난다. 믿기지 않더라도, 교사의 감정이 최선의 경우에는 제대로 이해받지 못하고, 최악의 경우에는 공격받고 있는 상황을 여실히 보여주는 몇몇 온라인 대화방에 들어가보면 이 사실을 깨닫게 될 것이다. 교사들의 분개와 절망이 고스란히 느껴진다.

교사에게도 제도적인 압박이 가해지고 있다. NAPLAN(전국 읽기·쓰기 및 수리능력 평가프로그램) 같은 표준화시험은 교사의 부담을 엄청나게 가중시켜 교사들은 읽기와 수학 성취도에 대한 책무를 지게 되었고 이로써 행정업무 부담은 더 커지고 가르치는 즐거움은 줄었다. OECD의 PISA 위원장 안드레아스 슐라이허는 이렇게 말했다. "결론적으로 사람들이 교사의 전문성을 신뢰하지 않는다면 그나마 안전하다고 여겨지는 학업평가기준에 의존하게 될 것입니다." 그다지 도움이 된다고 믿지 않는다 하더라도 NAPLAN과 같은 제한적인 평가방식에 의지하게 된다는 것이다.[2]

스트레스를 받은 학부모는 교사에게 아이의 성취도 향상을 위한 해결책을 요구하고, 스트레스를 받은 교장은 다시 교사에게 학급의 성취도 향상 대책을 요구한다. 2014년 신규교사 대상의 조사에서 넷 중 한 명은 정서적 고갈과 '번아웃' 증상을 겪고 있으며, 이것에 대한 주요 원인으로는 행정지원 부족과 성가신 업무준수 조치를 꼽은 것으로 밝혀졌다.[3] 업무준수 강요는 대부분의 십대들은 익히 알겠지만, 정말로 사람을 지치게 만든다.

2014년 학기말에 30년 교직경력의 캐시 마골리스는 이 규정 때문에 교단을 떠나기로 결정했다. "교사는 더 이상 전문가로서의 자율성을 확보하지 못하고 있습니다. 무엇을 가르치고, 어떻게 가르치고, 언제까지 마치라는 것까지도 지시받습니다. 교직에 있으면서 이렇게 스트레스를 받고 저 자신뿐만 아니라 학생들의 정신건강에 대해 염려하게 된 시기도 없었습니다. 압박이 엄청납니다."라고 그녀는 페이스북에 글을 올렸는데 이 포스팅은 3만 5천 회 이상 공유되었다.[4]

그녀는 교사가 아침 9시부터 오후 3시까지만 근무하고 '방학이 길다'는 대중들의 오해를 바로 잡았다. "9시부터 3시까지만 일하는 교사는 아무도 없습니다. 그 시간에 교사는 학생을 가르칩니다. 교사는 교육도 받고 행사에도 참여하고 학부모와 면담도 하고 운동부 코치 역할도 하고 디스코텍도 순찰합니다. 물론 수업준비, 채점, 성적처리도 해야 합니다. 정규 교사는 주 25시간 근무에 대한 수당을 받습니다. 그렇습니다, 잘못 읽은 게 아니라 정말로 주 25시간 근무수당을 받습니다. 다른 일자리라면 비정규 일자리로 취급받을 것입니다."[5]

마골리스를 정말 걱정하게 만드는 것은 교실에서 아이들에게 벌어지고 있는 일들이다. 놀이기반프로그램으로 가르쳐야 할 시기의 아이들이 학과공부 준비를 하고 과도한 내용의 교과과정을 배우는 것, 그리고 그 경쟁에서 뒤처지는 아이들을 염려한 것이다.

"교직에 몸담고 있는 동안 스트레스와 불안에 시달리는 아이들이 이렇게 많았던 적이 없습니다. 무척 슬픈 일입니다. 현재의 교육은 데이터 중심으로 이루어집니다. 아이들에게 시험을 치게 하고 평가하고 공부를 더 하도록 몰아붙입니다. 교사도 책무를 지기 때문에 당연히 평가할 필요가 있다는 것은 이해하지만, 교사는 아이들에게 무엇이 필요한지를 아는 타고난 능력이 있습니다. 평가의 상당 부분은 숫자놀음입니다. NAPLAN 이야기는 아예 꺼내지도 마세요. 교육당국이나 언론과 학부모가 그렇게 대단한 것으로 취급하지만 않았다면 교사들에게도 NAPLAN으로 인해 큰 문제가 될 것은 없었습니다. 애초에 의도했던 것보다 영향력이 너무 커졌습니다." 그녀는 다음과 같이 말을 이어간다.[6]

교사는 전문성을 인정받아야 하지만 그것을 요구할 힘이 없습니다. 교사는 아이들을 사랑하고 교육에 대한 열정이 있기 때문에 가르칩니다. 교사가 교대를 졸업하고 교직에 처음 뛰어들 때는 원기왕성하고 열정적이고 아이들을 변화시킬 준비가 되어 있지요. 그런데 왜 평균 근속연수가 5년인지 묻고 싶습니다.

질문을 위한 질문일 뿐이었어요. 저는 답을 알고 있습니다. 교사들은 번아웃되고 교직에 대해 환멸을 느낀 것입니다. 저처럼 나이 많은 교사들은 교실에서 지금보다 훨씬 행복했던 시절을 경험했기 때문에 학습의 즐거움이 사라지는 것을 지켜보는 것이 젊은 교사들보다도 견디기 어렵습니다. 하지만 우리는 풍부한 경험에서 나오는 식견이 있어서 상부에서 하라는 것을 반드시 할 필요가 없다는 것을 압니다. 가끔은 해야 될 말을 주장하기도 하고요. 우리는 '통제'하기 쉬운 사람들이 아닙니다. 하지만 그동안 지치고 교직 자체에 환멸을 느낄 만큼 번아웃되었죠.[7]

30년 경력의 교사 캐시 마골리스는 소중한 경험과 사랑의 마음으로 학생들에게 헌신하는 교사였지만 이제는 관심을 끊었다. 이 교육체제는 누구에게도 효과가 없다. 교장은 일반 국민보다 번아웃 비율이 배로 높고 폭행당할 가능성은 7배나 더 높다.

　호주 가톨릭대학의 조교수인 필 라일리(Phil Riley)는 '호주 교장의 건강과 행복도 조사'라는 주제로 4년에 걸친 연구를 수행했고, 2013년 모나시대학에서 그 결과를 발표했다. 교장 출신인 그는 교장이 모든 학교에서 '탄광의 카나리아'라는 것을 잘 안다. 그 말은 만약 교장이 잘 지내면 학교도 별일이 없다는 의미이다. 하지만 교장은 다른 교사들처럼 위에서도 짓눌리고 아래에서도 치받치고 있다. 교장도 교사들처럼 손쉬운 먹잇감이다.

　교사와 교장에 대한 비난에 숨은 의미는 무엇일까? 라일리 박사는 상시적으로 시험을 치르는 문화를 정면으로 비난한다. "그런 식의 시험은 사회에 불안을 야기해 학부모들의 불안은 감당할 수 없을 만큼 커졌고 교육기관에 대한 신뢰도 크게 추락하고 말았습니다."라고 그는 말한다. "학부모는 애지중지하는 자식을 염려합니다. 우리는 어떤 것은 왜 그런지 이유가 있어야 하는 사회에 살고 있고, 누군가를 비난해야 한다면 학교와 교사가 손쉬운 먹잇감이 됩니다."

　이 연구에서 가장 놀라운 결과 중 하나는 사회경제적 지위를 막론하고 그와 같은 폭력이 어디에나 똑같이 만연해 있다는 것이다. "정도의 차이는 있지만 위협과 협박은 어디서나 같습니다. 나는 학부모가 자신에게 "내가 당신을 감방에 처넣겠어. 내가 누군지 알아?"라고 고함을 지른다고 말한 부유층 사립학교 교장을 아는데, 이 일은 캠핑비용 때문에 벌어졌습니다. 사람들은 이런 일은 빈민지역에서나 일어나는 줄 알지만 사안이 다를 뿐 어느 지역에서나 벌어지는 일입니다. 부유층 지역의 학부모는 이렇게 말하는 식이죠. "우리 애가 98.5점을 받았는데, 왜 그렇게밖에 못 가르치시는 거죠?"

일반적으로 사람들의 불안과 스트레스가 높아지면 교사와 교장은 특히 시간으로 인한 압박을 가장 크게 겪는다. "학교를 방문해 서너 시간 조용히 대화하는 대신 학부모들은 다짜고짜 '10분밖에 없는데 무슨 일인지 간단히 말씀해주세요.'라고 말합니다. 평소에 알고 지내면 많은 일을 미연에 방지할 수 있습니다. 교장으로서 수업 전과 방과 후에 학부모와 학생들과 운동장에서 대화를 나누며 무슨 일이 있는지 듣고 이런 경우는 어떻게 대처해야겠다고 생각할 수 있는 시간이야말로 가장 중요한 시간이라고 생각합니다. 그런 시간이 이제는 아주 뒷전으로 사라져버렸죠. 일 때문에 다들 바쁘고 학교에 겁을 먹고 학교를 멀리하고 있습니다."

학부모들이 학교를 멀리해서 좋다는 선생님들도 있다. 이 책을 쓰기 위해 자료조사하는 과정에서 수없이 내가 되새겼던 말 중에 교육자들에게 가장 많이 들었던 말은 이것이다. "학부모들은 다들 학교에 다녔던 적이 있기 때문에 학교운영을 어떻게 하는지 알고 있다고 생각합니다." 교사들은 이 말을 때로는 심드렁하고 깔보는 톤으로 말하기도 한다. 학부모의 의견은 중요하지 않거나 틀렸거나 비현실적이라는 듯이 말이다. 숨은 뜻은 이렇다. '댁이 뭘 알겠

어요?'

교사와 교장들의 입장에서는 자신이 무슨 말을 하는지도 모르는 학부모를 대하는 일이 지치는 일이긴 하겠지만, 사실 이런 식으로 말해야 할 것이다. "어쨌든 우리 애가 여기 다니고 있으니까, 나는 당신이 할 일을 제대로 하고 있는지 질문할 권한이 있어요. 학교가 어떻게 운영되는지 전혀 모르지만 우리 아이에게 잘못된 일이 벌어지고 있는지는 부모로써 확실히 알 수 있으니까, 뭔가 잘못되었을 때 할 말을 할 자유는 있지요. 그렇지 않나요, 선생님?"

나쁜 의사도 있고 나쁜 기자도 있는 것처럼 나쁜 교사도 있다. 나쁜 교사가 아이에게 미치는 영향은 평생 갈 수 있기 때문에 학부모는 누군가 자기 아이에게 상처를 준다면 정당하게 요구하고 행동해야 할 것이다. 하지만 학부모는 자신의 관여가 어떤 결과를 가져오게 될지는 확신할 수 없다. 관여하지 말고 학교와 교사에게 모두 맡겨두라는 조언도 있고, 좀 더 적극적으로 관여하라는 조언을 들을 수도 있다. 실제로 학부모의 관여는 최근의 사고방식에 따르면 학교생활 성공의 핵심지표가 된다고 한다.

하지만 어떤 유형의 개입이어야 할까? 미스티 아도니우(Misty Andoniou)는 간결하면서도 무릎을 치게 만드는 조언을 제시한다. 그녀는 세 자녀가 다닌 학교에서 어떤 수업을 왜 그렇게 하는지 교사에게 질문해야 할 때는 결코 뒤로 물러서는 법이 없었다. 그녀는 교사였기 때문에 무엇을 질문해야 하는지 잘 알 수 있는 유리한 위치에 있었다. 대부분의 사람들은 잘 모르는 일들이다. 여기 그녀가 지침을 안내한다.

'무엇보다 공격적으로 질문하지 말고 교사의 입장을 존중해야한다.' "지금 하시는 일을 왜 하는 겁니까?"라고 묻는 것은 정당하지만 '직감적으로'나 '제가 학교 다닐 때'와 같이 학부모가 교사를 내려다보듯이 말하는 것은 안 된다고 그녀는 말한다. 학부모 개인의 경험담은 도움이 되지 않는다. 하지만 자녀에 대한 개인적인 이야기는 도움이 된다. 학부모가 어떻게 학교에 관여해야 하는지에 대한 지침의 핵심은 이것이다. '여러분의 자녀에 대해 당신이 개인적으로 알고 있는 내용을 교사에게 알리라'는 것이다.

"학부모와 교사 간의 대화는 가르치는 방식에 대한 논쟁이 되어서는 안 됩니다. 그건 학부모가 왈가왈부할 수 없는 영역이에요. 학부모가 도움이 될 수 있는 영역은 자기 자녀에 대한 이야기입니다." 교사는 자신의 교수방식에 대한 근거를 설명할 준비가 분명히 되어 있어야 하고 '근거를 말할 수 없다면 자신의 교육방식을 재고해야 한다'고 아도니우는 말한다. "다른 학부모들 앞에서가 아니라 일대일로, 왜 철자법을 그런 식으로 가르치는지 정말로 궁금하다고 정중하게 질문하세요. 만약 교사가 설명을 하지 못한다면 교사가 그에 대해 숙고해 본 적이 없다는 의미입니다."

자녀들이 초등학교에 다닐 때 아도니우는 교사들에게 자기 애들은 어떤 숙제도 하지 않을 것이라고 말했다. "한 교사는 아주 잘난 척하면서 말했어요. '댁의 자녀가 숙제를 하지 않는다면 애가 뒤처지게 되지 않을까 염려됩니다.' 그래서 제가 대답했죠. '교실에서 잘하는 것이 아이들이 숙제를 해오는 능력에 달려있다면 뭔가 잘못된 겁니다.' 만약 아이가 숙제를 하는 데 도움을 줄 부모가 집에 없을 경우는 어떻게 합니까? 숙제는 격차를 벌이고 가족관계를 망치는 수단일 뿐입니다. 따라서 자녀에게 숙제를 주지 말아야 합니다. 숙제는 시간낭비일 뿐입니다. 숙제는 필요없다는 관점을 지지하는 증거가 넘쳐나고 있고 많은 교사들도 동의합니다. 증거가 나와있는데 왜 숙제를 여전히 내주는지 이해하지 못하는 학부모들도 많습니다. 그럼에도 불구하고 숙제를 내주라고 압력을 가하는 학부모들도 있습니다. 자기들도 숙제를 했고 숙제가 있는 게 편하기 때문입니다. 전 숙제 같은 것 필요없습니다! '학부모들의 의견에 따라서 학교를 운영하면 안 된다.'는 정도가 적당한 수준입니다. 학교는 연구와 증거기반 원칙에 따라서 운영해야 합니다. 이런 증거기반 원칙을 아는 교사가 충분한 수준이 아니므로 나는 이 원칙에 입각해 교사들에게 이의를 제기할 준비가 되어 있지만 그들을 가르치려 들지는 않습니다." 자녀가 어떻게 배우는지를 이해하고 존중하는 태도로 교사와 대화를 일찍 시작하라.

교사와 학생 간의 긍정적인 관계는 모든 사람의 행복에 핵심적이며 이것은 아주 명백한 사실이다. 이것은 학교사회를 유지시키는 아교와 같다. 그것이야말로 상황이 생각대로 잘 돌아가지 않을 때도 아이들을 학교에 다니게 만드는 힘이라고, 빅토리아학교의 행복 프로그램 '세이프마인드(SafeMinds)'의 책임자인 헬렌 버틀러가 말했다.

교육과 행복 영역에서 학생들을 정기적으로 관찰하고 조사하는 갤럽의 페기 재스퍼슨(Peggy Jasperson)에 따르면 지난 2015년에 이루어진 호주 십대들에 관한 조사에서 가장 흥미로운 결과는

30퍼센트의 학생들만 지난 3일간 학업으로 교사에게 칭찬을 받은 적이 있다고 했다는 것이다. 이 조사내용은 나와 대화를 나눈 한 교장선생님이 수행한 실험을 생각나게 했다. 그 교장은 교실 뒤에 앉아서 학생들을 관찰했는데 한 학생은 며칠 동안 투명인간처럼 살면서 아무하고도 대화하지 않고 있다는 사실을 발견했다. 이 같은 데이터와 경험은 학생과 교사 관계에 대해서 중요한 사항을 말해준다.

재스퍼슨은 이렇게 말했다. "최고의 교사는 누구고 최악의 교사는 누구인지 말하는 것은 쉽습니다. 교사로서 정말 잘하고 정말 못하는 것은 책으로 배울 수 있는 게 아니라는 점만은 분명합니다. 긍정적인 피드백을 받는다고 말하는 아이들의 비율이 아주 낮다면 무엇이 잘못 되고 있는 것일까요?"

마크 빈센티는 캘리포니아 주 팰로앨토에서 교사로 근무하고 있다. 2014년 그는 '2,008명을 구하자(Save the 2,008)'라는 운동을 시작했다. 몇 년 사이 학구 내에서 두 건의 연쇄 자살사건을 겪고 나서 2천 여덟 명의 고등학생들의 행복을 보호하기 위해 주창한 운동이다. 나는 어려움을 겪고 있는 아이들에 대해 그와 이야기를 나누었다. "모든 것, 특히 십대시절에는 선생님이 자신을 인간으로 존중한다는 느낌을 아이들이 받느냐에 배움의 모든 것이 달려 있습니다. 반 아이들 중에 한 아이가 코를 훌쩍거리는 것을 알아채고 선생님이 휴지를 건네줌으로써 그 아이가 반 아이들이 다 보는 앞에서 휴지를 찾으러 가는 창피를 겪지 않도록 배려해주는 식의 문제죠. 아이는 그런 선생님을 위해서라면 읽기를 하는 것은 말할 것도 없고 그 무슨 일이라도 하려 할 겁니다."라고 그는 말했다.

"좋은 가르침이란 사랑의 한 형태여야 합니다. 아이의 마음과 영혼이 성장하는 데 참여하는 일이죠. 그건은 이론가와 행정가, 개혁가들이 말로 떠드는 것보다 훨씬 실제적인 수천 가지 보이지 않는 행위로 이루어져 있습니다." 그것이 우리 모두의 삶에 어떻게 적용되는지는 확실하다. 리처드와 무어 선생님을 기억하는가? 우리 딸에게 그녀의 멘토가 보여준 친절은? 좀 더 일상적 차원에서도 친절은 통한다. 프랑스어 학습에 어려움을 겪은 우리 아들을 예로 들어보자. 아이의 선생님은 화를 내고 숙제를 더 내주는 대신 친절한 관심과 이해를 보여주었다. 우리 아들은 이런 접근방식에 진심으로 반응해 그 선생님을 실망시키지 않기 위해 프랑스어를 잘 하려고 노력하고 있다.

헬렌 버틀러(Helen Butler)는 좋은 교사는 '말로 정의하기 힘든 자질'을 갖는데 그것은 배워서 갖출 수 있는 것이 아니라고 말한다. "좋은 교사라면 가르치는 학생들에 대해 알고 있어야 하는데, 교사가 교육대학에서 배우는 것은 인간으로서의 학생이 아니라 학습자로서의 학생에 대한 것입니다. 인간이 무엇인지를 언어로 정의하기 어렵고 교수표준안으로 정리하는 것은 거의 불가능하기 때문이지요."

우리가 지금 말하고 있는 것은 가슴에서 느끼는 인간에 대한 연민이다. "교사가 연민을 갖고 있는지 아닌지를 어떻게 시험할 수 있을까요?"라고 그녀는 질문한다. 아주 좋은 질문이다. 측정할 수 있든 없든 간에 연민은 확실히 교사교육에 도입할 만한 가치가 있는 중요한 것일까? 전인교육이 목표라면 전인적 교사를 교육할 수 있어야 한다. 이런 논의가 좋은 출발점이 될 수 있다. 연민이 과연 배울 수 있는 것인지에 대해서는 달라이 라마가 답을 줄 수 있을 것이다.

교사들은 "우리에겐 연민이 있어."라고 말할 것이다. 맞는 말이다. 대부분의 교사는 연민이 있다. 교사들은 대부분 아이들 삶에 긍정적인 변화를 주고 싶어 교직에 몸을 담았다. 개념을 이해하지 못하는 아이에게 새로운 돌파구를 만들어줄 때와 같이 교직에서 보상받는 순간을 기대한다. 교사들을 가르치는 미스티 아도니우는 이를 지지한다. "교직에 뛰어든 교사들을 대해본 내 경험에 따르면 교사가 돕고 싶어하는 아이는 학습에 어려움을 보이는 바로 그 아이들입니다." 하지만 이런 어려움을 겪는 아이들을 어떻게 돕는지에 대해서 제대로 가르치지 않는 교사교육은 문제라고 그녀는 지적한다.

"교사교육은 기본적으로 대부분의 '정상적인' 아이들은 어떻게 배우는지, 대다수 아이들은 어떻게 될 것인지에 대한 것입니다. 통합교육이나 학습요구가 다른 '특수' 아이들을 어떻게 대처해야 하는지에 대한 교육은 거의 없습니다. 처음 교직을 시작하면 교사는 어려움을 겪게 되고 특수교육 대상자는 말할 것도 없고, 학습부진아가 섞여있는 일반교실에서도 고전합니다. 교사들은 학습에 어려움을 겪는 아이들의 문제점을 파악하고 대처할 시간이 없습니다." 교사들은 통합수업에 잘 따라오지 못하는 아이들을 다룰 수 있는 적절한 대응기술을 갖추지 못했다. 그로 인해 학습부진아들은 더 뒤처지게 되고 학습격차는 점점 더 벌어진다.

교육시스템 자체도 학업에 뒤처지는 학생을 돌보는 것을 점점 더 어렵게 만든다. 2013년 오하이오에서 교장으로 정년퇴임한 조지 우드는 그의 학교에 보내는 마지막 편지를 썼다. 교직에 오래 몸담고 있으면서 고별 메시지로 무슨 말을 할지 오래 고민한 생각을 털어놓았다. 지난날을 되돌아보면서 그는 가장 가치있다고 생각한 것과 가장 강렬하게 기억에 남은 것은 주위에 보여준 '친절'이었다고 썼다.

지난 21년간 쓴 글들을 읽어보며 후회되는 일이 많습니다. 내가 후회하지 않는 일은 우리가 교육자로서 아이들에게 '친절'하기로 선택한 때였습니다. 우리가 아이에게 두 번째, 세 번째, 네 번째 기회를 주기로 했을 때 말입니다. 현장학습을 가는 날, 잘못된 행동으로 학습에서 제외될 수 있었던 아이를 눈감아주어 그 아이가 더 넓은 세상을 볼 수 있게 한 일처럼요.

학교는 온갖 친절을 베푸는 장소가 되어야 합니다. 결국 아이들은 자기 맘에 드는 건물, 직원, 버스운전사에 대한 선택권이 거의 전무한 상태에서 학교를 다녀야 하니까요. 학교는 아이들이 공공기관이나 가까운 타인, 가족 이외의 보호자를 처음으로 접하는 경험입니다. 학교는 도전하는 장소이자 아이들이 시도하고 재시도할 수 있도록 지원해주는 장소가 되어야 합니다. 학생들은 선생님 곁을 떠날 때 자기 삶에서 지금 이 시기야말로 자신들을 진정으로 좋아하고 최고가 되도록 지지해준 사람들 사이에 있었다는 것을 깨달을 수 있어야 합니다.

하지만 교사들이 아이들에게 친절하기가 점점 더 어려워진다고 그는 말했다.

학습기준이 높아지고 평가가 강화되면서 교사들은 학생들의 탐색과정을 도울 수 있는 재량권이 줄어든 것을 깨닫습니다. '무관용' 법과 그 외의 가혹한 규정에 의해서 일부 아이들이 저지르는 실수를 더 이상 용인할 수 없게 됐지요. 이렇게 엄하게 해야 할 이유가 무엇일까요? 아이들에게 엄하게 한다고 해서 아이들이 더 강해지거나 똑똑해지는 것은 아닙니다. 아이들 삶에서 가장 중요한 순간에 손발이 묶인 것처럼 행동하도록 강요하면 그들에게는 자기 삶에 아무런 권한도 없다는 것을 가르치는 것일 뿐입니다. 규정에 따르기보다는 아이들에게 친절할 수 있었던 중요한 순간에 아이들의 요구에 귀를 닫는 것은 책임자들이 가장 낮은 차원의 윤리적 판단을 하면서 일하고 있다는 것 외에 아이들에게 가르치는 게 없는 처사입니다."[8]

이렇게 덧붙이고 싶다. 교사는 그들의 생각보다 많은 자율권을 갖고 있다고. 체제의 규칙이 연민을 발휘하지 못하게 해도 얼마든지 다른 길을 찾아볼 수 있고, 기회를 두 번만 주도록 되어 있어도 세 번째 기회를 줄 수 있고, 불친절한 현 체제 안에서도 친절한 태도를 보일 수 있다고.

하지만 어째서 교사는 아이들과 마찬가지로 그들이 최선의 수행을 보일 수 있게 설계되어야 하는 체제에 도리어 맞서 싸워야 하는가? 교사의 자질은 교육문제의 초점이 되기도 하는데 이 관점에서 보면 교사에 대한 부정적인 인식이 증폭된다. 만약 교사의 자질을 높이는 것만으로 학교문제를 바로잡을 수 있다면 현재 재직하고 있는 교사가 문제라는 이야기 아닌가?

교사를 어떻게 대우하느냐는 문제는 교육을 대하는 방식에 아주 핵심적이다. 호주에서 교사는 임금과 사회적 지위가 낮다. 교사가 전문직으로 대우받고 신뢰를 받으며 임금과 사회적 지위가 높아지는 날이 빠르면 빠를수록 교육정상화가 빨리 이루어질 것이다.

안드레아스 슐라이허가 말한 바대로 높은 성취도를 보이는 교육시스템은 모두 교사를 높이 평가하고 교사에 대한 사회적 인식에 관심을 갖는다. 숙련도가 높은 다른 노동자들에 비해 임금 수준은 어떠한가? 자녀가 변호사보다 교사가 되기를 원하는가? 언론에서는 교사를 어떻게 평가하는가?

"질적인 면에서 교사를 능가하는 교육체제는 어디에도 없습니다."라고 슐라이허는 말한다. "높은 성과를 보이는 교육체제는 무엇보다 교사의 채용과 교육에 주의를 기울이고, 교사들이 협업해 최고의 수업을 할 수 있는 환경을 제공합니다."

교사는 관료주의 체제에서는 무엇을 가르쳐야 하는지에 대한 규정만을 잔뜩 안고 교실에 혼자 방치되는 반면, 높은 성과를 보이는 체제에서는 야심적인 목표를 스스로 설정하고, 아이들을 가르치는 데 필요한 것을 자유롭게 생각함으로써 교수방식을 혁신한다. 높은 성과를 보이는 교육체제에서는 가장 리더십이 강한 교장을 가장 다루기 힘든 학교에 보내고 가장 재능 있는 교사를 가장 가르치기 어려운 교실로 배치한다.

똑똑한 교사를 양성하는 것이 모든 문제를 해결하는 묘책이 되는 것은 아니다. 또한 교사가 구원자라는 신화는 부담스러울 수 있다. 교사의 자질만으로 전체 교실을 학업부진이나 사회경제적 곤궁에서 벗어나게 할 수 있다고 너무 편하게 믿게 만들기 때문이다.

우리는 학교체제에서 한 아이가 성공으로 가기 위한 열쇠로 영웅적인 교사와 용감한 아이를 꼽는 식의 사고방식을 뛰어넘어야 한다. 이는 곧 전인교육의 성공을 의미한다.

10장

동심
파괴

불안을 유발하는 압박감, 경직된 구조, 집단 괴롭힘, 경쟁, 무능하다는 느낌 등 학교에서 늘상 겪는 수준 이하의 경험에 대한 변명은 이런 식이다. '그게 바로 세상 살면서 겪게 될 일이니 익숙해져야 한다. 네가 상처받기 쉬운 어린 나이이지만 말이다.'

태어나는 순간부터 죽는 순간까지 배우게 되는 핵심적인 인생의 교훈이 있고 학창시절도 예외는 아니다. 이상적으로 학교는 이런 것을 배우는 공간이 되어야 한다. '사람들은 자기와 다르다는 것을 받아들이고 소신껏 주장을 하고 질문할 자신감을 찾는 법' 말이다. 친구를 괴롭히는 아이를 보면 괴롭히지 말라고 소리칠 용기를 내고, 교우관계를 맺으며 사람들은 서로 관점이 다르다는 것을 이해하고, 타인을 존중하면서 함께 일하는 법을 배워야 한다. 또한 글을 읽고 쓰는 법도 배울 것이고, 최고의 조건에서는 스스로 학습하는 법, 배움에서 즐거움을 찾는 법을 배우고, 일생에 걸쳐 배움을 계속하고 싶은 열정도 터득할 것이다.

이것이 이상적인 학교이다. 하지만 실제 학교는 성인들의 삶과 비슷하지 않은가? 정시에 출근하는 것이 회사규칙인 것처럼 정시에 등교하는 것은 학교규칙이다. 그 외에 학교와 회사의 유사성은 무엇일까? 두 환경 모두 과제수행에 대한 압박과 일정한 평가가 있을 것이다. 직무에서 핵심성과지표(key performance indicators, KPI)에 도달해야 하겠지만, 당신의 KPI는 직장동료들의 KPI와 똑같지 않고 매주, 매달 평가받는 것도 아니다. 실적에 대한 피드백에는 구체적으로 당신에 대한 평가의견이 달릴 것이다.

당신은 특정 연령대의 사람들하고만 일하지는 않을 것이며, 옆사람과 이야기한다고 크게 혼나지도 않을 것이다. 당신이 소시오패스가 아니라면 혼자 성과를 독식하기 위해 팔꿈치로 가리면서 일하지는 않을 것이며, 팀 안에서 협력작업을 할 가능성이 높을 것이다. 실제로 일상적인 업무를 잘 수행하려면 팀에서 서로 협업하는 것이 절대적으로 필요하다.

대기업은 일부 자의적 규정에 어느 정도 순종하기를 기대할 것이고, 규정위반을 해명하기 위해 상사의 방에 불려가야 할 수도 있다. 만약 학창시절에 교장실로 불려들어간 적이 있고 그 기억이 아주 끔찍하게 남아있다면, 규정위반 행동을 해명하기 위해 호출받는 기분을 이해할 것이다. 썩 유쾌하진 않다.

하루 일과를 마치고 퇴근해서도 두 시간 더 책상에 앉아 밀린 일을 마무리해야 하는 것이 관례는 아니다. 책상에 앉아서 두 시간 내 과제를 완수하지 못했다고 다음 날 직장에서 곤란을 겪거나 구류 조치를 당하는 것도 아니다.

당신에게 무능하다고 독설을 날리는 상사의 괴롭힘으로 직장동료들이 보는 앞에서 창피당하고, 다시는 출근하지 말라고 직장 밖으로 쫓겨나는 경우는 별로 없을 것이다. 만약 이 이야기가 당신 직장에서 실제로 일어나는 일이라면 다른 일자리를 알아보는 것이 낫다. 구질구질한 직장문화를 바꾸기 위한 조치를 취하거나.

알피 콘(Alfie Kohn)은 그가 BGUTI(Better Get Used To It, duty와 운을 맞춘 단어)라 부르는 것을 간단히 설명한다. 이것은 '익숙해지는 게 좋을 걸'이라는 게임이다. 사람들이 나중에 이런 일로 너를 괴롭힐 테니 지금부터 점수와 등급의 노예가 되는 것이 낫다는 것이다. 지금부터 미리 인생을 비참하게 만들자는 셈이다. 이는 어린 시절을, 아주 암담한 관점으로 바라본 어른의 삶에 대비시키는 훈련장으로 사용하자는 의도라고 그는 말한다. "사람들은 사는 게 원래 그렇다는 것을 믿어야 합니다. 그렇지 않다면 자녀들에게 그런 삶을 강요하고 있는 거울 속의 자신을 어떻게 바라보겠습니까?"

『버릇없는 자식의 신화: 자녀양육에 대한 통념 깨뜨리기(The Myth of the Spoiled Child: Challenging the Conventional Wisdom about Children and Parenting)』라는 저서에서 콘은 '익숙해지는 게 좋을 걸' 학파의 생각을 설파한다. "그들의 생각은 '정수리에 박히는' 교훈을 다룬 코미디그룹 몬티 파이톤의 촌극을 떠올리게 한다. 학생들이 아파서 움찔거리며 울음을 터뜨리면 강사는 이렇게 말한다. '아니, 아니, 아니야. 그냥 고개를 들고 걸어가서 와아아! 다시 해봐.' 그리고 그 학생을 한 대 더 때린다. 아마 이것은 머리를 부딪치게 될 미래의 경험에 대비한… 아주 유용한 훈련일 것이다."

우리는 숙제나 지루한 수업과 같이 아이들이 좋아하지 않는 일에 대비하도록 미리 아이들을 가르쳐야 한다. 그래야 아이들이 '죽어라 일만 하고 지루한 어른의 삶'을 묵묵히 헤쳐나갈 수 있는 능력을 키울 수 있을 테니. 삶은 경쟁이기 때문에 아이들에게 무슨 수를 써서라도 다른 아이들을 이겨야 한다고 가르친다. 친구가 자기를 괴롭힌다고 호소하면 실제 사회생활에서도 괴롭힘을 당할 것이므로… 괴롭힘에 대처하는 법을 배우는 게 낫다고 말해준다. 얼마나 절망적인 충고인가.

"BGUTI는 실제로 두 가지 형태로 벌어진다."라고 콘은 말한다.

정적(正的) 형태는 살면서 만나게 될 불쾌한 경험을 미리 갖도록 하는 게 아동에게 도움이 된다고 주장한다. 부적(否的) 형태는 불쾌한 경험의 부재, 또는 '비현실적으로' 도움을 주거나 위로하는 경험의 존재는 해롭다고 말한다. 만약 아이를 불안하게 하는 일은 하지 않아도 된다며 넘어가주고 벌점도 안 주고 학교과제를 수정하거나 다시 제출할 수 있게 허용하고 협력게임(서로를 이기려고 노력하는 것이 아니라 뭔가를 협력해서 같이 해결하면 점수를 얻는 게임)을 소개한다면 전형적인 반응은 '그런 일은 실제 세상에서 작동되는 방식이 아니다'라는 것이다.

그런 생각에는 몇 가지 전제가 깔려있다. 첫째, 살다 보면 아주 기분 나쁜 일을 많이 겪게 된다는 것을 당연하게 받아들인다. 즉, 이런 부정적 견해를 제공하는 사람들의 경험과 태도에 대해서 가장 많은 것을 알려주는 믿음이다. 두 번째 전제는 어린시절은 자라서 겪게 될 일을 대비하는 것에 맞춰져야 한다는 것이다.

첫 번째 전제를 따져보자. 어른들의 세계는 골육상쟁의 경쟁인가? 어른들의 세계에는 분명 경쟁의 요소가 있는데 대체로 일자리를 두고 벌어진다. 청년의 4분의 1은 실직상태에 처할 수 있다는 통계가 이 암울한 전망을 보여준다. 취업하러 가면 다른 지원자와 맞붙어야 한다. 만약 당신이 그 일자리를 얻는다면 아마도 특정기술, 재능과 경험을 갖춘 당신이 그 역할에 필요한 완벽한 사람이기 때문일 것이다. 당신이 그 자리를 얻지 못한다면 아마 당신은 그 역할에 완벽하게 맞는 사람이 아니어서일 것이다.

맨 처음 일자리를 두고 벌인 경쟁을 넘기고, 실제로 매일의 근무 중에도 경쟁이 치열하게 진행되는가? 경쟁이 지배적이라고 할 수 있는 직업도 있을 것이다. 회사는 고객을 차지하기 위해 경쟁하고 노동자는 상사의 관심을 받기 위해, 또 최선의 능력을 발휘해 업무를 수행할 수 있는 최상의 근무조건을 얻기 위해 경쟁해야 할 수도 있다. 이것은 경쟁 자체라기보다는 자기가 얻을 수 있는 최고의 조건을 협상하는 과정으로 볼 수도 있다. 변호사는 법정에서 상대방을 이기려고 경쟁한다. 정치인은 유권자의 표를 얻기 위해 서로 경쟁한다. 판매원은 최고 매출이나 최고 매출액을 올리기 위해 서로 경쟁할 수 있다.

만약 실제로 하루 일과시간을 어떻게 보냈는지 업무분석을 세밀히 해본다면, 주된 것은 치열한 경쟁환경에서 다른 동료들을 이기기 위해 애쓴 것일까, 아니면 공동의 목표를 함께 이루기 위해 팀에서 자기가 맡은 역할로 기여한 것일까?

경쟁 공식에서 스포츠를 빼버린다면 성인의 삶에서 또 어느 곳에 경쟁이 있을까? 짝을 얻기 위한 경쟁? 만약 나에게 맞는 짝이 다른 여성 열 명에게는 맞지 않을 수 있다는 것을 인정한다면, 그렇다면 아마 여자들도 자기 짝을 얻기 위해 쓸데없이 다른 경쟁자를 밀쳐내려고 애쓰지도 않을 것이다. 미국 ABC방송프로그램인 〈독신자(The Bachelor)〉는 리얼리티쇼이지 진짜 리얼리티는 아니다.

그런데 왜 우리는 아이들이 치열한 경쟁사회에 익숙해지는 게 좋다는 메시지를 계속 보내고 있는가? 그것이 성인의 삶을 제대로 표현한 것도 아닌데 왜 아이들의 현재와 미래에 부정적인 생각을 심어주려 하는가?

콘은 이것을 절박한 합리화 과정이라고 여긴다.

어른들의 삶에서 불쾌하고 경쟁적인 측면이 어느 정도 있다는 것은 사실일지라도 미래를 대비해 아이들의 현재를 불행하게 만드는 일을 미리 시작할 이유가 어디에 있는가? 자녀들에게 그런 삶의 측면도 이야기해주고 그런 빌어먹을 체제를 어떻게 바꿀지에 대해서도 이야기하라. '사람 사는 게 그렇지!'라고 말하는 모든 사람들은 우리 사회를 더 나은 사회로 만들지 못할 것이라는 뿌리 깊은 보수적인 견해를 받아들이고 있는 셈이다.

마음을 병들게 하는 생각을 계속 이어가도록 아이들을 준비시키는 게 과연 우리가 할 일인가? 어른의 삶이 어떤지에 대한 그 어두운 관점이 설령 옳다고 해도, 체제로 자리 잡힌 것은 무엇이든 견뎌야 한다는 관념을 아이들에게 받아들이도록 하는 게 양심상 부모의 역할이겠는가?

앞 장에서 소개한 사례를 통해 우리는 아이들이 점점 더 어린 나이에 어른과 같은 압박을 받고 있으며 그로써 어린시절을 빼앗기고 있다는 것을 알 수 있었다. 멜버른의 템플스토칼리지에서는 고등학생들이 자기주도학습을 하는 프로그램을 시행했다. 나이에 맞게 학습하는 게 아니라 단계에 맞게 학습하고 개인이 자기 열정을 좇아서 공부할 수 있도록 경쟁, 권력 위계, 상시적 평가와 같은 불쾌한 교육요소를 배제했다.

피터 허튼 교장은 학교에 학습민주주의를 구현해 학생과 교사가 협력하도록 했다. 그는 학교의 조화로운 환경에 대해 이의를 제기하는 한 학부모의 이야기를 했다. 한 학부모가 이런 질문을 했다고 한다. "음, 이 학교는 모든 학생을 존중하지만 이 아이들이 나중에 직원을 괴롭히는 상사 밑에서 일해야 할 경우는 어떻게 될까요?" 그의 대답은 이렇다. "미래를 미리 걱정할 필요가 있을까요? 학부모님에 대해서 아는 바는 없지만 모든 부모는 아이들에게 그런 일이 벌어지지 않기를 바랍니다. 그것은 제가 우리 학생들에게도 벌어지지 않기를 바라는 것이고요. 전 아이들이 학교를 떠날 때는 아주 높은 수준의 자신감을 갖추고 자신의 미래를 결정할 수 있게 되기를 바랍니다. 만약 그런 상사 밑에서 일해야 한다면 당당하게 항의하고 문제를 바로잡을 수 있기를 바라는데, 그렇게 해도 상황을 바꿀 수 없다면 우리 아이들은 좀 더 나은 대우를 받을 수 있는 다른 직장을 찾을 자신감을 발휘하겠죠."

이것이 바로 심리학 교수 레아 워터스가 말하는 '갑옷'의 완벽한 사례이다. 그가 말한 갑옷이란 자기 행복을 찾아가는 긍정적 접근 방식을 실행함으로써 아이들을 삶의 스트레스에 대비시키고 미리 전략적으로 준비시키는, 아이가 자신을 위해 스스로 만든 보호장구다. 이 관점에서는 어린시절의 아이에게 어른 방식의 스트레스를 절대 가하지 않는다. 언젠가 익숙해져야 하고 언젠가 도움이 될 거라고 잘못된 믿음을 강요하는 것은 분명 잘못이다.

워터스 교수는 일부 아이들을 망치는 학교가 '어른이 된 뒤의 삶에 대비할 수 있게 해주니 좋다.'라고 말하는 것은 옳지 않다는 데 동의한다.

아동과 청소년의 심리에 대해서 우리가 아는 바는 이것입니다. 이 시기는 아주 상처받기 쉬운 삶의 단계로, 인생을 사는 데 필요한 쓸쓸한 교훈을 가르치기 위해서 아이들이 망가지도록 방치해도 되는 시기는 아니라는 겁니다. 아직 삶의 복잡성을 다룰 수 있는 지적인 힘이나 정서적 안정을 갖추지 못한 시기에 자칫 상처를 줄 수 있기 때문입니다.

심리적 관점에서 스트레스 대해 우리가 알고 있는 것은 이것이 아주 단순한 공식이라는 겁니다. 우리에게 가해진 요구사항과 그 요구에 맞서야 하는 내성 간의 불균형에서 스트레스가 생긴다는 거죠. 따라서 아이들이 아직 내성을 갖추지 못한 시기에 부담을 주면 만성 스트레스만 일으킬 뿐입니다. 스트레스를 이길 수 있는 내성을 어떻게 키우는지 가르치는 것이 아니라 그냥 쓸쓸한 인생교훈을 주는 셈이죠.

나는 우리 딸이 거의 매일 경험했던 만성적인 신체적 스트레스와 불안을 생각한다. "그녀는 과흥분 상태에 있었습니다. 학교에서 아이에게 너무 과도한 것을 요구했기 때문에 항상 코르티솔 과다분비 상태에 있었던 거죠." 워터스 교수가 말했다.

"이것은 모든 아이들에게 한 가지 방식만을 적용하는 교육체제의 폐단입니다. 천편일률적이고 위계에 기반해 있어서 요구사항을 처리할 내성이 부족한 학생이나 마음이 여린 학생은 적응하기 어렵게 됩니다." 마음이 여린 아이. 그렇다. 남들보다 상처받기 쉬운 아이들을 묘사하는 얼마나 멋진 단어이고 표현 방식인가. 마음이 여리고 상처받기 쉬운 아이들이 학교의 스트레스, 삶의 스트레스, 미래에 맞이할 스트레스를 견딜 수 있는 내성을 키울 수 있도록 어떻게 도움을 줄 수 있을까?

예쁜 우리 아이가 발달시기에 맞추어 웃고 놀고 '정상범위 안에서' 활동할 때에는, 그 중 어떤 아이가 청소년이 되고 성인으로 자라서 세상에 맞서기 위한 추가적인 보호막이 필요할지 알 길이 없다. 누가 불안해할까? 누가 우울증에 빠질 경향이 있을까? 누가 자살할까? 누가 거식증에 걸릴까? 누가 마약에 손댈까?

부모로서 우리는 우리 아이는 아닐 거라는 희망을 버리지 못한다. 하지만 희망은 잠재적인 문제의 고통으로부터 그 누구도 예방하지 못한다. 심리치료에서 얻은 축적된 자료에 따르면 희망의 불씨가 꺼진 뒤 대응하는 것은 소용없는 일이라 한다.

레아 워터스 교수가 말한 마음이 여린 아이들이란 삶의 혹독한 요인을 막아줄 완충재가 더 많이 필요한 아이들이다. 아이들에게는 갑옷이 필요하다. 아이가 삶이나 학교에서 상처를 받은 뒤는 갑옷을 입는 것을 돕기에 너무 늦은 순간일 수 있다. 그때는 상처를 치료해야 한다. 워터스 교수는 모든 아이들에게 갑옷을 조기에 제공하는 것을 옹호한다. 아이들이 대부분의 시간을 보내는 학교가 그것을 만드는 데 도움을 주는 장소로 사용될 수 있다고 그녀는 믿는다.

정신건강을 이룰 수 있는 두 가지 경로가 있다고 그녀는 설명한다. 고통을 줄여주는 경로는 치유접근법에 해당한다. 아이들이 긍정적인 상태에 도달하도록 체계적인 노력을 하는 경로는 예방접근법이다. 이런 구별은 중요하다. 문제에 초점을 맞추고 그 문제를 어떻게 해결할지 고민하면서 보내는 모든 시간은 마음에 관한 부정적 관점, 문제의 관점에서 보낸 시간이다.

레아 워터스의 이 언급에서 나는 큰 깨달음을 얻었다. 최고의 사랑과 선의를 가졌다 해도 오랜 시간 문제에 초점을 맞추어 자녀에게 무엇이 잘못되었는지 파악하려고 하다 보면 정작 자녀가 어떤 면에서 긍정적으로 잘 자라고 있는지는 보지 못할 수 있다. 이런 일이 벌어지면 아이는 잘못됨의 구렁텅이 속으로 더 깊이 빠지게 된다.

일이 잘못되기 전에 지금 당장 자녀의 긍정적인 면을 찾아내는 데 초점을 맞출 필요가 있는 까닭이다. 어떤 아이가 고통을 받게 될지 알게 될 때까지 기다리는 방식은 버려야 한다. "심리학 연구의 95퍼센트는 부정적 상태에 초점을 맞추고 그것을 어떻게 줄이거나 없앨 수 있는지를 연구한다."라고 워터스는 말한다.

본질적으로 내가 훈련받은 것은 사람들과 협력해 문제점을 파악하고 문제의 해결방안을 찾아내는 일이었다. 지금 우리는 모두 문제점을 안고 있고 도전과제를 갖고 있고 불안에 직면해 있다. 한편 우리는 희망을 갖고 있고 가능성을 지니며 잠재력이 있고 용기와 인정과 지혜를 갖고 있기도 하다.

따라서 우리가 아이들을 위한 행복프로그램을 설계할 예정이라면 아이들이 자기의 문제를 파악하고 그 문제를 없애거나 해결하는 데 도움을 주는 것만이 아니라 아이들이 자신의 장점을 파악하는 데에도 도움을 줘야 한다. 또 자신의 행복을 보장하기 위해 활용할 수 있는 자기의 장점과 긍정적인 요인을 파악할 수 있도록 해줘야 한다.[1]

학교는 아주 많은 아이들이 다니는 곳이므로 아이들에게 자신 안의 행복을 찾고 키우는 방법을 가르칠 수 있는 완벽한 장소라고 워터스는 믿는다. 정신건강의 두 경로인 치료와 예방을 나란히 적용할 수도 있다. 호주의 모든 학교에서 모든 아이들이 행복수업을 임시프로그램이 아니라 정식 교과목으로 공부하는 것을 보는 것이 그녀의 꿈이다. "화요일 5교시에 수학, 수요일 2교시에 지리, 목요일 6교시에 행복수업 같은 식으로 말이에요. 행복수업이 우리가 학교에서 배우는 정규과목이 되는 거죠." 비인지적 능력이 인지능력을 더 견고하게 해준다는 것은 모든 교사들이 알고 있는 바다.

정신건강 교과과정은 사회성·감성교육(social and emotional learning, SEL)이란 이름으로 30여 년간 존재해왔다. 처음 20년 동안은 치유접근법에 초점을 두었다. 이제는 좀 더 긍정적인 접근법으로 워터스 교수는 신중한 낙관론을 펼칠 수 있게 되었다. 아이들이 희망, 낙관주의와 감사하는 마음을 키우도록 돕고 그저 부정적인 관점에서 접근하는 게 아니라 자신의 행복을 조절하는 법을 배울수 있도록 구체적으로 설계된 프로그램을 개발했다. 그리고 이 프로그램이 학습에 미치는 효과를 조사했다.

미국에서 27만 명의 학생을 대상으로 진행한 대규모 연구 결과, 행복프로그램을 교육받은 학생들은 받지 않은 학생들에 비해서 학업성취도 평가에서 11퍼센트 더 높은 성적을 받은 것으로 밝혀졌다. 학생들은 자신을 더 긍정적으로 받아들이게 되었고 '친사회적'이 되어 더 친절하고 공감능력을 발휘하게 되었다.[2] 그 감정은 '긍정 바이러스'로 전염되기 시작했다.

이 연구결과는 여기저기서 들려오는 기분 좋은 소식들로 뒷받침된다. 멜버른의 브로드미도초등학교에 대한 뉴스내용을 살펴보면 재학생들의 행복에 초점을 맞춘 새로운 프로그램을 시행해 큰 효과를 보았다고 한다.[3] 사회경제적 지위에서 하위 12퍼센트 지역에 있는 이 학교는 학생들의 공격성이 높고 학업성적이 나쁜 학교로 악명 높았다. 뇌과학과 행복에 대한 조사를 통해 케이스 맥도 걸 교장은 신경과학자 밈마 메이슨(Mimma Mason)의 컨설팅을 받으면서 "스트레스를 받으면 제대로 생각할 수 없고 불안하면 학습이 이루어지지 않습니다. 신경과학의 제1원칙 하나는 '소속감과 안정감을 느끼지 못하면 학습이 방해받는다'는 겁니다."라는 조언을 들었다.[4]

그래서 아침을 굶고 오는 학생들에게 아침을 제공하고, 행복프로그램을 개별 학생에 맞추어 짜고, 학생들이 잘 지내기 위해 필요한 게 무엇인지를 파악했다. 학교는 '감정 벽'을 설치해 아이들이 그날 느끼는 감정 그림 옆에 자기 사진을 붙이도록 했다. 만약 어떤 아이가 긍정적인 감정에서 부정적인 감정으로 사진을 옮기면 교사가 그 아이에게 도움을 준다. 아이들은 마음을 가라앉히는 기법을 배우고 운동을 통해 '뇌와 몸을 학습상태가 되도록 조절'할 수 있도록 조치한다.[5] 행복의 부산물은 무엇일까? 몰라보게 달라진 학업성적이었다.

내가 취재한 또 한 명의 교사는 6세 학생들을 대상으로 아침 명상수업을 도입했는데 긍정적인 효과가 하루 종일 유지되는 것을 발견했다고 했다. "아이들이 차분해지고 집중력도 높아지고 더 행복해진 것 같아요."라고 그녀는 말한다. 아이들 자신도 좀 더 집중해서 학과문제를 풀 수 있게 되었고, 학교과제를 할 때 불안감을 극복할 수 있게 되고, 감정을 조절할 수 있게 되었다고 보고했다. 전세계적으로 여러 학교에서 벌어지고 있는 현상이지만, 이 운동은 안타깝게도 아직 주류문화로 자리잡지 못하고 있다.[6]

레아 워터스 교수는 학교에서의 명상의 효과에 대한 15개 연구를 분석한 2015년 연구결과를 언급한다. 명상은 대부분의 경우에 효과가 있었고 학생들에게 크게 세 부분에서 성과를 보였다. 행복감 상승, 사회성 향상, 학업성적 향상이 그것이다.[7] 학교에서 명상을 배운 학생들은 낙관주의, 긍정적 감정, 자아관, 자기만족감이 향상되고 건강을 더 잘 살피게 된 것으로 보고되었다. 불안과 스트레스와 우울증의 감소를 경험했다고도 했다. 이는 명상프로그램을 시행하기 전과, 그리고 명상을 배우지 않은 학생들과 비교해 유의미한 진전이었다.[8]

워터스 교수는 멋진 미래를 상상한다. 10년에서 15년이 지나면 행복하고 역할을 잘 해내고 사회에서 선한 일을 하고 건강한 많은 젊은이들을 볼 수 있게 될 것이라고. 마음이 여린 아이들과 모든 아이들에게 세상을 맞설 무기를 갖추게 해 불안한 미래에 필요한 자원을 갖출 이유가 충분히 있다. 이 '긍정 바이러스'를 퍼뜨려야 한다. 개인의 행복을 넘어서 행복한 사회를 만드는 원대한 비전을 세워야 한다. 행복한 사회는 '자신이 원하는 사회는 자신이 만들 수 있다'고 믿는 강한 개인으로 구성된 사회로 미래의 문제에 효율적으로 대처한다.

교육과정재설계센터(Center for Curriculum Redesign, CCR) 소장이자 하버드대학교 객원연구원 찰스 파델(Charles Fadel)은 안드레아스 슐라이허가 핵심개념으로 강조한 인성교육을 교과과정에 포함시키고 이를 전 세계로 확장하는 작업에 참여하고 있다. 즉, 기술과 지식교육에 인성교육을 추가하자는 주장이다. 교육의 개념을 감성교육까지 아우름으로써 성공의 개념을 좀 더 폭넓게 확장한다. 이것은 학교는 무엇을 하는 기관이고 교육은 무엇을 해야 하는지에 대해 전 영역에 걸쳐서 우리 모두에게 필요한 토론의 핵심이다.

2015년에 교육과정재설계센터는 3년간 준비해온, 교과과정에 인성교육을 포함하는 방안에 대한 기본 틀을 발표했다. 학생 개개인의 행복이 한 부분인 것은 분명하지만 이뿐만 아니라 재정불안, 기후변화, 종교적 극단주의, 사생활 보호, 정치적 당파성과 같은 사회적 위기에 직면한 세계에서 개인의 주체적 역할을 개발해야 한다는 확장된 개념이다. 물론 교수방식도 중요하지만 여기에서는 어떻게 가르칠 것인가보다는 무엇을 가르칠 것인지를 관심있게 다룬다. 교육에서 성공의 개념을 확장하고자 한다면 가르치는 방식뿐만 아니라 가르치는 내용도 살펴보아야 한다.

"핵심적으로 우리가 말하고자 하는 것은 상대적으로 단순명쾌합니다. 아리스토텔레스나 공자의 철학에 대해서 논하는 것도 아닌데 이토록 엄청난 토론거리라는 게 그저 놀라울 뿐입니다."라면서 찰스 파델은 이에 대한 의견을 내놓는다.

특히 21세기에 공교육은 전통적 지식에 대한 것만 가르치지 않습니다. 각자의 삶에서 개인적으로 성공적인 삶을 살도록 만든 것은 무엇인지에 대해 생각해본다면 이해할 것입니다. 지식이 있었기에 가능한 것이었지만 지속적으로 지식을 갱신해왔기에, 이는 전통적 지식뿐 아니라 현대적 지식도 갖춘 덕분이라고 할 수 있습니다. 또 단지 우리가 알고 있는 것만이 아니라 그 아는 것을 어떻게 활용하는가도 중요합니다. 창의성, 소통

능력, 협업능력, 비판적 사고력과 같은 21세기가 요구하는 고차원적 사고능력 말입니다. 좀 더 구체적으로 말하면 이는 세상에서 어떻게 행동하는가, 세상에 어떻게 참여하는가, 그리고 인성도 중요합니다. 마지막으로 이 모든 것과 자신에 대해 어떻게 성찰하는지를 다루게 되는데, 이를 메타학습(meta-learning)이라 합니다.

지식, 기술, 인성, 학습에 대한 성찰, 이것이 교육의 4가지 차원이다. 이것이 바로 전인교육이라고 파델은 말한다. "하지만 우리는 지금까지 교육의 의미를 점진적으로 좁혀왔습니다. 지난 몇십 년 동안 객관적 평가에만 강조점을 두다보니 교육이 전통적 지식만을 측정하는 수준으로 전락해버렸습니다."

교육의 비전을 전 세계적으로 확장하겠다는 것이 파델의 사명인데, 그는 가르치고 평가할 수 있는 인성을 6가지 부분으로 정의했다. 그것은 '집중, 호기심, 용기, 회복탄력성, 윤리, 지도력'이다. 이들 개념 중에는 정의하기 어렵고 사람마다 해석을 달리할 수 있는 것도 있어 평가나 측정이 어려울 수도 있지만, 그렇다고 이에 대한 토론을 시작하는 일이 전혀 쓸모없다는 뜻은 아니라고 파델은 덧붙인다.

용기를 어떻게 정의할지 잘 모른다고 해서 정의를 가르치면 안 되는 건 아닙니다. 내가 용기 있다고 생각하는 개념이 당신이 용기 있다고 생각하는 개념과 다르다고 해서 인류 차원에서 용기가 무엇인지에 대한 어떤 개념이 없는 것은 아닙니다. 측정될 수 있는 것만 가르치겠다고 교육의 목표를 낮게 잡지 말아야 합니다. 우리는 지난 50년간 교육의 목표를 측정 가능한 것으로만 잡고 가르쳐왔습니다.

만약 당신의 딸이 학교에서 전통적 방식의 지식 측정뿐만 아니라 교육의 다른 측면들에서도 동료 학생과 교사들의 평가를 받았다면 어땠을까요? 비록 후자는 '의견'이라 수치화할 수는 없더라도 최소한 교육의 목표가 될 수 있지는 않을까요? 요점은 측정 가능성 여부를 떠나 이런 것들이 교육의 목표가 되어야 한다는 것입니다.

우리 딸이 용기, 호기심, 집중, 윤리와 같은 과목에서 배우고 평가 받았다면 딸은 전혀 다른 성과를 냈을 것이다. 나는 딸이 빅 아이디어를 생각하고, 마음을 확장하는 토론에 참여하고, 자기 결단과 함께 오는 짜릿한 깨달음을 추구하는 것을 상상한다. 세상은 내가 만드는 것이라는 감각.

나는 사립학교에서 개별 지도그룹과 교과과정 밖에서 빅 아이디어를 토론하고 있는 우리 아들의 모습을 상상한다. 이런 내용은 저녁 식탁에서 나누는 대화이고 우리 식구 모두 흥미진진하게 빠져드는 화제다. 실제로 측정될 수 있는 내용들은 그다지 아들의 관심을 끌지 못한다.

파델은 이들 토론을 수업으로 끌어들여 교육의 일부로 완전히 통합하고자 한다. 그는 이런 교과과정의 개편을 통해 교육에서 체제변화를 이끌고자 한다. "이 방식은 한 마디로, 우리가 맞이한 엄청난 사회적 위기 앞에서 우리에게 강요되는 미래를 그냥 무기력하게 견디는 것이 아니라 우리가 원하는 미래를 만들기 위해 적극적으로 노력하자는 것입니다. 가까운 시일 내에 이 목표가 이루어지도록 하는 데 인류의 미래가 달려있습니다."

파델은 윌슨(E. O. Wilson)의 말로 인성교육에 대한 발표를 마무리했다. "우리는 정보의 바다에 빠져 있지만 지혜에 굶주려 있습니다."

11장

자녀의 학교는 부모가
다니던 시절의 학교가 아니다

학부모가 자녀의 학교에 교장선생님을 면담하러 가면 이것 한 가지
는 확신할 수 있다. 사무실 문 안으로 들어서며 자신이 학교 다니던
시절의 감정적 짐꾸러미 하나를 뒤에 끌고 들어가게 된다는 것이다.
자녀 상담을 하러 교장실로 불려가는 것은 성인이 되어서조차 어떤
사람들에게는 심장이 벌렁거리는 일이다. 수십 년 전 자신의 초등
학교 시절에 교장선생님이 보였던 무서운 독재자의 이미지가 떠올
랐을 수가 있다. 이런 경우라면 당신은 학교의 강력한 권위에 바로
복종할 가능성이 높다. 만약 학창시절 아무런 문제를 일으키고 싶
지 않아서 규정과 규칙을 준수하는 모범생이었다면, 교육전문가들
이 어련히 가장 잘 알 것이라는 생각에 바로 꼬리를 내리고 싶을 것

이다.

그러나 거기서 멈춰보자. 문을 들어서면서 조건반사적인 반응은 자제하고, 이제 두 성인이 일대일로 당신 자녀의 행복에 대해서 호의를 갖고 대화하게 되리라는 것을 명심하라. 교장은 교육과 학교의 지침에 대해 권한을 갖고 있지만, 당신은 당신 자녀에 대한 권한을 갖고 있다. 현안이 무엇이든 당신들은 협력해 자녀에 대한 해결방안을 찾아야 한다. 교육방식에 대해 질문하는 것도 응당 가능하다. 사무실 바닥을 내려다보면서 "맞습니다, 선생님."이라고 중얼거리며 주눅들 필요는 없다.

학교나 학교의 운영방식, 교육이론에 대한 이야기에 달린 댓글을 읽는다면 성인 남녀들 중에 학교경험 때문에 상처를 받은 사람이 얼마나 많은지 충격을 받을 것이다. 이제는 60대가 된 사람들도 그 당시 적응하지 못하고 괴롭힘을 당하고 교사에게 창피를 당하거나 벌을 받았던 괴로움을 여전히 생생히 느낀다. 댓글 중에는 불행했던 사연을 구구절절 늘어놓은 긴 글도 있고 끔찍했던 경험을 짤막하게 밝힌 글도 있다. '학교는 가학성 변태들이 운영하는 감옥이다.'는 글이 유독 가슴에 박혔다. 아직 너무 무거운 짐을 끌고 다니는 사람들이 많다.

이런 기억의 이면에는 향수가 있다. 장밋빛 안경을 쓴 추억. 학교는 멋진 곳이야! 학교는 너무 재미있는 곳이었어! 학창시절이 내 인생의 전성기였어! 학부모들은 학창시절의 행복한 추억에 젖어서, 친구들과 아무 걱정 없이 놀고 과학실의 분젠버너 주위에서 농담을 주고받으며 어른으로서의 책임감은 어깨에 지지 않아도 되었던 그 시절을 떠올린다. 시험? 시험 치기 전날 밤에 조금 걱정이 되었던 정도였다. 아, 옛날이 좋았지. 이들에게 학창시절은 좋았던 기억으로 남아있다. 그 중 하나인 나는 오늘날 아이들이 느끼는 압박감 따위는 전혀 기억나지 않는다. 한 남학생이 내게 고백한, 몇 년 간 다른 아이들과 비교되며 느꼈다는 그런 압박감을 나는 느껴본 기억이 없다.

나는 고등학교 시절에 정말 행복한 경험을 했다. 내가 다니던 학교는 사립여고였는데, 맹인수녀인 줄리안 수녀님의 감독 아래 사랑이 넘쳤던 것으로 기억한다. 수녀님의 친절은 하느님의 감로수처럼 모든 여학생에게 흘러넘쳤다. 작은 성공회수녀회와 성령강림수녀회에서 운영하는 학교였는데 나 같은 이교도 학생도 친절하게 받아들였다. 평신도 여교장이 있었지만 줄리안 수녀님이 돌아가시기 전까지 실권이 거의 없었다. 줄리안 수녀님은 두꺼운 렌즈의 뿔테안경을 끼고 자애로운 눈길로 학생들 모두를 따뜻이 안아주셨다. 나쁜 행동을 하는 학생이 거의 없었던 것은, 정학을 당하거나 곤란한 상황에 빠지는 것을 학생들 모두가 두려워했기 때문이 아니었다. 그보다는 줄리안 수녀님의 얼굴에서 자애롭게 용서하는 표정을 보는 게 부끄러웠고 그러고 싶지 않았기 때문이었다.

나는 신앙심은 없었지만 찬송가 연습만큼은 누구보다 좋아했다. 그 시간이 하루 일과 중 내가 가장 좋아하는 시간이었는데, 550명의 소녀들이 '예루살렘'을 큰소리로 합창할 때는 마음을 고양시키는 뭔가가 있었다. 윌리엄 블레이크의 시, 쿵쾅거리는 직립형 피아노, 에반스 선생님을 약 올리기 위해 음치 시늉을 했던 수지 왓슨.

기분 좋게 하루를 시작하는, 몸이 상쾌해지는 시간이었다.

합창은 기쁨을 느끼게 하는 호르몬인 엔돌핀과, 불안과 스트레스를 완화하고 연결감을 진작시키는 호르몬인 옥시토신이 돌게 만들고, 스트레스를 강화시키는 코르티솔 분비를 줄인다는 사실이 과학적으로 밝혀졌다.[1] 합창은 어떤 의미에서 시끄러운 명상시간에 비유할 수 있다. 선율적으로도 아름다울 뿐만 아니라 심리적으로도, 또 학업면에서도 합창이 하루를 시작하는 귀중한 방법임을 아셨다니, 참으로 똑똑한 수녀님들이셨다. 학교에 종교가 설 자리는 없다는 것이 요즈음 내 개인적인 생각이지만, 집단적인 기쁨, 아름다움, 옥시토신 속에서 하루를 시작할 수 있도록 아침에 찬송가를 합창하는 것은 아주 바람직한 일이라 믿는다.

시험시간이 끝나기도 전에 문제를 다 풀었고 성적도 그럭저럭 괜찮았지만 학업성취도는 나의 학창시절에서 그렇게 중요한 부분으로 남아있지 않다. 친구를 사귀는 일이 더 중요했고 운동도 큰 부분을 차지했다. 아침에는 수영이나 달리기를 연습하고 오후에는 네트볼이나 소프트볼을 했다. 자랑 같지만 나는 학교의 인명구조요원이었고, 공립학교지역대항전 '시신이 되어 가장 오래 떠있기' 시합에서 일등을 했다. 수영장에서 물에 얼굴을 박고 오래 떠있는 시합이었다.

내 학창시절 이야기를 장황하게 늘어놓는 이유는 무엇일까? 자신의 학창시절에서 기억나는 것이 무엇인지를 생각해보는 것, 그리고 그때 우리가 쓰는 장밋빛 안경을 생각해보는 것은 흥미로운 일이다. 향수는 과거를 미화시킨다. 하지만 내가 애정을 갖고 기억하는 일들이 형식적 학습과는 별로 관련이 없고, 대부분 행복, 친절, 공동체 의식에 관한 것들이라는 것을 눈치챌 것이다. 나의 학창시절 경험은 긍정적 기억으로 강하게 남아있다.

학부모는 대개 자녀의 학교를 선택할 때 자녀가 자신의 긍정적인 경험을 반복하기를 바라거나(자녀를 자신의 모교에 입학시킨 부모들을 여럿 알고 있다) 자신의 끔찍한 경험과 반대되는 경험을 하길 바란다. 한 어머니는 학교 다닐 때 너무 외로웠던 기억 때문에 자녀에게 바랐던 것은 오로지 그 애가 학교에서 친구를 많이 사귀었으면 하는 것이었다고 얘기했다. 이 책을 쓰면서 내가 면담한 교육자들은 학부모의 향수와 기억이 학교개혁에 큰 걸림돌이 된다고 말하곤 했다. 학부모들에 의한 결정은 그간의 세월 동안 세상에서 벌어진 변화를 고려하는 경우가 별로 없기 때문이라는 것이다.

원로 교육자이자 『새로운 세대를 위한 싸움(Jousting for the New Generation)』의 저자인 데이비드 로더(David Loader)는 멜버른사립학교 웨슬리칼리지 교장으로 재직할 당시의 어느 모임을 회고했다. 로더는 교육개혁가로 명성이 높았는데 개혁안 중 하나를 도입하기 위해 학부모단체와 싸워야 했다. 하지만 그와 부딪쳤던 학부모들은 자신들의 경험 이외의 것을 보지 못했다. "우리는 120여 명의 학부모와 모임을 가졌습니다. 나는 화이트보드를 두 개 준비해서 학부모님들께 학창시절의 좋았던 기억과 나빴던 기억을 적어보시라고 부탁드렸습니다. 몇 분이 좋았던 기억을 떠올리시고 몇 분은 나빴던 기억을 꺼내셨는데, 점점 나쁜 기억의 수가 많아지더니⋯ 나쁜 기억 쪽 칠판이 꽉 차버렸습니다. 그때 제가 말씀드렸어요. 여러분 께서는 여기 오셔서 '좋았던 옛날로 데려다주세요.'라고 말씀하시 면서, 정작 기억하시는 건 체벌, 암기, 삶과 유리된 교육 등 나빴던 것에 대해 회고하고 계십니다. 학부모님들은 아직도 옛날일로 논쟁 하고 계신 겁니다!' 학부모들은 여전히 딴 세상에 살고 계세요."

찰스 파델(Charles Fadel)도 이점을 지적했다. "학부모들은 웬만한 일은 자신의 성장과정과 관련시키기 때문에 세상이 얼마나 바뀌었 는지 깨닫지 못합니다. 기술발전이 얼마나 빠른지, 세상이 얼마나 뒤집혔는지, 몇십 년이 지나면 상황이 얼마나 더 악화될지 전혀 모 릅니다."

"학부모들은 자기 자신의 경험에 밀착되어 있습니다."라며 노던 비치기독교학교의 교장 스티븐 해리스(Stephen Harris)도 동의했다. 학생중심 학습을 위한 최첨단 혁신시스템, 환상적인 용도로 설계된 교수공간, 개별 교사가 아닌 팀 티칭, 학교공간을 교사와 학생이 다 같이 민주적으로 이용할 수 있게 한 것으로 유명한 그의 학교에서, 해리스는 아동을 교육하는 새롭고 신나는 방식으로 교사뿐만 아 니라 학부모들도 재교육해야 했다. "우리는 아이들을 교육하고 교 직원은 물론 학부모도 교육하고 있습니다. 교육계에서 학부모 교육 을 하는 사람은 없습니다. 학부모 교육이 정부 의제로 오르지 않은 것은 아직 거기까지는 생각이 미치지 못했기 때문일 겁니다. 사회 를 바꾸고 철학을 바꾸고 싶다면 학부모를 교육시켜야 하는데, 학 부모 교육 없이는 그런 변화가 불가능하기 때문입니다."

영국의 교육컨설턴트이자 『개방하라: 우리는 미래에 어떻게 일하고 살고 배우는가(Open: how we'll work, live and learn in the future)』
의 저자 데이비드 프라이스(David Price)는 학부모와의 대화가 아주
중요하다고 말했다.

우리는 학부모들에게 교육이론을 말할 필요가 있습니다. 학부모를 상
대로 도발적인 질문을 던지고, 좋은 학교는 어떤 학교여야 하는지 기본
원칙을 설명할 필요가 있습니다. 학부모는 그에 대해 아주 심도 깊은 대
화를 나눌 수 있는 분들이니까요.

학부모에게 아무도 교육용어를 설명하지 않습니다. 자녀들이 창의적인
가? 협력적 학습자인가? 학부모에게 이런 질문을 던지지 않는다면 어떻
게 변화를 기대할 수 있겠습니까? 나는 사친회에 참석하는 편이었지만
'목표 시험점수에 대해서는 관심 없는데.' 하는 생각에 침묵만 지키다 돌
아오곤 했습니다. 다들 시험점수만 이야기하니까 그런가 보다 생각하고
애를 차에 태워서 집에 오면서 "너는 수학에서 B등급 못 받겠던데."라고
아이에게 말합니다. 그러고는 '애가 수학에서 B를 못 받아도 개의치 않
지만.' 하고 속으로 생각하는 식이었습니다.

교육계에 종사하는 사람인 저도 교육의 기본 용어를 모르고 있었지만,
그런 기초 정도는 알고 있어야 한다고 생각합니다.

오늘날 교육계에서 입에 가장 많이 오르는 용어는 '협력'인데 세
월이 지나는 동안 교육개념이 어떻게 바뀌었는지를 가장 잘 보여주
는 사례를 찾는다면 이보다 좋은 용어는 없다. 우리 때는 협력이라
면 부정행위를 의미했다. 마음씨 좋고 공부 잘하는 아이가 공부 못

하는 친구를 도와줄 때가 가끔 있었지만, 일반적으로는 친구가 자기 답을 베낄까봐 시험지를 못 보게 가렸다.

런던에서 내가 면담한 한 어머니는 아들이 숙제에 관해 다른 아이들과 통화하는 것을 듣고 끊으라고 야단쳤다고 한다. 다음날 선생님께 전화해 자신이 우려하는 바를 말씀드렸다. 아이들이 다른 애 숙제를 컨닝한다고 말이다. 아이들이 절대로 컨닝하는 것은 아니라고 선생님은 말했다. "그건 아닙니다. 컨닝하고 있었던 게 아닙니다. …어머니, 안심하세요. 이 과제는 서로 협력해서 해결하도록 내준 것입니다." 이 어머니는 협력과제에서 평가는 어떻게 하는지 이해하지 못했다. 아이들이 한 팀으로 평가를 받는다 해도 한 아이가 자기 몫을 수행하지 못하면 어떻게 되는가? 선생님은 아이들이 협업에 대한 점수를 받게 되고 한 팀으로 협력하는 역량에 대한 점수를 받는다고 설명했다. 아이들은 자기 몫을 충분히 수행하지 않는 아이가 누구인지를 찾아내서 자기 몫을 하도록 시키는 일도 아주 잘한다고 덧붙였다.

협력은 이제 21세기의 유행어가 되었지만 나는 이 단어만 들으면 신경경련이 일어난다. 나는 대학 1학년 때 협조공모 혐의로 실제 범죄자처럼 기소된 적이 있다. 나의 모교는 나와 동료학생이 과제를 공모해서 했다면서 저널리즘 강의에서 우리를 내쫓으려고 했었다. 고발장이 접수되었다는 소식에 농담인 줄 알았는데 진짜였다. 청문회 일자가 정해지고 교수단에서 판결위원을 선정하고 이 기소사건을 심리하고 판결하기 위한 판결위원회가 소집되었다. 방청객이 모이고 우리의 명예를 지키기 위해 우리가 일하던 신문사에서는 변호사를 선임했다.

"재판장님, 저는 이 동료와 공조관계를 갖지 않았습니다. 사건은 이렇습니다. 대학에서 저널리즘을 공부하던 수습기자 두 명은 대학에서 내준 과제를 받았습니다. 우리는 정식 기자로 이미 근무하고 있었기에 과제를 마감시간까지 미루어두었습니다. 데드라인에 맞춰 일하는 게 기자의 삶이니까요. 마감 이틀 전 저는 대학도서관으로 차를 몰고 와 이 과제의 해답이 들어있을 것으로 짐작되는 교재를 세 권 대출했습니다. 저는 사무실로 돌아와 교재를 읽으면서 적절한 구절을 찾아서 정리하고 일과 후에 제 책상에서 에세이를 작성했습니다. 다음 날 저는 그 교재를 동료에게 전해줬습니다. 그 친구는 동일한 과제를 수행하기 위해 이 교재를 사용했고 다음 날 사무실에서 에세이를 작성했습니다. 그 친구가 대학도서관에서 책을 대출했더라도 동일한 책을 빌렸을 것이라는 데 추호의 의심이 없습니다."

우리 두 사람의 에세이가 유사한 것은 그렇게 놀랄 일이 아니었다. 같은 질문, 같은 교재면 해답도 비슷할 테니까 말이다. 그러나 평소에 우리를 탐탁찮게 여겼던 저널리즘 학장의 눈에는 우리가 과제수행을 공조한 게 틀림없어 보였을 것이다. 상식선에서 봐도 이 상황은 우리가 부정행위를 했다고 말하는 거나 다름없었다. 다행스럽게도 우리가 과제를 다른 날에 따로 하는 것을 목격했다고 증언한 동료기자가 있었다. 그 증언과정에서 변호사는 청문회장을 활보하며 증언자를 대질심문하고, 우리가 마치 살인죄라도 지어서 걸린 것처럼 심각한 변론서를 작성했다. 우리는 증언대에 서서 각자의 과제결과물을 한 줄씩 서로 검토하면서 같은 글인지 엄밀하게 검증했다. 나는 "동일하지는 않지만 비슷합니다."라는 말을 몇 번이고 반복해야 했다. 빌 클린턴이 청문회에서 "기억나지 않습니다."라고 증언했다는 횟수보다 아마 더 많을 것이다.

한 편의 코미디였다. 나는 저널리즘 학부 측 심문자에게 그 문장이 같은 문장인지 백번이나 심문당하는 와중에 학부측 배심원으로 온 멋진 교수를 발견했다. 나는 학부측 심문자를 못마땅하게 바라보는 그녀의 눈길을 발견하고, 이 재판에서 이길 수 있겠다는 생각이 들었다. 우리는 실제로 처벌을 받지 않고 방면되었지만 도대체 이 일에 관여했던 사람들의 시간과 돈을 얼마나 허비한 것인가. 오늘날 나는 수습사원들과 실제로 머리를 맞대고 앉아서 정말로 협업을 하면서 '팀 작업을 아주 잘 수행한다'고 높은 점수를 받기까지 한다.

일반적으로 오늘날 학부모들은 등급과 성적 이외에 무엇에 관해 교사와 이야기해야 하는지를 잘 모른다. 학부모들은 참여, 자율 학습, 자기주도 학습, 전인교육, 그리고 협업에 대해 대화할 역량을 갖춰야 한다. 협력이 부정적 의미에서 긍정적 의미로 전환된 것처럼 대화에도 전환이 필요하다. 학부모와 교사 간의 대화는 자녀의 잘못된 점과 아이의 학업수준, 성공이라는 좁은 관점에서 아이가 어떻게 적응을 못하고 있는지에만 초점을 맞추는 경우가 너무 많다. 이런 결핍렌즈로 아이를 오랫동안 들여다보면 아이도 똑같이 그 부정적 렌즈로 세상을 보게 되는 것은 전혀 놀라운 일이 아니다.

이런 아동의 부모는 교육체제를 바꿀 필요가 있다는 것을 절실히 느끼게 되지만 변화는 너무 어렵다. 스티븐 해리스는 학교에 대해 사람들이 상징적으로 갖고 있는 이미지들이 이러한 변화를 더 어렵게 만든다고 믿는다. "학교는 그런 기관입니다. 신문에 학교의 모습이 보도될 때면 손을 드는 학생과 칠판이 있는 사진이 나오거나 교실에 죽 늘어선 책상이 나옵니다. 늘 한결같은 이미지입니다." 사람들 마음속에 떠오르는 학교의 상은 고정되어 있다. 교탁에 선생님이 서 있고 달걀판 모양으로 줄 세운 자리에 앉은 아이들은 시험을 마칠 때까지 조용히 시험답안지를 채우고 있다.

지금까지 늘 그랬다. 학교의 진화는 너무 느리기 때문에 이제는 혁명이 일어나야 할 시기이다. 최신 기술과 스마트장비에 관한 새로운 도전 얘기를 제외하고, 이 책에 언급된 내용 중에 지난 수십 년 동안 한 번도 집필된 적이 없거나 논쟁을 거치지 않은 교육이론이나 교수법은 없다. 수십 년 동안 이런 답보상태였던 것이다. 긴급한 개혁 요구는 오랫동안 계속 '긴급한' 것으로 여겨져 왔지만, 아무런 변화 없이 여전히 세월만 흘러간다. 지금 이 시기가 다른 시기와 크게 다른 점은 아이들에 대한 압박이 훨씬 악화되어 그로 인해 아이들의 삶에 미치는 악영향이 훨씬 심각해졌다는 점이다.

변화는 절실하다. 자녀가 학교를 마치기까지의 기간은 학부모로서의 인내를 시험하는 시간이라서 학부모들은 애들이 고3을 마칠 무렵에는 '하느님, 감사합니다. 이제 곧 끝나면 더 이상 걱정할 일은 없겠죠.'라는 생각이 절로 들 지경이 된다. 아이들이 마침내 학교를 마치고 나면, 학부모는 안도의 한숨을 내쉬며 교육체제에서 무엇을 바꿀 필요가 있는지 더 이상 생각하려고도 않고 생각할 필요도 없게 된다. 그런 고민은 이미 지난 일이 된다. 그러나 그건 당신에게만 해당되는 이야기다. 공장의 기계는 계속해서 학생들을 바꿔가며 쏟아내고 학생들은 계속 힘들어한다. 나는 이 책을 통해 우리 자녀가 학교를 마치고 나서도 우리 모두는 망가진 교육체제의 영향을 여전히 받는다는 것을 일깨워주고 싶다.

교육자들은 학부모 차원에서 변화에 대한 저항은 "내겐 괜찮았으니까, 해보자, 애야."하는 형태로 온다고 보고한다. 이는 내성이 강한 사고편향이다. 부모는 전통적으로 자녀들을 위해서 아주 보수적인 결정을 내린다. 자기 자녀만 교육을 잘 받고 무사히 지나가기만 하면 되는 일에서, 어느 누가 모험을 하거나 실험을 하겠는가. 교육체제 전반에 대해 의문을 던져보는 것이야 나쁠 건 없지만, 체제를 변화시키는 것은 침몰하는 타이타닉 호를 구조하는 일일진데 왜 굳이 나서서 하려고 하겠는가? 체제변화는 당신의 자녀에게는 너무 느릴 수 있지만, 노년의 당신을 돌볼 의사나 여러분을 대표해 30년 장기정책을 결정하는 총리, 암 치료법을 찾거나 기후변화로부터 환경을 구해야 하는 미래 과학자에게는 그렇게 느린 게 아니다.

30년 경력의 전직 사립학교 교사 한 분은 용기 있는 리더십 부족이 변화의 가장 큰 장애라는 데 전 재산을 걸 수도 있다고 내게 말했다.

독립학교에서 많은 문제점은 계약교장과 관련이 있습니다. 이런 학교에서는 리더십 확립이 어렵습니다. 계약교장은 계약을 갱신할 수 있을지 걱정하면서 자기 몸을 사리기 때문입니다.

훌륭한 리더십은 학업성적에만 신경쓰지 않겠다고 말할 수 있는 용기이고 또 그게 진심이어야 합니다. 하지만 리더의 이런 태도도 아래 직원들한테로 내려가면 무뎌지고 현상을 뒤집으려는 사람은 많지 않게 되지요. 나는 교사들과 수도 없이 토론을 벌였지만 교사들은 변화를 말하고 싶어도 평지풍파를 일으키고 싶지 않아 입을 닫는다고 하더군요.

최고의 조직은 모두 잘못된 것을 인정하고 토론하는 조직들입니다. 실수를 저지르지 않고는 창의적인 과정을 얻을 수가 없습니다. 하지만 다들 다음 계약을 할 수 있을지 걱정하다 보니 실수하는 것을 너무 두려워합니다. 일자리를 유지할 수 있을지 걱정하다 보면 리더십은 약해집니다.

공립학교 안에서 엄청난 변화를 이끈 한 교장은 자기들이 알고 있는 것보다 교장의 자율권이 훨씬 많다고 내게 말했다. 그렇다 해도 공립학교에서는 관료주의가 혁신을 방해할 수 있다. 교장들은 아래위로 공격받고 있다는 심리상태에 얽매여 있어서 용기를 내고 모험을 감행하는 법을 잊어버린다.

영국의 사회혁신을 이끄는 중심축 역할을 하는 이노베이션 유닛(Innovation Unit)의 데이비드 프라이스(David Price)는 지난 20년을 교육실험에 바쳤다.

지금까지 만나본 학생 중에 뭔가를 다르게 해볼 수 있는 기회를 반기지 않는 학생은 없었습니다. 6주간의 실험이 생각대로 되지 않았다고 학업을 망쳤다고 원망하는 학생도 만나본 적이 없습니다.

어이없는 일이지만 영국에는 소위 '기니피그 신드롬'이라는 게 있습니다. 뭔가 다른 것을 시도해보려고 하면 "그 애들이 당신 실험의 기니피그인가요?"라고 묻는 사람이 나타나거든요.

유감스럽게도 이런 사고방식의 논리적 귀결은, 아무것도 새롭게 시도해보지 못하고 늘 하던대로 하고 마는 것이겠지요. 교육체제는 어느 시점에서든 배짱을 발휘해 새로운 시도를 해봐야 합니다.

정치적 차원에서 교육은 단기간에 자신들의 업적을 올리려고 하는 단기정권 사이에서 앞뒤로 튕겨지는 축구공 같다. 새로 정권을 잡으면 정권 담당자들은 장기비전 없이 용감하게도 임기 중에 단기적인 성과를 올릴 일에만 골몰한다. 정권을 잡은 정당은 상대편 정당이 한 정책은 뭐든지 나쁘다고 보기 때문에 좋은 정책도 거꾸로 돌려버리는 경우가 있다. 상대방이 한 정책은 무조건 날려버린다. 그러니 교육정책이 오락가락한다. 우리가 개혁을 맡긴 정치인들은 그 자체가 변화가 필요한 시스템의 산물이라는 것을 잊지 말자. 자신들에게는 무리 없이 잘 작동했던 뭔가를 바꿀 필요를 굳이 왜 찾겠는가? "도마뱀이 지구를 차지한 것과 다름없는 일이죠."라고 스티븐 헤펠(Stephen Heppell) 교수는 표현한다. "우리는 재앙적 악순환에 있습니다. 체제를 이끌고 정책결정을 하는 사람들이 학교에서 가장 상상력이 빈곤한 사람들이었다고 말할 수 있습니다. 이 체제가 그런 정치인들을 만들었습니다. 이것은 집단적인 잘못입니다."

체제 안의 관성에 미래에 대한 불확실성이 보태진다. 변동성과 불확실성이 높은 상황에서 인간은 모험을 기피하게 된다. '항상 문제가 발생하는 부분'이라고 찰스 파델은 말한다. "사람들에게 동기부여를 어떻게 하는지 정확하게 이해하기 위해서는 변화관리 이론을 살펴보아야 합니다. 미래가 불안해지면 개인과 사회로서 우리는 늘 해오던 대로 움츠러듭니다. 그게 안전하기 때문입니다. 보수적인 양상을 보입니다. 이것은 불행하게도 변화해야 할 시기에 택한 잘못된 전략입니다. 앞으로 도약하려면 점진적으로 대담한 방식으로 바꾸어야 합니다. 급진적일 필요까진 없더라도요."

파델은 깊이있는 변화는 어렵다고 본다. 화려한 TED(Technology, Entertainment, Design의 약자로 미국의 비영리단체에서 운영하는 강연회−옮긴이) 강의와 헤드라인으로 뽑기에 좋은 발언들만으로는 더디고 느린 체제변화의 현실을 바꿀 수 없다. 그는 세계 각국의 교육각료들과 협력해 체제변화를 이끌고 있다(그렇다, 변화는 어디에선가 일어나고 있다는 점을 주목하는 것이 중요하다). 하지만 그 와중에도 대부분의 체제는 정체 중이고 구태는 유지된다. 따라서 개인은 학교를 최대한 활용하거나 자신을 고쳐 적응하거나, 아니면 뒤처지거나 탈락을 선택해야 하는 책임을 지게 된다. 교육체제는 우리에게 맞지 않지만, 바꾸거나 적응해야 하는 것은 교육체제가 아니라 항상 우리 몫이다.

교육이 잘못된 점은 정확히 무엇일까? 어디부터 어디까지를 여기서 이야기할 수 있을까? 먼저 대부분의 교육개혁가들은 학교의 기본 체제를 지적한다. 150년 된 학교모델은 나이로 묶여 교육과정을 밟는 아이들을 줄 맞추어 앉히고, 선생님 한 분이 앞에서 통제하도록 하고, 아이들을 정보의 수동적 수용자로 본다. 학습하고 성취하는 속도가 다름에도 불구하고 14세 아이들은 모두 같이 배운다. 45분의 역사수업이 끝난다는 벨이 울리면 모두 수학수업을 듣는다. 선생님은 온갖 지혜가 솟아나는 하나의 샘이다.

세계와 존재의 거의 모든 측면이 급격하게 바뀌었지만 학교의 주된 측면은 바뀌지 않고 그대로이다. 데이비드 프라이스의 말처럼 19세기에서 온 시간여행자가 현대사회로 온다면 모든 것이 달라서 어리둥절하겠지만… 학교는 그대로여서 안심할 것이다. 공장모델의 교육은 노동자들이 많이 요구되었고 많은 아이들을 교육시켜야 했던 산업혁명시대에 시작된 교육이다. 효율과 균일을 추구한 교육이었고, 오늘날 교육의 주된 측면 역시 마찬가지다. "아다시피 다른 환경에서는 이 모델을 받아들이지 않습니다."라고 안드레아스 슐라이허는 말한다. "교육을 산업노동조직처럼 운영하는 것이 문제입니다. 아이들이 여섯 살이 되면 다 같이 학교에 집어넣고, 정규교과과정을 학년별로 교육시키고, 학년을 마칠 때 모두가 동일한 내용을 평가하는 시험을 치르도록 하는 식이죠."

아이들은 모두가 서로 다른 속도로 서로 다른 방식으로 배운다는 증거가 넘쳐나는 데도 불구하고 이런 교육체제는 지속되었다. 숙제의 효과에 대한 연구결과를 무시하는 것처럼 청소년들의 등교시간에 대해 입증된 바 역시 무시한다. 우리는 전통이라는 명목 하에 별 망설임 없이 이런 교육체제를 수동적으로 쫓는다. 무기력하다. 자의적인 동시에 맹목적이기도 한 무지이다.

"교육에서 반복되는 잘못이 크게 세 가지 있습니다."라고 스티븐 헤펠 교수는 말한다.

하나는 균일성입니다. 다른 사람처럼 되기 위해 최선을 다하는 것이죠. 아이들은 정해진 틀을 벗어남으로써 자기만의 개성을 가진 사람이 됩니다. 대체로 그렇게 하는 사람이 인생에서 성공합니다. 너무 많이 벗어나면 추방되고, 충분히 밀어붙이지 못하면 순응하는 사람이 되지요. 예를 들어, 여러분은 학교가 뽑은 학생회장에게 표를 주지 않았을지도 모릅니다. 그러나 그는 학생회장이고, 순응이 최우선 과제가 되죠. 독창적인 사람이 되기보다는 복제하는 능력을 키우는 겁니다.

둘째는 확실성입니다. 세상은 놀라운 일로 가득합니다. 그것에 대처할 전략이 필요하고, 우리가 가진 지식을 예상 외의 방식으로 적용할 수 있는 방법이 필요하죠. 선생님은 출제한 문제에 모든 경우의 수가 담겨 있기를 바라고, 아이들은 예상 밖의 문제가 출제되지 않기를 기대하면서 시험장에 앉아 있는 장면은 이 놀라운 세계에 대한 최악의 대비책일 것입니다. 아이들은 놀라운 일을 겪을 필요가 있고, 예기치 않은 도전상황을 정복하는 즐거움을 맛봐야 합니다.

셋째는 같은 학년의 아이들을 기다려줘야 한다는 점입니다. 학교 이외의 다른 삶에서는 37세 동기들이 다 준비될 때까지 모두 기다려야 하는 곳은 없습니다. 당신은 준비가 되면 음악등급을 따고, 자전거를 타고, 첫 키스도 하고, 은퇴도 합니다. 나이가 같으면 다 같이 하도록 학습자를 동년배 집단으로 묶는 것은 미친 짓입니다. 삶의 다른 곳에서 하는 것처럼 나이가 아니라 단계가 핵심이 되어야 합니다. 간단히 설명하면, 나이가 아닌 단계가 기준이 되면 이렇게 운영될 겁니다. 아이가 6세인데 읽기는 실제로 10세 실력을 보이면 그 아이는 잠시 10세 아이들과 같은 읽기반에 갈 수 있습니다. 그 아이는 10세반 아이들이 읽는 책에 자신도 흥미가 있는지 판단할 권리가 있습니다. 반대로 10세반 아이들은 6세 아이와 함께 『해리포터』를 좀 더 붙잡고 읽고 싶어할 수도 있습니다. 나이에 따라 계단을 만들면 항상 한 계단 앞서 상위 연령대의 것을 선행학습하려는 부담을 만듭니다. 누가 먼저 성숙에 도달하느냐는 식의 경주는 아이들에게서 어린시절의 많은 것을 빼앗습니다. 나이 대신 단계를 기준으로 삼으면 나이를 더 먹은 아이들을 더 너그럽게 만들기도 하죠.

헤펠 교수가 지적한 바대로 나이 많은 아이들이 동생들에게 뭔가를 설명해줘야 할 경우 이런 '가르치기'를 통해서 자기가 배우고 있는 게 무엇인지 스스로도 더 명확하게 이해하게 된다. 헤펠 교수는 변화에 낙관적이다. 그리 오래지 않은 과거에 이미 독창적인 사고를 가치있게 여기고 축하했던 시절이 있었다고 믿기 때문이다. 그는 아내 캐롤이 30년 전 옥스퍼드대학에 다닐 때 있었던 멋진 일화를 전했다.

그녀가 2학년일 때 3학년 중 어떤 학생이 기대 이상으로 뛰어난 에세이를 썼다고 전 교직원이 하루 쉬었습니다. 교수들은 그 에세이를 흔들며 복도를 달려가면서 '이 에세이가 어느 수준인지 아무도 짐작 못할 거야!' 하고 소리를 질렀다네요. 평범한 질문에 놀라운 답변이 나온 거죠! 교수들은 학생들이 해답을 어떻게 풀지 시험하기 위해 의도적으로 밋밋

한 질문을 작성했을 겁니다.

　이제 30년 후로 돌아와 봅시다. 만약 지금 그 아이가 1학년에 기대 밖의 에세이를 냈다면, 같은 문제가 2학년때는 제출되지 않을 겁니다. 채점 전략(mark scheme, 에세이 평가기준)이 있기 때문입니다. 교수들은 에세이를 더 이상 잘 읽지도 않고 맞는 문장이 있는지 살피려고 그냥 툭툭 넘깁니다. 절망하기엔 이릅니다. 30년 사이에 이렇게 바뀌었다면 다시 뒤바뀔 수도 있기 때문이지요.

　나는 그의 낙관주의를 좋아한다. 마음을 들뜨게 하는 생각이다. 우리 아이에게 과제에 접근할 때 신나고 창의적이고 남들과는 다른 방식을 취해보라고 얘기하면서도 내가 내심 얼떨떨했던 것은 (내가 아는 다른 학부모들도 대개 나와 같은 반응이었다) 애초 기대한 바대로 답을 내야 한다는 말만 들어온 탓이었다. 답은 정해져 있는 거였다. '최고점을 맞으려면 선생님이 원하는 답을 써야 한다'는 것이 우리가 지닌 정서적 지침이다. 배워야 되는 것이 무엇이라는 이야기를 듣고 그 정보를 기대되는 방식으로 재현해야 한다. 자기 자신이 될 수 있는 주체성은 없다. 존 밸런스 교장이 앞서 우리에게 이야기한 대로 많은 교사들이 어떤 학년보다도 문제풀이에 골몰해야 하는 졸업반 학생들을 가르치는 것을 싫어한다는 것은 전혀 놀랄 일이 아니다. 모두에게 숨이 막히는 일인 탓이다.

　"아이들을 위해 이런 교육은 끝장내야 한다는 생각이에요."라고 미첼연구소(Mitchell Institute)의 사라 글로버(Sara Glover) 박사는 말했다. 그녀는 2008년 호주의 모든 교육부 각료가 서명한 호주 청소년 교육목표에 관한 멜버른선언을 상기시켰다. "교육목표는 자신 있고 창의적인 학습자와 적극적이고 지식을 갖춘 시민을 양성하자는 것입니다. 이를 강화할 만한 일을 우리는 아무 것도 해온 게 없습니다."라고 글로버 박사는 말했다.

솔직히 말해서 NAPLAN(National Assessment Program in Literacy and Numeracy, 전국 읽기·쓰기 및 수리능력 평가프로그램)은 아이들을 위한 교육을 망쳤다고 봅니다. NAPLAN이 지금 활용되는 용도로 만들어진 것은 절대 아닙니다. 그렇다고 어떤 방식의 학력평가체제도 필요없다는 말을 하려는 것은 아닙니다만, 이 시험의 활용방식과 책무성평가에 사용되는 방식은 교육 전체를 왜곡하고 있습니다. 자신감과 창의성, 능동적이고 지식을 갖춘 시민, 심지어 성공적인 학습자를 부차적인 지위로, 읽기와 수학 다음에 오는 부차적인 교육목표로 격하시켜온 셈입니다.

NAPLAN과 ATAR(Australian Tertiary Admission Rank, 호주 대학입학자격 시험 점수)는 학교교육의 다른 목표도 망쳤습니다. 우리는 아이들이 학교를 졸업할 때는 능동적이고 정보에 밝은 시민, 지역사회와 국제사회에서 자신의 역할을 제대로 이해하고 자신의 학습역량에 자신감을 가지며 학습방법을 잘 터득해 창의적으로 문제를 해결하는 사람이 되기를 기대합니다.

모든 사람들이 자기 자녀가 이런 사람으로 자라기 바란다고 말한다면, 이 교육목표를 진전시키기가 왜 그렇게 어려운 것인가? 누가 이것을 좋은 교육목표가 못 된다고 부정할 수 있겠는가? "나는 사람들의 머릿속에 학교교육에 관한 아주 뿌리 깊은 문화가 박혀 있다고 봐요. 하지만 그것을 바꿀 필요가 있다는 것도 그들은 알고 있다고 봅니다."라고 글로버 박사는 말한다.

"우리의 학교교육이 득보다 해를 더 끼친다고 생각하면 아찔할 지경입니다. 학교에 다니는 아이들에게 정말로 잘못된 것을 시키고 있는 것일 수도 있어요."라고 그녀는 말한다. "요는, 아이들은 다 다른데 교육체제는 모두를 똑같은 사람으로 만들려고 한다는 겁니다. 학교는 아이들을 균질화하려 합니다. 자신들이 어떤 과제를 어떻게 해왔는지에 대해 진심으로 관심 갖는 사람은 아무도 없다는 것을 아이들은 아주 빨리 터득합니다."

용 자오(Yong Zhao) 교수는 이런 말을 했다. "개인이 순종하도록 배우면 창의적인 사람이 되기는 어려울 것입니다. 실수했다고 벌을 받으면 모험을 감행하기 힘들 것입니다. 항상 잘못했다거나 부적절하다는 말을 듣고 살면 자신감을 유지하기 어려울 것입니다."

교육이 해야 할 좀 더 세속적인 역할인 미래의 노동자를 만드는 일도 실패하고 있기는 마찬가지다. 교육영역은 오늘날 변화하는 노동시장의 요구를 따라잡지 못하고 있고, 대학졸업 후 바로 취업하게 될 것이라는 부모세대의 기대는 더 이상 보장받지 못하게 되었다. 호주청소년재단의 젠 오웬(Jan Owen)은 이 재단에서 실시한 2015년 연구에서 밝혀진 바, 우리가 아이들을 미래가 아닌 과거에 맞추어 교육시키고 있다는 '잔인한' 결과를 지적했다.[2] "현재 호주 청소년의 70퍼센트는 자동화로 인해 앞으로 10년 내지 15년 이내에 아주 성격이 달라지거나 완전히 없어질 직업을 첫 직장으로 갖게 될 것입니다. 호주 학생의 약 60퍼센트(직업교육훈련을 받는 학생의 70퍼센트)는 자동화되어 최소한 3분의 2는 사라질 직업에 대비한 공부나 훈련을 하고 있습니다."³ "교육체제가 붕괴되었다는 얘긴 그만두겠습니다."라고 오웬은 말한다. "대신 젊은이들이 앞으로 직면할 아주 다른 미래에 대비해 교육이 '적합한 역할'을 못하고 있다'고 말하겠습니다."

요즈음 기업에서는 필요로 하는 지원자를 구하지 못하고 있다. 2014년부터 2016년까지 호주상공회의소 의장을 지낸 케이트 카넬(Kate Carnell)은 호주 젊은이의 30퍼센트는 실직 혹은 하향취업 상태임을 보여주는 취업시장의 충격적인 수치에 대해 말했다. "우리 협회 회원업체들이 하는 말은 취업 지원하는 젊은이들이 자질 미달인 경우가 증가하고 있다는 거예요. 달리 말하면 지원자들이 그 업무를 수행하는 데 필요한 기술을 갖추지 못했다는 것입니다. 기업은 교육계보다 확실히 더 빠르게 진화하고 있습니다. 기업은 늘 해왔듯이 기술변화와 소비자의 요구변화에 아주 빠르게 대응하지요."

그녀는 "우리의 교육체제는 전혀 변화를 따라잡지 못하고 있습니다."라고 말하며, 소프트웨어 코딩기술과 기업의 토대, 사업운영과 같은 현대의 일과 경제에 관한 기본을 갖춰야 취업할 수 있다고 언급했다.³ OECD 연구도 호주의 경험을 뒷받침한다. "전 세계 청년들이 취업시장 진입에 어려움을 겪고 있다. 일부 OECD 국가에서는 16-29세 청년 네 명 중 한 명이 실직상태이거나 교육 및 훈련을 받고 있지 않은 상태에 있다." 2015년 OECD 기술전망보고서가 기

술한 바다.[4]

"고용주 단체에서 뛰어난 졸업생들을 배출해준 데 대해 학교측에 감사인사를 올리는 텔레비전 광고를 본 적이 있습니까?"라고 멜버른 템플스토칼리지의 교장인 피터 허튼이 질문했다. "아니라고요? 그건 그런 인재들이 없기 때문입니다. 미안하지만 학교가 대단한 일을 하고 있다고 찬사를 보내는 사람은 아무도 없다는 사실을 저 나름대로 비꼬아 말해본 겁니다."

교육계가 시대의 변화를 따라잡지 못하고 있다는 케이트 카넬의 평가는 내가 면담한 모든 교육전문가들의 정서와 일치한다. 교육체제는 20세기에 갇혀 있고(19세기라고 말하는 이들도 있다) 현 21세기에 적합하지 않다.

"학교는 30년, 40년, 아니, 50년 전이나 지금이나 별로 달라진 것이 없지만 학교 밖 사회는 너무 많이 변했습니다." 글로버 박사는 말한다.

아이들이 일제히 학교를 거쳐가도록 하는 문화를 내내 지켜온 것 같습니다. 마치 그 모든 아이들이 정확히 같은 과정을 거치게 되고, 어쨌든 나중에는 다 잊어버릴 것들을 똑같이 배워야 한다고 보는 듯이요.

학교교육의 목적에 관한 한 갈 길을 잃어버린 건 아닌가 하는 생각도 듭니다. 12년 꽉 채워서 학교생활을 하고 대학까지 나와도 일자리를 얻지 못할 수 있는 상황이에요. 나는 이렇게 해석해요. '잠깐만, 그렇게 많은 젊은이들이 학교를 졸업하고 실직자가 된다는 건 뭔가 잘못됐다는 얘기 아닌가?' 교육체제가 지금 무엇을 하고 있고 못하고 있느냐를 말해주는 바이고, 젊은이들이 인생의 출발선에서 실력을 내도록 우리가 도움을 주지 못하고 있다는 증례이며, 이런 식으로 계속 가다간 큰 문제에 직면하게 될 거라는 생각이에요.

정말 충격적인 건 교육의 목표가 체제에 순응하는 아이를 만드는 것, 혹은 심지어 평범한 인물만을 키우는 것 같다는 겁니다. 똑똑한 아이들은 도전욕을 자극받지 못하고, 학습부진아는 뒤처진 채 남겨지고, 그 중간의 대부분의 아이들도 수업을 지루해하고 있는 실정이죠.

학교가 진정 누구를 위해 존재하는지 알 수가 없습니다. 그래서 배짱이 두둑한 아이들은 아예 박차고 나서죠. 이 따분한 학교에서 하루하루를 견디고 있기는 싫다는 거죠.

이 분야에서 일하는 다른 많은 사람들과 같이 글로버 박사는 교육의 목적은 무엇인지에 대해 광범위한 토론을 갖자고 촉구하면서 그렇게 해야 변화의 필요성에 대해서 각계각층에서 이해가 이루어질 것이라고 본다. 그러기 전까지, 학교는 아이의 장래를 결정할 졸업시험점수로 학생들을 줄 세우는 교육을 지속하게 될 거라고. "그러는 대신, 우리는 아이의 열정과 관심에 기반한 학습경로를 짜주어야 합니다. 아이들은 시험에 통과하려면 무엇을 해야 하는지를 금세 터득합니다. 배움에 대한 진정한 열정, 더 알고 싶은 호기심 대신에요. 우리 스스로가 그렇게 만들고 있는 셈이죠." 한 마디로, 학교는 본연의 사명과 거의 정반대되는 일을 하고 있다. 학교는 개인을 존중한다고 말하지만 체제에 순응할 것을 요구한다. 독창적 생각을 가치있게 생각한다고 말하면서 아이들이 학교가 정한 답을 답안지에 써내기를 바란다. 전인교육을 추구한다고 말하면서 인격의 일부에만 초점을 맞춘다.

꽤 많은 수의 아이들이 학업을 중단하는 것도 놀랄 일이 아니다. 학교중퇴율에 대한 2015년도 통계가 발표되었을 때(26퍼센트의 아이들이 학업을 완료하지 못했다는 결과가 나왔다) 한 여학생은 학교에서 자신이 원하는 유연한 학습프로그램을 불허했기 때문에 학교를 중퇴하게 되었다고 말했다.[5] 그 학생은 학교가 이를 불허한 이유를 캐물어보지 않았다지만, 전에도 이런 이야기를 흔히 들어보았을 독자들은 그 이유를 짐작할 수 있을 것이다. 규정을 따라야 한다는 게 그 이유다. 그리고 학교가 바로 그 규정이다. 이렇게 우리는 또 한 명의 학습자를 잃는다.

12장

교육이란 무엇인가

'참교육은 어떤 모습이어야 하는가?'라는 철학적 질문을 하게 되면, 지혜와 지성을 바라보는 다양한 관점을 찾아 플라톤이나 루소, 공자, 아인슈타인 같은 사람들을 참조할 수 있을 것이다. 개인적으로 나는 이 주제에 관한 독특한 통찰을 보여준 나이젤라 로슨(Nigella Lawson)을 인용하고 싶지만, 다른 사상가들부터 언급하고 넘어가자.

지식을 다음 세대에게 어떻게 전수하고 어떻게 배움에 뜻을 세우게 할 것인지에 대해 깊이 고민한 위대한 철학자들이 많다. 플라톤은 『공화국(The Republic)』에서 소크라테스와 세 명의 질문자가 진리를 탐구하는 대화를 통해 전인(全人)을 이루는 교육의 다양한 요소를 끄집어내었다. 영혼을 위한 음악교육, 육체를 위한 체육

교육, 전쟁에서 전략적 사고와 철학적 정신의 기초가 될 수학교육이 주요 과목이었다. 플라톤은 '교육은 정신과 육체뿐만 아니라 영혼까지도 포괄하는 것이 핵심'이며, 교육의 주요 목적은 '인간을 완성으로 이끄는 것'이라고 믿었다. "교육의 궁극적 목표는 선(善)에 대한 지식을 갖추는 것, 인격을 도야하여 더 나은 사람이 되는 것이다."

『공화국』에서 교육철학과 교육방법론 관점에서 특히 흥미롭고 오랫동안 진리로 여겨진 경구가 있다. "강요에 의해 습득된 지식은 오래 기억되지 않는다… 따라서 폭력과 가혹함으로 훈련시키지 말고 즐거운 마음으로 배울 수 있도록 아이들을 지도해 각자가 타고난 천재성을 발휘할 수 있게 해야 한다." 이 문장을 읽으며 당신의 자녀가 받고 있거나 이미 받았던, 혹은 당신이 받았던 교육에 대해 생각해보자. 우리의 교육체제는 아이들 각자에게서 타고난 천재성을 이끌어내는가? 핵심은 아이의 필요를 충족시킬 수 있는 교육체제를 갖추는 것이지, 아이로 하여금 교육체제의 요구를 충족시키게끔 하는 것이 아니다. 수천 년의 세월이 지나도 빛이 바래지 않는 탁월한 통찰이 이 말과 생각에 담겨 있다. 2,500여 년 전에 죽은, 두루마기를 걸친 백인 남성의 구태에 코웃음을 칠 독자도 있겠지만, 현대 철학자들은 플라톤의 사상을 서구 지성의 뿌리로 생각하고 참조하며 존중한다. 실제로 전 세계 학교교육이 위기에 처한 현재, 이성적 사유를 키우는 플라톤의 변증법과 자신의 가설을 철두철미하게 검토하도록 이끌어 학생들 스스로 사고하게 하는 소크라테스식 대화법은 그 어느 때보다 더 공감을 얻고 있다.

『에밀(Emile)』은 19세기 철학자 장 자크 루소의 중요한 저서이다. 에밀이라는 가상의 소년에 대한 이야기로, 그 아이를 통해 루소는 아동의 삶에 있어서 교육의 역할에 대한 그의 생각을 밝혔다. 『에밀』에서 루소는 인간의 타고난 선함, 아이들이 배울 준비가 되었을 때 경험과 대화를 통해 학습하는 것의 이점, 그리고 아동주도 학습을 강조한다. 루소는 타고난 자연주의자여서 자연에서 배우는 것이 좋다고 주장했다. 그는 손으로 하는 목공일을 가르치는 것이 중요하다고 생각했다. 이런 교육관의 기저에는, 아이의 선함은 성인사회의 부정적 영향력으로부터 아동을 보호함으로써 지켜줄 수 있다는 그의 강한 믿음이 있다. 루소가 만약 학교는 성인사회로 나가기 위한 훈련장이자 본게임에 대비한 예고편에 불과하다고 보는 현대의 교육개념을 접한다면 틀림없이 경악하고도 남았을 것이다.

존 듀이(John Dewey)는 뛰어난 교육철학자이자 심리학자로, 교육에 관한 그의 20세기 초의 저작은 상당히 많은 현대 교육이론의 기반을 형성하고 있다. 그는 학교가 '학생을 돌보는 공동체'여야 하며 "교육은 삶을 준비하는 곳이 아니라 삶 자체가 되어야 한다."라고 말했다. 그는 경험교육의 주창자로서 학습은 행동하는 데서 이루어진다고 믿었다. 따라서 학습자의 흥미를 무시하고 엄격한 통제를 통해 학습을 강요하는 식에는 반대했다. 이미 정리된 지식을 전달하는 권위적이고 전통적인 교수방식은 용인될 수 없다고 믿었다. 하지만 그는 자신이 '기만적인 자유지수'라고 명칭

한 '과도한 개인주의'를 허용하는 다른 극단적 진보교육을 찬성하지도 않았다.[1]

중국의 위대한 철학자인 공자는 "교육은 자신감을 키우고, 자신감은 희망을 키우고, 희망은 마음의 평화를 준다."라고 했는데 이런 교육은 분명히 지금 당장 할 수 있다. 교육에 관한 공자 말씀 중에 "들은 것은 잊어버리고, 본 것은 기억하고, 행한 것은 이해하게 된다."라는 경구도 흔히 언급된다.

자신감, 착한 성품 키우기, 인성발달, 개인의 장점 계발, 준비가 되었을 때 스스로 학습을 주도하게끔 하는 것, 강의가 아닌 경험에 의한 학습. 이것들은 학계에서 오랜 세월 고찰해온 기본적인 교육 개념이지만 교실에서는 이론으로나 이야기될 뿐, 실제 적용되지는 않는다. 실천으로 이어지지 않고 우리 아이들에게 펼쳐지는 법도 없다.

교육에 대한 다른 유명한 경구에는 뭐가 있을까? 전체주의를 반대한 아인슈타인은 이런 말을 했다. "교육은 사람이 학교에서 배운 게 무엇인지를 잊어버렸을 때 남은 것이다." "교육은 사실을 배우는 것이 아니라 사고력을 훈련하는 것이다." 마크 트웨인의 말도 자주 인용된다. "나는 학교교육이 나의 교육을 방해하지 못하도록 했다."

개인적으로 나는 요리사이자 가정의 여신, 텔레비전 스타, 요리책 저자인 나이젤라 로슨의, 어디서도 인용된 적 없는 발언을 좋아한다. 로슨은 텔레비전 저널리스트인 앤드류 덴톤과의 대담 중에 자신이 옥스퍼드대학에서 중세어를 전공했다는 말을 했다. 덴

톤은 "중세어 전공자라고 초빙하겠다는 곳은 많았습니까?"라고 로슨을 놀리듯이 물었다. 로슨은 쏘아붙였다. "그런 질문은 교육을 생각하는 아주 천박한 방식이죠." 내가 기억하기에 그녀는 그때 먹음직스런 자두를 입에 물고 '천박한'이란 단어를 아주 길게 발음했다.[2] 내가 로슨의 이 말을 좋아하는 까닭은 교육은 목적을 위한 수단이 아니라 그 자체가 목적이어야 한다는 나의 평소 지론이 담겼기 때문이었다. 교육을 위한 교육. 중세어처럼 현대의 일상생활에서 일반적 긴급성과 평범성을 따진다면 전혀 쓸모없는 뭔가를 그냥 몇 년 동안 면밀히 공부할 수 있다는 생각은… 인간의 지적 욕구에 대해서 멋진 뭔가를 말해주기 때문이다.

중세어 지식이 로슨이라는 인물을 형성하는 데 도움이 된 것은 의심의 여지가 없다. 그 공부가 오늘날 그녀가 요리계의 스타가 되게 하는 데 전혀 도움되지 않았으리라고 누가 말할 수 있겠는가? 그녀가 어느 날 초서 강의시간에 사과파이 레시피를 생각하다가 머릿속에 번쩍하는 새로운 아이디어가 떠올랐는지 누가 알겠는가? 어쨌든간 현재 그녀의 직업과는 아주 거리가 먼 뭔가를 공부한 옥스퍼드대학 시절은 그녀를 만든 요소 중 하나다. 그모든 경험이 합쳐져서 그녀가 되었을 테니. 만약 그녀가 학교에서 호텔·외식경영 훈련을 마치고 요리에 대한 흥미를 살려 요리학교에 진학했다고 해보자. 그녀가 현재 무슨 일을 하고 있을지 누가 알겠는가? 그녀는 옥스퍼드대학의 중세어 전문가가 되었을 수도 있다.

학습은 목적을 이루기 위한 수단인가? 내가 로슨의 말을 좋아하는 건 그녀가 말한 상황과 그녀의 태도, 배움의 독특한 즐거움에 대한 표현이 좋았기 때문이지만, 물론 그의 말이 진리인 것은 아니다. 교육의 유용성을 생각하는 것이 꼭 천박한 일은 아니기 때문이다. 학교나 대학을 마치는 해에 일자리를 얻어야겠다고 생각하는 일은 어느 젊은이들이나 갖는 자연스런 목표 중 하나다.

하지만 대학진학과정과 직업교육과정의 분리는 아이들을 나누는 또 하나의 방식이 되었다. 어떤 교육체제에서는 학교교육과 관련해 '직업'이라는 단어는 경멸적인 의미를 띤다. 똑똑한 아이는 대학진학과정으로 가고 멍청한 아이는 직업교육과정으로 간다는 인식이다. '직업'이라는 말에 부과된 뉘앙스가 잘못된 이분법을 낳았다. 의사와 변호사는 직업이 아니라고 생각하는 걸까?

독일에서는 14세 때 학생들을 직업교육과정과 대학진학과정으로 분리시킨다. 학생은 둘 중 하나를 선택할 수 있으며 직업교육과정도 대학진학과정과 똑같이 중요하게 취급한다는 점이 다른 나라와 확연히 다른 점이다. 대만에서는 그렇지 않은데, 학생 대다수가 한정된 대학진학과정 자리를 두고 엄청난 압박을 받으며 경쟁한다. 직업교육과정은 지위도 낮고 수입도 낮은 미래를 의미하기 때문이다.

호주에서도 TAFE(Technical And Further Education, 주립기술전문대학)로 진학하는 학생들은 대학이 전부라고 믿는 아이들에게 비웃음을 받는다. 영국과 미국도 대학진학을 최고로 친다(이왕이면 아이비리그를 선호한다).

교육에서의 성공이라는 개념이 학교에서 보이는 아이의 역량 중

아주 일부에만 초점을 맞출 만큼 협소한 까닭에, 우리는 모든 아이를 공부 잘하는 똑똑한 아이로 만드는 것을 목표로 해야 한다는 생각에 간혀버렸다. 그 결과 우리는 일종의 속물주의에 빠져 그 관점에서 비학문 분야의 직업을 바라보게 되었다. 아이가 비학문 분야 직업에 더 적합할 수 있다는 생각 자체를 마치 큰 잘못이기라도 한 것처럼 아예 배제시켜버리는 것이다.

성공의 개념을 확장하려면 그 외 무엇에 더 초점을 맞추어야 할까? 이 점을 지적해야 하는 게 당황스럽기는 하지만, 반드시 필수과목이어야 하는 창의예술이 교육에서 뒷전으로 밀려나있는 것이 기정사실임을 지적하고 싶다. 학교교육에서 예술수업이 축소되면서 정신건강문제가 동시에 증가하게 된 것은 우연의 일치일까? 아다시피 창의성은 성취감을 느끼는 데 필수조건이다. 연구자들은 예술활동에 장기간 깊이있게 참여한 이력이 학생의 장래 학업성취도와 사회참여를 예측하는 데 아주 중요한 바로미터임을 입증했다. 젊은이들이 학교와 사회 모두에서 성공적으로 생활할 수 있도록 준비시키는 데 예술이 중요한 역할을 한다는 것을 입증하는 경험적 증거도 상당하다.[3]

호주의 대표적인 예술교육 옹호론자인 로빈 어윙(Robyn Ewing) 교수는 자신의 평소 지론을 확인하기 위해 국제적 연구와 국내 연구에 대한 중요한 검토작업에 착수했다. "예술은 인간으로서 우리 모두에게 중요하다. 사람은 창의적이고 예술적인 잠재력을 타고난다. 하지만 안타깝게도 말로는 예술의 중요성에 대해 떠들지만 예술은 합당한 가치를 인정받지 못하고 있다. 예술이 인간으로서 우리에게 중요하다는 것을 밝히는 확실한 증거가 있다."

또 예술은 사회·정서적 행복에도 중요하다. 어윙 교수는 예술교육이 상처받기 쉬운 아이들을 구원해 그들의 삶을 어떻게 바꾸어놓는지를 보여주는 사례를 전 세계에서 수집했다. 창의활동의 기쁨이 동기부여, 행복과 학업능력 향상을 어떻게 뒷받침할 수 있는지를 보여주는 사례들이었다.[4] 나와 만났을 때 그녀는 이런 질문을 던졌다. "위기에 처한 아이가 스스로를 구조할 때까지 왜 우리는 기다리고만 있어야 할까요?"

왜 예술을 학교교육의 중심에 두지 않을까요? 현재로서는 부모가 부유해서 자녀의 특활활동을 지원할 여유가 있지 않는 한, 학교에서의 예술교육은 복불복이 되기 쉽기 때문입니다.

먼저 아이가 사회적, 정서적으로 행복하게 되면 공부는 따라오게 되어 있어요. 그것이 예술을 학교수업에 편성해야 하는 이유이고요. 사람들은 모두 다른 방식으로 의미를 찾고 소통할 필요가 있습니다. 꼭 영화배우나 시나리오 작가가 되어야 한다는 게 아니에요. 탐색하고 모험을 하고 도전에 맞서고 미적으로 즐거운 방식으로 자신을 표현할 기회를 갖는 것이 중요하다는 뜻이죠. 예술은 아주 잘사는 사람들이나 재주가 특출한 사람들만을 위한 것이라는 인식이 있는 것 같습니다만, 예술은 우리의 창의성을 만나는 통로입니다. 창의성과 상상력은 읽기와 수학만큼 중요하게 다뤄져야 합니다.

아이가 탐색하고 놀고 모험하고 시도하고, 실수해도 비난받지 않는다면 인생의 거친 풍파를 맞설 수 있는 회복력과 자기정체성을 계발할 수 있을 거예요.

전적으로 동의한다. 예술적 창의성이나 상상력을 발휘하는 활동을 하면서 아이가 좋아하는 모습이나 몰입하는 모습을 본 적이 있는 사람은, 아이가 자기가 누구이고 무엇을 할 수 있는지를 보여주는 기회를 더 많이 가질수록 더 유능해질 것이라는 것을 알 것이다.

어윙은 평가와 순위를 둘러싼 집착과 불안을 종식시킬 것을 촉구한다. "키를 자주 잰다고 키가 컸다는 아이 얘기를 들어 보신적이 있나요? 저는 없습니다."라고 그녀는 말한다.

음악교육 역시 중요하다. 호주의 음악교육은 재앙이고 대다수의 아이들이 음악을 배울 기회가 없다는 2004년 보고서가 발표되자, 지휘자 리처드 길(Richard Gill)은 호주의 모든 아이를 훈련된 음악교사에게 배울 수 있게 하라는 비전을 세웠다.[5] "아이를 모두 공연 예술가로 만들자는 것이 아닙니다. 모차르트나 베토벤, 유명한 록스타를 만들자는 것과는 다르죠. 음식이 몸에 그렇듯 음악도 교육에서 핵심적인 부분입니다."라고 길은 말한다. "음악은 소리를 듣는 일이고 청각은 가장 먼저 발달하는 첫 번째 기관입니다. 아기는 자궁 속에서도 들을 수 있죠. 듣기는 이해하는 데 꼭 필요하므로 아이를 듣기에 집중시킬 수 있다면, 듣기를 통해 주의를 집중시킬 수 있고 뒤따라 이해가 일어날 수 있는 기회를 만들 수 있습니다. 아이를 듣게 할 수 있는 최상의 방법은 음악을 통해서입니다."[6]

길은 또 음악교육을 받은 아이가 다른 학업 영역에서도 우위를 나타낸다는 연구결과를 인용했다. "왜일까요? 음악을 듣는 데 주의를 기울이면 집중할 수 있게 되고, 음악은 추상적이기 때문에 추상적인 세계를 이해하고 사실을 연결시킬 수 있기 때문입니다. 악보를 읽게 되면 음의 높이와 리듬, 박자를 깨치고 악보상의 기호를 이해하게 되지요. 세 개의 상징언어를 한꺼번에 해석할 수 있게 되는 것입니다."[7]

범죄율이 높은 빈민가에 위치해 중도탈락자가 많았던 독일의 한 학교가 음악을 통해 새롭게 개혁에 성공했다는 이야기를 나는 좋아한다.[8] 브레멘의 이 학교에 도이치 캄머필하모닉 브레멘 오케스트라가 연락해왔다. 오케스트라 단원들이 새 집을 찾고 있는데 이 학교시설을 이용할 수 있을지 문의해온 것이다. 오케스트라단은 학교에 입주하게 되었다. 유명한 음악가들이 교내에서 연습을 하고 아이들과 급식소에서 식사도 하다가 학교와 오케스트라단은 음악 프로그램을 시작했다. 음악프로그램이 교과과정으로 편성되자 학교의 전체 분위기가 바뀌었다. 아주 경이로운 창의과정에 참여한다는 느낌 덕택에 중도탈락률이 낮아지고 학생들의 참여도가 높아졌다.

어떤 교육을 해야 하는지에 관한 그밖의 질문들도 산재하고, 그 질문들이 어떤 수준에서 효과를 볼지에 대한 생각도 분분하다. 지역사회 안에서 학교는 어떤 시각으로 봐야 할까? 교육자 데이비드 프라이스(David Price)는 학교는 지역사회에 개방되어 '학습공유공간'이라는 구심점이 되어야 한다고 말한다. 주변 지역사회와 모든 면에서 협력하며, 아동의 삶과 교육에 다양한 방식으로 관여하는 학부모, 기업, 노인층을 적극 받아들여야 한다는 것이다. "이를테면, 학부모님들의 전문성을 학교에서 활용할 수도 있을 텐데, 왜 활용하지 못할까요?"라고 그는 묻는다. "학부모 수업시간을 만들어 아이들에게 학부모의 직업에 대해 강의하도록 해야 합니다." '개방'의 개념은 학교와 지역사회, 학교와 다른 학교 사이의 장벽에만 적용되는 것이 아니라 학교 자체의 내부에도 적용된다. 교사들이 다른 교사와 학습을 공유하고 학습공간을 개방하고 기술을 사용해 다른 학교와 연결하고 협력하고 혁신하는 일을 할 수 있다.

프라이스는 좋은 사례를 알고 있다. 그는 아들이 학교에서 음악을 배우는 방식이 그가 30년 전에 배우던 방식과 바뀐 게 없어서 실의에 빠진 적이 있었다. 이론과 악보 읽는 법을 배우고 악보 위의 콩나물이 무슨 뜻인지 알아내고 전문가에 의해 악기 연주법을 배우는 식이었다. 그는 아이들이 제멋대로 음악을 배우는 방식에 기반해 자선단체와 협력해서 프로그램을 구상했다. 아이들은 악기를 선택해 시도해보고 차고에서 노닥거리면서 배운다. '안팎을 뒤집어보자'는 생각으로, 프라이스는 이런 형식 파괴적인 원칙을 시험삼아 교실에 적용했다. 아이들에게 악기를 주고 자기가 좋아하는 노래를 스스로 연주하면서 배워보도록 시켰다. 교사는 통제권과 전통적인 프로그램을 버려야 했다.

"아이들은 모든 규칙을 위반했지만 엄청난 발전을 보였습니다."라고 프라이스는 말했다. 아이들은 음악을 사랑하게 되었다. 이

프로그램이 '정착했다'고 말하는 건 너무 겸손한 표현이다. 영국 학교의 50퍼센트 이상은 이 프로그램을 도입했다. 호주를 포함해 10개 국가에서 2천 개 이상의 학교가 이를 도입했다. 이를 도입한 학교들은 모두 특별히 디자인한 웹사이트에 학생들의 학습과 진척사항을 올려서 서로 연결하고 협력한다. '열린 학습공유공간'이 만들어진 셈이다.

학교의 외형은 어때야 할까? 스티븐 헤펠(Stephen Heppell) 교수는 현대 교육이론에 관여하는 동시에 미래의 학교를 설계하는 데 있어서도 훌륭한 자문가다. 우리가 교실이라고 부르는 숨 막힐 듯한 탁한 공기로 꽉 찬 네모상자는 교사에게만 권력이 집약되지 않는 개방된 공간으로 대체될 것이다. 그는 전 세계를 돌며 프로젝트 구축에 관여하고 기존 학교도 정기적으로 방문한다. 그는 교실의 조도, 소음도, 이산화탄소 농도, 습도를 측정했다. "나는 지난 해 50개 교실을 검사했는데 그 안에서 공부하는 학생들에게 해가 되지 않는 교실은 한 곳도 없었습니다. 교사들이 묻더군요. '적정 수준에 미치지 못합니까?' 나는 이렇게 대답했습니다. '못하죠, 적정 수준 미만 정도가 아니라 실은 아이들을 망치는 수준입니다.'"

이것은 교실의 외관, 편안함, 실내공기 오염도만 말하는 것이 아니다. 공간이 행동과 권력균형을 어떻게 규정하고 다양한 학습스타일에 맞게 가르칠 수 있도록 학습을 어떻게 지원하는가에 대한 것이다. 기술 활용을 통해 학생들을 다른 자원, 혹은 전 세계에 있는 교실의 다른 학생들과 어떻게 연결시키는지에 대한 것이다. 이는 학생은 자기주도적 학습을 하도록 해야 한다는 기본 개념을 뒷받침하는 생각이다. "교사가 아이들을 '위해' 더 나은 학습환경을 구축한다는 건 가능하지 않습니다. 아이들과 '함께'라면 더 나은 학습환경을 구축할 수 있죠. 아이들은 스스로 더 나은 학습환경을 만들 수 있으며 교사가 아이들을 위해 만드는 것보다 더 낫게 할 수 있습니다."라고 헤펠은 말한다.

그 외 교육에 대한 큰 질문들에는 이런 것들이 있다. 무상교육을 해야 하는가? 혹은 교육은 시장에 맡겨서 가장 고가에 입찰하는 사람에게 팔아야 하는 제품인가? 학교가 책임져야 하는 것은 무엇인가? 아이들이 자기 학습을 책임지고 하도록 신뢰해도 되는가? 아이들이 원하고 열정을 느끼는 것만 배워야 하는가, 아니면 관심도 없고 자기 삶과 아무런 상관이 없는 내용을 고통스럽더라도 배워야 하는가? 다음 세대에 전해야 하는 지식의 보고가 있는가, 그럼 누가 그 내용을 정해야 하는가?

만약 교육에서 성공의 개념을 확장하고 싶다면 어떻게 가르칠 것인지 그 방식뿐만 아니라 무엇을 가르칠 것인지 교과내용을 살펴보아야 한다. 결국 더 많은, 다양한 내용을 가르친다면 더 많은 아이들이 학습이라는 여정을 여행하면서 스스로 빛날 수 있는 방식을 보여줄 기회를 갖게 될 것이다.

저자이자 자문가로 오랫동안 교육의 실태에 문제를 제기해온 켄 로빈슨 경(Sir Ken Robinson)은 "당신이 얼마나 똑똑한가가 아니라 어떤 식으로 똑똑한가가 중요한 문제"라고 말한다. 미스티 아도니우(Misty Adoniou)도 "아이들은 자신이 어떤 분야에서 영리한지 보여줄 수 있는 기회를 더 가져야 한다."라고 비슷한 주장을 폈다.

교육 분야의 책임있는 인사 중에서 읽기, 수학, 과학 이 세 가지 핵심영역이 학생의 발전, 나아가 사회의 발전에 근본적으로 중요한 영역이 아니라고 주장하는 사람을 찾기는 힘들 것이다. 일례로 과학적 소양은 우리의 미래에 아주 중요하다. 예를 들어 우리 사회의 과학에 대한 이해 수준이 조금만 더 높았더라면 기후변화를 두고 파당적 논쟁을 하느라 그렇게 시간낭비를 할 필요가 없었을 것이다. 근시안적 정치인들이 정치적인 이유로 기후변화조치를 두고 지루한 말싸움만 하면서 그런 문제는 과학으로 받아들여야 한다는 기본을 무시하는 동안, 지구는 회복불능의 손상을 입었고 세월은 허비되었다. 그렇다. 과학적 소양은 인류의 지속가능성에 필수적이다. 지구를 지속적으로 관찰하고 측정하고 그 맥락을 이해하고 지구의 중요성을 다음 세대에 전하는 것은 중요한 일이다.

수학도 위기의 과목이다. 수학은 너무 쉽게 포기하는 과목이다. '난 수학을 못하니까 일찍 포기해야지.' 하고 너무 쉽게 단정짓는다. 이런 현상은 수학적 사고력이 저하된다는 우려가 전 세계적으로 퍼지게 만들었다. 수학적 사고력은 모든 중요한 과학, 공학과 기술 전공에 기본일 뿐만 아니라 인간의 문제를 폭넓게 이해하는 데에도 결정적이다. 수학자 존 앨런 파울로스(John Allen Paulos)가 말한 바대로 "잘 속는 시민은 선동가의 먹잇감이다… 거의 모든 정치적 문제는 수량적 측면을 지닌다."

찰스 파델(Charles Fadel)은 교육자들이 무엇을 가르칠 것인가를 정교화해야 하는 아주 적절한 예는 수학이라고 믿었다. 전통적인 교수방식을 삶과 관련성이 높은 방향으로 전면적으로 고쳐야 한다는 것이다.

교실에서의 교수방식, 즉 '어떻게 가르칠 것인가'를 재검토해야 하지만 '무엇을 가르칠 것인가'는 '어떻게 가르칠 것인가'보다 우선한다. 통계와 확률과 알고리즘의 비율을 잘 조정해 가르쳐야 하는데 왜 다들 대수만 가르치고 있나? '무엇을 가르칠 것인가'의 문제를 재고하면서, 교과과정을 현대생활의 요구에 맞게, 전기톱이 아니라 수술용 메스로 정교하게 재구성해야 한다. 이 말은 시의성이란 렌즈로 모든 과목별 세목을 재검토해야 한다는 의미이다.

전세계적으로 멋지지만 사랑은 받지 못한 과목에 대한 관심이 절실하다는 판단에서, 교과과정재설계센터에서는 일단 수학부터 검토하기 시작했다. 대부분의 사람들이 관심을 끊은 과목이기 때문이다. 광범위한 기반에서 수학의 중요성을 바라보면, 가령 모든 기자들은 세계를 정확하게 보도하기 위해 확률과 통계를 심도 깊게 알 필요가 있다는 것을 깨달을 것이다. 또 정치인이라면 에볼라나 지카바이러스, 지구온난화를 이해할 수 있도록 지수방정식을 알고 있어야 한다.

이러한 것들은 너무 이질적이거나 추상적으로 보이는 과목을 실제 세계에 적용한 예다. 파델은 실제 삶과의 관련성을 찾지 못하면 학생들이 그 과목에 관심을 보이지 않게 된다고 믿는다. "학업포기는 자기와 관련성을 찾지 못하기 때문인 경우가 많습니다. 이런 식으로 생각해보세요. 관련성은 동기와 관련되어 있습니다. 동기는 우리 뇌가 어떤 것에 관심을 기울일지 말지를 정하는 방식과 관련되어 있고요. 뇌과학적으로 간단히 언급하자면, 사람은 불필요한 에너지 낭비를 하지 않는 방향으로 진화해왔습니다. 인간의 뇌는 우리 몸무게의 5퍼센트만 차지하지만 생체에너지의 20퍼센트나 사용합니다. 그래서 우리는 에너지 낭비를 막기 위해 할 수 있는 한 모든 과정을 반사적(무의식적)으로 진행하게 됩니다. 만약 당신이 학생이고 뭔가가 당신과 관련이 있을 것 같다는 생각을 하지 않는다면 왜 관심을 기울여야 할까요?" 내가 좋아하는 다음과 같은 티셔츠 글귀가 떠오르는 이야기다. "대수학을 한 번도 써먹지 않은 또 하루가 지나간다."

21세기와의 관련성이 중요하다면, 불확실한 미래로 들어서고 있는 우리는 지금껏 우리가 논의해왔던 인성의 힘과 뜻밖의 사태에 맞설 수 있는 역량이 아이들에게 크게 유용하리라는 것을 생각해야 할 것이다. 학생의 행복은 사실상 이 책의 주제이자 주된 관심사이다. 물론 사회·정서적 웰빙 프로그램은 수십 년 동안 시행되어 왔지만 정규과목은 아니었다. 만약 무언가를 교육에서 보조적 지위에 내버려두고 싶다면, '프로그램'이라는 명목 하에 묶어두면 된다는 것을 나는 깨우쳤다. 행복과 인성학습을 깊이 통합하는 방안에 대해 토의를 해봐야 한다. 용기, 윤리, 감사, 비판적 사고, 낙관주의나 책임감과 같은 개념에 대한 토론이 필요하다. 명상, 마음챙김, 철학을 가르쳐야 한다.

경쟁과 시험의 역할을 줄이고 성공을 설명할 수 있는 다른 방안을 찾아야 한다. 교사와 학생은 다 같이 협업해야 한다. 미스티 아도니우가 말한 바대로 우리는 모든 아이들에게 영리함을 발휘할 기회와 뭔가를 잘 할 수 있는 기회를 주어야 한다. 교육의 이상은 무엇이며, 우리가 추구할 것은 무엇인지에 대해서 사회 전반이 머리를 맞대고 이야기해볼 필요가 있다. 그 토론의 중심에는 학생의 학습참여와 행복이 있어야 한다. 우리, 교육의 이해당사자 모두는 '목적에 맞지 않는' 체제를 수정하기 위해 철학적·문화적 전환이 요구되는 중대한 기로에 서있다.

교육은 분명히 하나의 목적만 있는 것은 아니며 사상가마다 그 목적을 이루기 위한 최선의 방안을 두고 서로 의견이 다를 수 있다. 하지만 교육이 하지 말아야 할 것에 대해서는 다들 동의할 것이다. 학생의 4분 1이 중도탈락하고 학습에 흥미를 잃게 만들면 안 된다는 것은 분명하다. 비참해진 아이들이 자해를 시도하거나 세상과 단절하거나 자신감을 상실하거나 절망의 수렁에 빠져들게 만들면 안 된다는 것이다. 아이가 철저히 망가져서 학교교육에도 불구하고 자기만의 성공을 찾는 데 어려움을 겪어야 하는 경우는 없어야 할 것이다. 분명, 아이가 자살을 생각할 지경이 되도록 내버려두어선 안 될 일이다.

교육에 있어 철학적으로 중요한 질문들과 이에 대해 우리 사회 전반이 대화를 시작해야 하는 필요성에 대해 이야기했지만, 그 사이 교육계에서 이미 진행 중인 커다란 변화도 몇 가지 있다. 대단하고 멋진 일들이 벌어지고 있다. 곳곳에서 훌륭한 현장지도가 이루어지고 영감을 일으키는 일들이 여기저기 벌어진다. 교육에 대해서 우리가 머릿속으로 알고 있는 거의 모든 것을 바꾸는 현장지도 방식. 참신한 평가기준, 학습에 열중하는 학생, 다양한 층위에서의 성공. 지금 벌어지고 있는 신나는 일들은 학습의 미래에 대한 희망을 안긴다.

13장

최고의
교육모델

만약 당신이 교육이론을 배우는 학교에 막 도착한 전학생이라면 가장 먼저 듣게 될 얘기는 팔방미인인 특정 학생에 관한 얘기일 것이다. 말도 안 되게 똑똑하고 친절하고 재미있고 매력이 넘친다는 것이다. 모르는 것이라곤 없는 이 학교의 모든 학생들은 소위 이 미덕의 화신을 병적으로 경외한다. 어딜 가도 핀란드 이것, 핀란드 저것, '핀란드는 너무 대단해', '핀란드는 반에서 일등이다', '핀란드는 모두를 배려한다', '핀란드는 너무 겸손하다' 라고 말하는 누군가를 만날 수 있다.

 핀란드는 믿기지 않을 정도로 뛰어나서 신경에 거슬리지만, 모두가 그 친구를 너무 너무 좋아한다. 이 신비한 존재가 미워질 지경이다. 당신이 그 친구의 사물함에 익명으로 투서를 남기려는 생각을 막 할 즈음에 복도에서 그 친구와 부딪쳐 처음으로 가까이서 보게 된다. 진부한 십대 영화에 나오는 한 장면처럼 당신은 단숨에 무장해제되어 그 친구를 사랑하게 된다. 핀란드는 그런 친구다.

핀란드가 교육에서 어떤 것들을 하고 있는지를 들으면, 당장 그리로 이민을 가고 싶어지거나 왜 우리는 그 중 일부라도 실천할 수 없을까 싶어진다. 아니, 그 중 많은 부분을 빌려올 수도 있지 않을까?

전 세계 교육계에서 핀란드의 사례가 부상하기 시작한 것은 비교적 최근의 일이다. 20세기까지만 해도 보드카나 빙하 얘기를 할 때가 아니면 핀란드가 화제에 오르는 적은 없었다(내가 과문한 탓일 수도 있다). 그러던 와중에 OECD에서 PISA(국제학업성취도평가) 점수를 처음 발표하자 회원국들은 순위표 확인에 나섰다. 우리는 과연 몇 등일까 궁금해진 것이다.

자국이 1등일 것이라고 생각한 모든 강대국들과 한때 제국이었던 국가들은 충격에 빠졌다. 1등에 오른 나라는 북유럽의 인구 500만의 소국 핀란드였던 것이다! 핀란드는 무엇으로 유명하던가? 역시 보드카, 사우나, 북극 오로라, 노키아라는 전화기 회사, 아내 들쳐 메고 달리기가 있다. 아내 들쳐 메고 달리기는 그렇게 유명하진 않아도 어쨌든 핀란드에서 하긴 한다.

하지만 이제 핀란드는 그밖의 다른 것으로도 유명해졌다. 바로 학업성취도다. 학업성취도에 집착하는 세계에서 핀란드는 교육에 관심을 둔 모든 나라가 주목하는 국가가 되었다. 전 세계의 교육이론가와 정책입안자들이 열정을 안고 북극해 변방의 나라로 와서 이 나라에 대해 더 많이 알아내고 핀란드식 마법의 비밀을 파헤치려고 한다. 덕분에 '앞으로의 교육은 어떤 모습이어야 하나?'와 같은 질문을 던지면 모두가 훌륭한 사례로 북쪽의 핀란드를 가리키는 지경이 되었다.

지금 내가 핀란드는 겸손하다고 말하는 것은 농담이 아니다. 핀란드가 읽기, 수학, 과학에서 최고 점수로 세계 1등이라는 것을 알았을 때 핀란드 교육자들은 OECD에서 무슨 실수를 저지른 게 아닐까 생각했다고 한다.

"우리가 뭔가 잘못한 건 아닌가 생각했다."라고, 핀란드식 교육하면 친숙하게 떠오르는 얼굴이자 『핀란드의 끝없는 도전 2.0: 핀란드 교육개혁에서 무엇을 배울 수 있는가(Finnish Lessons 2.0: what can the world learn from educational change in Finland?)』의 저자 파시 살베리(Pasi Sahlberg)는 말했다. "우리 교육은 항상 전인발달, 음악, 예술 등에 초점을 두는 체제였거든요. 문해력이나 수학, 과학에 초점을 둔 적은 없었습니다."

그가 아는 한 가지는 PISA 성적에서 정말로 상위에 오르기 원하는 나라들은 모두 상위에 오르지 못했고, 상위에 오르는 것에 신경을 쓰지 않은 나라인 핀란드는 상위에 올랐다는 것이다. 핀란드 사람들이 성적표에 1등을 받기 위해 애쓰지 않듯 핀란드도 성적에 대해서는 관심을 기울이지 않았는데도, 3년마다 치르는 PISA 순위에서 이 나라는 한국, 상하이, 홍콩, 싱가포르, 대만과 같은 아시아 지역과 더불어 상위를 계속 유지했다. 이들 아시아국가들은 비슷한 교육모델을 갖고 있지만 핀란드는 실제로 동아시아의 교육모델과는 대척점에 서는, 그 나름대로의 독특한 교육모델로 유명하다.

그렇다면 어떤 점이 다를까? 그 차이는 그냥 공허한 말장난으로 그치지 않는 기본 철학에서 시작된다. 대부분의 국가가 자국의 방침이라 주장하지만 다수는 실행으로 옮기지 못하는, 즉 '모든 아이는 질 좋은 교육을 누릴 동등한 권리를 갖는다'는 기본 철학이다. 그렇다면 핀란드는 어떤가? 질 좋은 교육을 무상으로 베풀고 있다. 핀란드에는 사립학교가 없다. 옛날에는 있었지만 이 나라의 정치인들이 평등교육에 우선순위를 두기로 초당적 합의를 이끌어내며 사립학교는 모두 문을 닫았다. 현재 독립학교가 최소한으로 남아있기는 하지만 학교는 수업료를 받을 수 없기 때문에 세금으로 운영된다. 대학교도 등록금을 받을 수 없다.

핀란드의 유아교육에서는 비구조적 교육이 핵심이라 취학에 대비한 글공부에 초점을 두지 않는다. 유치원에서는 학습역량이 아니라 아동의 개인적 행복감을 높이고 자율성을 향상시키는 데 초점을 둔다. 취학연령은 7세이고, 능력별 편성이나 성적으로 줄세우기는 일절 존재하지 않는다. 1985년부터 핀란드에서는 능력별 편성을 하지 않았다. 고부담평가도 없고 경쟁은 절대 반대다. 핀란드에서는 아이들이 자신의 교육에 대해서 걱정하지 않도록 실제로 비상한 노력을 기울인다. 핀란드의 핵심 교육정책 중 하나는 학생들을 건강하지 못한 경쟁으로부터 보호하는 것이다.

고등학교를 졸업할 때 대학입학시험을 한 번 치르지만 그때까지 학생평가를 설계하고 교수효과를 평가하는 일은 전적으로 교사에게 믿고 맡긴다. 핀란드의 교사들은 다른 나라 교사들보다 수업량이 적다. 교사는 사회적으로 아주 높이 평가받으며 교사가 되기 위해 교육대학에 입학하는 일은 의대에 들어가는 것만큼이나 어렵다. 핀란드에 이런 말이 있다는 이야기를 들었다. '교사가 되지 못하면 변호사가 되면 된다.' 국가가 교원교육의 전문성을 신뢰하기 때문에 교사는 자율권을 갖고 자신이 가르치고 싶은 방식으로 가르칠 수 있는 신임을 받고 있다.

살베리는 그의 저서에서 핀란드는 '공정성과 협력'을 선호해 '경쟁과 선택'을 의도적으로 멀리한다고 말한다. 실제로 지난 40여 년간 핀란드에서 시행된 급진적 개혁을 선봉에서 옹호한 사람인 살베리는 그의 책에서 '경쟁이 치열한 경제체제에 살아남도록 학생들을 준비시키기 위한 방식은 역으로 학교에서의 경쟁을 줄이는 것'이라고 말한다. 사회에서 성인으로서 경쟁력을 더 갖추도록 하고 싶은가? 학교에서 아이들 간에 부추겨진 경쟁을 줄여라. 아이들은 서로 협력하고, 교사는 교사들끼리 서로 협력하고, 학교는 학교 간에 협력한다.

핀란드는 음악교육을 '기본 인권'으로 여긴다.[1] 아, 핀란드 교육은 얼마나 매력적인가. 2013년 핀란드 교육부장관으로 지명된 크리스타 키우루(Krista Kiuru)는 이런 말을 했다. "학문이 아이들에게 필요한 모든 것은 아닙니다. 아이들에게는 그 이상의 것이 필요합니다. 학교는 인생의 의미를 가르치는 곳이어야 하고, 아이들이 스스로 필요한 존재라는 것을 배우는 곳이고, 사회생활에 필요한 능력을 배우는 곳입니다. 학교는 좋은 자기상을 발달시키고 타인의 감정에 대한 민감성을 계발하는 데에도 중요합니다. 이 같은 성찰능력은 타인을 보살피는 능력을 일깨웁니다. 우리는 이 모든 것을 교육에서 반드시 구현하고자 합니다."[2] 교육부장관에게서 이런 말을 듣는다는 것은 얼마나 근사한 일인가? '타인을 보살피는' 능력, '인생의 의미', 그리고 '아이들의 정서'가 교육의 일환이라는 이야기를.

핀란드 교육의 또 다른 핵심요소(아마도 가장 중요한 핵심요소)는 학교 간 질적인 차이가 거의 없다는 점이다. 6성급 휴양지 같은 시설을 갖춘 학교라든가 아이들에게 미술용품을 제공할 형편도 안되는 학교 따위는 없다. 핀란드에서는 실제로 아무 학교나 들어가도 질 좋은 교육이 보장된다. 어느 학교에나 높은 수준의 전문성을 갖추고 존경받는 교사들이 교직에서 요구되는 방식으로 훌륭하게 교육을 수행할 수 있다는 신뢰성을 확보하고 있다.

천문학적인 교육비를 감당하기 위해 학자금 융자를 받거나 죽도록 일한다든가, 괜찮은 공립학교가 있는 동네로 이사를 가야 하거나, 아이가 태어나자마자 자녀의 교육경로를 짜기 위해 머리를 쥐어짜거나, 아이를 차터학교(charter school, 공적 자금을 받아 교사·부모·지역단체 등이 설립한 일종의 대안학교-옮긴이)에 진학시킬 로또를 뽑지 못했다는 생각에 시청 바닥에 주저앉아 울 필요도 없다. 그냥 당신이 사는 동네의 학교로 가기만 하면 된다.

핀란드에 대한 정말 멋진 이야기는 PISA(국제학업성취도평가) 점수가 높다는 것이 아니라 설득력 있는 전인교육, 모든 사람에게 공정하고 평등한 교육기회를 제공하겠다는 비전을 실현하다 보니 높은 학업성취도는 그저 부산물로 따라오게 되었다는 점이다. 핀란드 교육은 탁월성(excellence, 우리 교육계에서는 주로 '수월성'으로 지칭함-옮긴이)이 아니라 공정성(equity)을 추구함으로써 공정한 과정을 통해 탁월한 결과가 저절로 따라오게 된 것이다.

이 책에서 일관되게 나는 현재의 제도권교육에 맞서는 주장을 펼쳐왔다. 사람들은 대부분 제도권교육을 받아왔고 자녀들도 제도권교육에 맡길 생각을 한다. 교육계에 일고 있는 변화와 어디서 대안교육에 대한 모색이 이루어지고 있는지를 살펴볼 생각이라면, 오래전부터 바로 그 변화가 있어온 지역을 빼놓고선 제대로 살펴봤다고 할 수 없을 것이다. 주류학교에서 도입하려고 하거나 추천하는 개념들은 대부분 대안학교에서 수십 년 동안 시행되던 모델들이다. 전인적 사고력, 다중지능 사고력, 창의적 사고력, 아이 개개인의 정서적 삶의 중요성을 강조하는 모델들이다.

시드니의 글레내온 슈타이너 학교(Glenaeon Steiner School)에서 장기간 교사이자 교장을 역임한 앤드류 힐 같은 사람은 마음챙김과 명상이 최신 유행인 것처럼 이야기하는 것을 들으면 심기가 불편할지 모른다. "신경에 조금 거슬리죠."라고 그는 말한다. "그동안 우리는 히피라는 딱지가 붙은 채로 앞만 보며 늘 해오던 대로 해왔을 뿐이니까요. 밖으로 나가서 좀 더 적극적으로 우리의 교육방식을 세상에 선보였어야 했나 봅니다."

슈타이너 학교가 수십 년 동안 해왔던 방식은 제도권교육에서 현재 이루어지고 있는 교육개혁에 대한 논의와 아주 비슷해 보인다. 놀이와 사회화를 통한 유아기 학습, 다중지능 및 아이들 간 학습방식 차이에 대한 이해, 교실 및 학교 공동체, 수직적 조직문화가 아닌 교사 간의 협력, 경쟁식 평가가 아니라 개인별 통보식 평가, 일상의 필수요소로서의 예술과 음악과 상상력, 통합과목, 개별 아동의 학습경험 최적화 같은 것들이 그 예다.

힐이 우려하는 바는, 제도권교육에서 이들 요소를 심도 깊은 기본 철학으로서가 아니라 외관 꾸미기 용도의 부가적 사안, 일종의 추가프로그램으로 다루진 않을까 하는 점이다. "수미일관한 교육 프로그램으로 완성시켜야 합니다. 감성지능을 이야기하면서 학생들에게 너희들이 고교졸업시험에서 바닥을 쳤다고 말한다면 표리부동한 셈이 되지요."

슈타이너 학교는 호주에 50개가 있을 정도로 여전히 잘나가고 있지만 교육계의 다른 곳, 그러니까 제도권학교 안에서도 신나는 일들이 벌어지고 있다. 이는 개혁적 교육방식이 마침내 '대안'교육으로부터 중앙무대로 진출하게 된 것 아닌가 하는 희망을 안겨주는 현상이다.

십대시절을 아동에서 성인으로 넘어가는 과도기로 생각한다면 더 큰 책임감을 서서히 길러주기 위해 이 연령대의 아이들에게 통제권을 일부 양도하는 것이 이치에 맞다. 이것은 강한 자아관을 형성하는 데 아주 중요하다. 자기결단, 자기운명에 대한 통제력, 어떤 일을 자기가 선택한다는 느낌은 행복감과 자기통제감을 주지 않는가?

모든 아이들은 배우려 하고, 할 수만 있다면 잘하려고 한다는 생각을 받아들인다면, 학습을 자기가 결정할 수 있는 권한을 주지 않을 이유가 있겠는가? 자신의 능력 수준에 따라 어떻게, 무엇을, 언제 배울지를 스스로 결정하게 할 수 있을 것이다. 학생주도학습을 시행하는 교사들은 자기 속도에 맞춰서 스스로 선택한 교과과정을 자율적이고 열정적으로 배워나가는 행복한 아이들로 학교가 가득 차게 된다면 학생들에게 질이 다른 변화가 일어난다고 말한다.

멜버른의 템플스토칼리지는 교육의 미래가 어떻게 될지를 보여주는 멋진 사례이다. 혁신이 이 공립고등학교를 구하기 전, 그러니까 학교를 재생시킬 수 있다고 믿은 피터 허튼이 교장으로 부임하기 전, 이 학교는 폐교 위협에 처해 있었다. 간단히 말해서 이 학교의 학생들은 무엇을 공부할지, 언제 공부할지를 결정하고 학년이 아니라 나이가 어떻게 되든 준비가 되면 광범위한 교과과정을 배워나갈 수 있다. 14세 아이가 17세 아이와 같이 공부할 수 있고 12세 아이가 16세 아이와 같이 공부할 수도 있다.

나이에 따라 한 학년씩 올라가는 나이묶음 방식의 수직적 구조에서 과목선택과 역량단계에 따라서 학습이 일어나는 수평적 구조로 학교가 바뀌게 되면서 실제로 '하룻밤 새' 학내 괴롭힘이 사라졌다. "통제감 유무에서 학교 내 권력구조가 생기는 때문일 겁니다. 아이들을 수평적으로 묶으면 나이가 많은 학생들이 어린 학생들을 돌보게 되어 자연스러운 리더십이 형성되지요. 아이들을 나이별로 묶으면 나이가 같은 동급생 간에 경쟁이 일어납니다. 또 상급생에게 괴롭힘을 당한 아이가 학년이 올라간 뒤에 하급생을 괴롭히는 사태도 일어나고요."

나이로 묶어서 구성한 아이들 집단을 생각할 때 그런 상황은 이해가 된다. 동년배 아이들 집단 안에서 능력범위는 아주 넓어서 때로는 6년 차가 날 수 있다는 것을 이해한다면 다른 아이를 괴롭히는 성향이 있는 아이들은 그 집단 안에서 자기보다 능력이 떨어지는 아이를 괴롭힐 기회가 더 많아질 것이다. 아이들을 나이와 상관없이 능력에 따라 나눠 집단을 구성하면 능력이 다르다고 다른 친구를 괴롭힐 기회는 확연히 사라진다.

템플스토칼리지에서 학생들은 능력별로 학습을 선택하려면 높은 수준의 읽기 및 수학 성취도를 보여야 한다. 영어조차도 필수가 아닌 선택과목이기 때문이다. 최근에 전교생 620명 중에 영어를 선택하지 않은 학생은 2명에 불과하긴 했는데 한 학생은 철학, 다른 학생은 역사로 대체했다.

나이와 상관없이 아이는 빅토리아 주 고교졸업자격(Victorian Certificate of Education, VCE) 과목을 들을 수 있다. 일반적으로 11, 12학년생들이 듣는 이 VCE과목을 템플스토칼리지에서는 9학년의 75퍼센트가, 10학년의 100퍼센트가 이수한다. 아이들이 자기 능력에 따라 자신에게 맞는 속도로 학습할 수 있게 내버려두면 학생들은 정말 잘 배우고, 심지어 학업을 조기에 마친다는 것을 증명하는 사례다.

기업가정신도 중요하다. 이 학교는 이탈리아 교육가 마리아 몬테소리(Maria Montessori)에 의해 주창된 몬테소리 원칙을 교육프로그램으로 구현했는데, 기업가정신은 그 원칙들 중 하나다. 아이들은 원할 경우 학교 안에서 자기 사업을 시작할 수 있어서 성인으로서의 삶과 고등교육에 대비한 학습기술을 키울 수 있다. 교사는 아이의 선택을 지켜보고 학습을 수행하도록 안내한다. 교사는 아이의 학습을 어떤 식으로든 책임지지 않는다. 아이가 무슨 공부를 하든지 그것은 전적으로 아이에게 달린 것이다.

"우리 교육체제에서는 가르치는 일이 실제로 더 쉽습니다. 학년이 없고 아이들은 자기에게 적합한 학습단계를 선택할 수 있기 때문입니다. 학습역량의 격차가 크지 않은 학생집단을 가르칩니다." 라고 허튼은 말한다. 전통적인 나이 기반 학년제에서는 아무 반에서 일등 1명과 꼴찌 1명을 솎아내도 그 학급 아이들의 능력편차가 5년은 나게 되어 있다. 학교가 템플스토칼리지처럼 능력별로 수직화한다면 교사는 학생들의 능력편차가 더 적은 집단을 가르치게 된다. "실제로 교수과정도 더 쉽고, 교사와 학생들 간 관계도 대단히 긍정적입니다. 교사가 통제권을 놓을 수만 있다면 가르치기가 더 수월해지는 거죠. 우리는 아이들에게 배움의 주체는 너희들 자신이라고 말합니다. 이것은 너희들의 교육이므로 너희가 선생님이 설명하는 방식을 좋아하지 않는다면 내 수업은 건너뛰어도 좋다고 말이죠."

이것은 전통적으로 우리가 교실의 '책임자'이자 아이들의 '책임자'라고 생각해온 사람들에게는 획기적인 사고의 전환이다. 진정한 학생주도학습에서는 수업을 통제하는 방식의 교사 권위는 내려놓아야 한다. 현재 허튼은 이 학교의 우수사례를 참고하기 위해 다른 학교들이 앞 다투어 참여하는 학회와 지역단체에서 학교의 긍정적인 성과소식을 열정적으로 전파하고 있는데, 통제권을 내려놓는다는 생각에 교사들이 은근히 반감을 내비친다고 한다. 이것이야말로 변화의 장애물이다.

"여전히 교사 자신들만을 생각하는 교장과 교사들을 만납니다. 교장 대상의 리더십학회에 초빙되어 이틀 간의 행사에 기대감을 갖더라도, 행사가 끝날 무렵 참가들의 질문을 받고 보면 '학생'이라는 말이 한 번도 언급된 적이 없지 않나란 생각이 들어 마음이 착잡해집니다. 늘 나오는 이야기는 '교사리더십', '교사는 어떻게 지도하고 더 나은 지도방법은 무엇인가'에 관한 것뿐이지요. 리더십학회라면 학생리더십에 관한 언급도 분명 있었어야 했을 겁니다. 늘 교사에 대한 이야기 뿐입니다. 또 성공적인 교수사례에 대한 이야기지요. 그들은 체제의 산물이라 현상 그대로의 체제를 좋아합니다. 수업에서 말썽을 피우는 아이는 다만 교사가 책임지는 학생이 되는 것이죠."

허튼에게 가장 강력한 성공의 지표는 그가 맡은 학교사회 안의 복지와 행복의 수준이다. 그는 자신이 아는 한, 불행한 가정의 수는 '한 손으로 꼽을 만한' 정도이고 정신건강문제를 갖고 있는 학생의 수도 매우 적다고 말한다. 그는 전통적인 학교체제가 '십대들의 행복에 심각한 영향을 끼치는' 정신건강문제를 확산시켰다고 믿는다.

저는 교사연수에서 섭식장애에 대해 배우고 있었는데 강사가 말하는 통계에 따르면 학교마다 섭식장애가 있는 아동이 30-40명 정도 될 거라고 했습니다. 저는 기숙사 사감들과 얘기를 해봤고, 주의깊게 지켜볼 아이가 두 아이쯤 되는 것으로 파악했어요.

내 아내는 사립여학교에서 가르치는데 병상을 돌아가며 쓸 정도로 병원에 입원하는 아이들이 많다고 합니다. 섭식장애를 유발하는 요인 중 하나는 자기 삶에 대한 통제력을 상실했다는 느낌이죠. 우리 학교 아이들의 정신건강 상태가 상당히 양호한 이유 중 하나는 아이들이 자신들의 삶에 통제감을 갖고 있기 때문일 겁니다. 아이들은 가정에서는 부모님의 지시에 따르지만 학교에 오면 스스로 자기학습을 주도할 수 있어 대단한 자기확신을 누릴 수 있죠. 학교는 아이들을 적극 지지하는 환경이 됩니다.

내가 보고 싶은 것은 작은 학교에서의 교육혁명입니다. 이들 작은 학교에서는 모든 아이들을 위한 개인화된 학습계획을 채택할 수 있고, 교육체제에서 주도권을 빼앗겼다고 느꼈던 아이들도 전교생 600명 규모의 작은 학교환경에서 자기의 요구를 충족시킬 수 있게 됩니다. 이런 작은 학교에서 각각의 아이는 개인으로 알려질 수 있죠. 학생 개인을 한 사람씩 알고 지낼 수 있게 되면 많은 문제들이 사라집니다. 우리 학교에 오기 전에 상당한 불안, 심각한 등교거부 증세를 가진 아이들이 많았는데, 애초엔 그 아이들이 상당한 지원을 필요로 할 것이라고 생각했지만… 결과적으로는 그렇지도 않았습니다.

내가 이야기를 나눠본 템플스토칼리지의 학생 중 한 명인 애비는 엄격한 선발제로 운영되는 공립학교를 그만두었다. 불안증세로 등교를 거부하는 지경에 이르렀기 때문이었다. "불안이 심해져서 공부를 전혀 할 수가 없었어요. 자신감도 떨어지고 실패자란 생각에 주눅이 들어 결국 시도조차 하고 싶지 않게 되었죠. 학교에 가는 것조차 불가능해졌어요. 학교에서 받는 압박감과 학교의 꽉 막힌 구조가 불안을 일으켰기 때문이에요. 어떤 사람들은 이겨냈다고도 하지만, 전 그럴 수 없을 것 같이 느껴졌어요."

그 압박감은 교장이 ATAR(호주 대학입학자격시험 점수)를 잘 맞아야 한다는 목표를 강조했던 7학년에 시작되었다. "ATAR가 가장 중요하고 우리가 기대한 점수를 받지 못하면 부모님들이 얼마나 실망하시겠느냐는 이야기를 듣기 시작했어요. ATAR를 보는 목적이 부모님이 이웃들에게 자랑할 만한 성적을 거두는 것인 것처럼요."

그 해에 그녀는 12살이었고, 그 후 2년 동안 극심한 불안증세가 이어졌다. 그러나 템플스토칼리지로 전학한 뒤로 그녀는 개인화된 학습계획을 세울 수 있게 되었다. "전학 간 지 일주일 만에 내 스스로 학습계획을 세울 수 있게 되자 자신감도 회복되더라고요." 애비는 자기 나름의 속도로 공부할 수 있는 환경, 느슨한 구조, 다양한 선택의 폭, 교사들과 동등한 입장에 선다는 사실이 좋았다. 그녀는 동물을 보살피는 일에 열정이 있다는 것을 깨닫고 토끼분양 사업을 시작했다.

피터 허튼이 보는 '성공'은 바로 애비의 사례다. 그는 평생학습자를 키우는 일에 종사하고 있다. 평생학습자란 자신의 장점과 자신감을 바탕으로 스스로 학습프로그램을 만들어낼 수 있다는 것을 알고 원하는 것은 무엇이든지 언제나 배울 수 있는 사람을 말한다.

"우리가 성공의 척도로 보는 것은 이런 것입니다. 아이가 졸업할 때 학교생활에 긍정적인 경험을 갖고 있으며, 무엇인가를 배우고 싶을 때 배울 수 있고, 배우는 것을 아주 효과적으로 할 수 있다는 것을 아는 사람이 되는 거죠." 우리 딸도 여기 다녔다면 아주 잘 할 수 있었을지도 모른다는 생각이 든다.

아이들 개개인의 삶을 바꾸는 혁신적인 접근방식이 과연 무엇을 이룰 수 있을지 혹시 의심이 든다면 테일라의 사례 하나만 살펴보면 된다. 테일라는 학업중단의 극단적 사례다. 테일라는 고등학교를 네 번이나 옮겼고 가출해서 마약에 손을 대기도 했다. 겨우 14살의 나이에 필로폰 중독에 빠졌고, 뉴캐슬공립고등학교에서의 학창생활을 지속할 수 없게 되었다. 그녀가 마약으로 무너지고 있었다는 건 에두른 표현일 뿐이다. 사실상, 그녀는 숨만 붙어있는 상태였다.

그녀의 어머니 트레이시 프라이스가 들려주는 딸의 잃어버린 십대이야기는 듣는 이의 가슴을 찢는다. "테일라는 삶에 목표도 없고 자존감도 없는 망가진 아이였어요. 한 달 동안 실종된 적이 있었는데, 대부분 마약거래소에서 필로폰을 맞으면서 지내던 그때가 바닥을 친 시점이었죠. 우리가 테일라를 찾았을 때 테일라는 가족도 학교도 꼴보기 싫다며 차라리 계속 그렇게 살겠다고 해서 우리 가슴을 미어지게 만들었어요. 테일라에게 현실을 깨닫게 하고 싶었지만 제가 할 수 있는 것은 아무 것도 없었죠."

미친 듯이 필사적인 노력을 다해 트레이시는 아들과 함께 테일라를 결국 '납치하듯이' 집으로 끌고 왔다. 트레이시는 테일라를 이런저런 재활프로그램에 입소시켰지만 번번이 실패했고, 욕실 바닥에 쓰러진 아이를 일으켜 꼭 안아주고 위로하며 직접 아이의 치료과정에 참여했다. 그러면서 최악의 위기국면을 넘겼다.

엄마 외에 테일라를 포기하지 않은 또 다른 여성이 있었는데, 테일라가 다니던 학교의 교장 트레이시 브리즈였다. 테일라가 실종되었을 때 브리즈 교장은 테일라의 엄마를 한쪽으로 데려가 위로를 건넸다. "교장선생님은 부모로서 할 수 있는 최선을 다했다고 저를 위로하면서 테일라를 그냥 내버려두고 테일라가 바닥을 치고, 그래도 자신을 지지하는 가족이 있다는 것을 깨닫기를 기다리는 수밖에 없다고 조언했어요. 그때 제게 꼭 필요한 말이었지요. 저는 실패자 같았고 테일라가 다시는 돌아오지 않을 것 같아 딸을 영원히 잃어버린 건 아닐까 하는 두려움에 빠져 있었거든요."

엄마와 교장은 결코 희망을 포기하지 않았다. 테일라에 의해 촉발된 싸움으로 인해 학교 전체가 제재를 당한 적이 있음에도 불구하고 트레이시 교장은 이 소녀를 포기하지 않았다. 그 사이에 트레이시 교장은 뉴캐슬고등학교 안에 있는 빅픽처 학교(Big Picture School) 근처에서 근무하게 되었다. 빅픽처 학교는 앞서 소개한 바 있는 '학교 안의 학교'로 아이들이 자신의 학습을 주도적으로 운영할 수 있게 하는 학교다. 이 학교는 '한 명 한 명을 따로따로(one student at a time)'를 표어로 내세우고 각 아이의 학습에 개인화된 접근방법을 강조한다.

아이 스스로 교육에 능동적으로 참여해 교사, 멘토, 학부모와 협의해 개인으로서 자기에게 가장 적합한 학습프로그램을 만들 때 진정한 학습이 일어난다는 이해에 이 학교의 철학은 기반해 있다. 즉, 학생주도학습이다. 학생과 교사 사이의 건강한 관계가 가장 중요하며, 학습은 지역사회의 일터에서 이루어지는 실습과정과 결합된 방식으로 이루어진다. 학생은 시험을 치르는 대신 교사와 학부모를 대상으로 일 년에 네 차례 자신의 학습진척 상황을 보여줘야 한다.

트레이시 교장은 이 방식이 테일라에게 통할 것이라 생각하고, 테일라가 집으로 돌아와 중독치료의 고비를 넘긴 뒤 그녀에게 기회를 주었다. 마약을 끊으면 뉴캐슬고등학교에서 하는 빅픽처프로그램에 넣어주겠다고 약속한 것이다. 실제로 이 프로그램에 테일라를 넣어줄 빈 자리는 없었지만 트레이시 교장은 자리를 만들어 테일라에게 필요했던 생명줄을 던져주었다. 테일라는 우리가 익히 아는 학교와는 모양도 방식도 전혀 다른 학교에 들어갔다. 교실에는 열 맞춰 늘어선 책상도 없고 교사가 서는 교탁도 없다. 가정의 거실 같은 분위기다.

테일라는 멘토를 배정받고 교사와의 가장 중요한 교육적 관계를 형성하면서 서서히 자존감을 회복하기 시작했다. 학교와 지역사회에서 찾은 직업적 역할모델은 그녀 자신을 다시 추스르는 데 필요한 영감을 주었다. 그녀는 의무 교과과정 과목을 정하고 관광과 소매 분야의 TAFE(주립기술전문대학) 입학자격을 따기 위해 노력했다. 자신의 흥미에 따라 2차세계대전 홀로코스트에 대한 이해와 피트니스 과목으로 학점을 따기로 했다.

일 년 후에 트레이시 프라이스는 일단의 학부모, 교사와 지역 유지들 앞에 서서 딸이 학교에서 따돌림 당하고 마약중독에까지 이르게 된 안타까운 사연을 들려주었다. 하지만 그 이야기는 해피엔딩으로 끝났다. "여러분 앞에 선 사랑스럽고 자신의 꿈을 찾은 열정적인 이 아가씨는 세상에 나아갈 준비가 되었습니다. 학교 안의 사랑, 지지, 성원, 공감이 이런 변화를 만들어냈다고 저는 믿습니다." 학교 안의 사랑, 지지, 성원과 공감, 그리고 자기주도력. 이 날개를 타고 10학년 낙제생이던 테일라는 생애 최초로 A학점을 받았다.

교직에 몸담은 지 40여 년이 지나서도 열정을 유지하는 비브 화이트(Viv White) 같은 교사들이 있는 것은 바로 그와 같은 변화의 이야기 덕분이다. 화이트는 호주 빅픽처 교육(Big Picture Education Australia)의 공동설립자이자 대표이다. 이 기관은 호주의 57개 학교에서 프로그램 운영을 관장하고 있다.

휘틀램 내각 때부터 교육운동을 해온 교육활동가 화이트는 학교의 조직구조가 교수학습을 어떻게 방해하는지에 대해 지속적으로 관심을 갖던 중 동료 교사들과 함께 빅픽처 모델에 끌리게 됐다고 말한다. "45분 수업, 하루 8교시, 숨쉴 틈 없고 생각할 시간도 없으며… 계란 한 꾸러미처럼 아이들을 30개 상자에 줄세워 앉힌 공장형 모델의 교육. 그게 바로 기존 학교구조였어요."

그녀는 피터 허튼과 같은 영웅적인 교장이 개혁을 이룬 개별적 사례에 의존하기보다는 조직이 빅픽처 학교모델을 체계적으로 확산하고 추진해 임계점에 도달할 수 있다는 생각에 매력을 느꼈다. 빅픽처 학교는 미국에서 시작되었는데 빌 게이츠의 후원을 받아서

80개 지역으로 확산되었다. 빅픽처 학교는 이제 전 세계로 확산 중이며, 화이트는 호주에서 여러 사람의 후원을 받고 개인 자금도 투입해 빅픽처 학교사업을 시작했다. 그녀에게는 개인적인 동기가 있었다. 그녀의 딸이 학교에 다니다가 일 년 만에 학교에 관심을 잃더니 나중에는 완전히 학업을 포기했기 때문이었다. 딸은 '11학년 국제 여성의 날 행사'에서 연설까지 했는데, 그 뒤 어찌어찌하다 급기야 그 해 말에 학교를 중퇴했다.

화이트는 학업을 포기하는 학생의 숫자는 많이 회자되고 있는 30퍼센트를 넘어 40퍼센트 가량 될 것이라고 본다. 학업포기의 가장 큰 원인은 아이들이 자기 존재의 중요성을 느끼지 못하기 때문일 것이라고 그녀는 말한다. 현재의 학교구조에서는 교사가 아이들에게 자기가 중요한 존재임을 느낄 수 있도록 도움을 줄 시간을 갖기가 거의 불가능하다는 것을 그녀도 안다.

빅픽처모델은 하나의 프로그램이라기보다는 전체 시스템을 재설계한 것으로 '교과과정으로 시작해 아이들로 끝나는' 낡은 19세기 방식을 지양한다. 이 방식은 '아이들에서 시작되는' 학교를 만들기 위해 발상을 완전히 뒤집었다. "우리는 아이들의 열정과 관심으로 시작해 아이들에게 필요한 교과과정을 만듭니다. 아이가 HSC(고교졸업시험)와 ATAR를 원하면 그렇게 할 수 있게 지원하지요." 학생이 수학에 심취해 몇 주 더 수학을 공부하고 싶어한다면 그렇게 할 수 있다. 어떤 학생은 일 년 과정의 수학진도를 반 년 만에 다 뗄 수도 있다. 자기 진도에 맞추어 공부한다는 것이 이 학교의 기본 설립철학이다.

템플스토칼리지가 그렇듯, 기존 학교체제에 내재되어 있는 경쟁행위가 빅픽처 학교에서는 배제된다. "우리는 아이들이 지금 하고 있는 것을 더 잘 할 수 있는 방식에 대해서 대화하지만, 아이들을 서로 비교해 줄세우는 일은 하지 않습니다."

'배움을 위한 이탈'이라 부르는 빅픽처 학교의 교육요소인 지역사회 내 직업활동은 아이들이 기술을 익히는 데 아주 중요하다. 비브 화이트는 '직업교육'에 대한 경멸적인 태도는 잘못된 태도라는 것을 강조한다. "직업교육이라고 하면 아이들에게 직장에서 할 일을 준비시키는 것이라고 이해하지만 우리는 다릅니다. 학생들을 자기 학습과 새롭게 연결시키는 게 목표지요."

정신건강은 무엇보다 중요하다. 교사와 학생의 관계가 이 문제의 핵심을 이루는 것으로 화이트는 암묵적으로 이해한다. "빅픽처 학교모델은 정신건강모델이라고도 할 수 있습니다. 우리의 목표는 아이들을 자기 학습, 자신, 소속사회와 다시 연결시키는 것이기 때문입니다. 이것은 치유프로그램이 아니라 준비프로그램입니다. 우리는 아이들에게 삶에 대한 준비를 시키고 있습니다. 아이들이 교사와의 밀접한 관계를 통해 자기 자신 및 사회와 다시 연결되도록 돕는 것이죠. 어떤 아이에게서 볼 수 있는 변화는 깜짝 놀랄 정도입니다." 우리 딸이 빅픽처 학교에 갈 수 있었더라면 얼마나 좋았을까 생각해본다.

노던비치기독교학교(Northern Beaches Christian School, 이하 NBCS)에서는 주도권이 학생에게 있다. 시드니 북동부 지역의 숲이 우거진 변두리에 위치한 학교 교정에서 나를 데리고 안내해주던 해리스 교장은 최고책임자라기보다는 친절한 조력자에 가까운 사람이었다.

독립학교인 NBCS는 디자인과 건축이 학교공간에 중요하다는 개념을 완전히 받아들여서 지은 학교이다. 높은 층고로 탁 트인 실내공간은 교사와 학생이 모두 사용할 수 있는 공용구역으로 민주적 공간이자 '교실'이지만, 일반인들은 이게 교실이라고는 인지하지 못할 정도로 낯선 디자인이다. 학교는 아주 넓은 다층구조의 공간으로 구성되어 있다. 어떻게 활용하고 싶은지에 따라서 앉거나 설 수 있게 만들었다. 아이들은 바닥에 눕거나 스탠딩데스크에 서거나 라운드테이블 주변에 놓인 등받이 없는 의자에 앉거나 전통적인 책상에 앉거나 해서 자기들이 선택한 그룹과 같이 공부할 수 있다. 교탁 같이 수업을 통제하는 자리가 없어서 여러 교사들이 아이들만큼이나 맘대로 돌아다닌다. 그런다고 곤란한 처지에 빠지지는 않는다.

NBCS에서 물리적 공간은 행동에 영향을 미치기 때문에 중요하다. 타인과, 또 학습과 관계를 형성하는 공간을 만들기 위해 세심하고 치밀하게 고민하는 과정을 거쳤다. 예를 들어 과학실은 사방이 트여 있고 과학실로 가는 통로는 그 안으로 연결되어 있어서 아이들이 점심시간에 여기서 시간을 보내도록 장려하는 식이다. 학생과 교사는 실내와 실외의 공용구역을 같이 쓴다. 학생들에게 제한된 구역은 없는데, 감찰을 받는 아이들이나 직원실에 있기 좋아하는 교사를 위해 조금 조정을 할 필요는 있다. 하지만 그렇더라도 건물 자체가 제한구역인 것은 아니다.

스티븐 해리스 자신이 무단결석생이었는데 '너무 착한 무단결석생'이었다고 말한다. 그는 학교를 아주 싫어했는데 졸업학년에 한 선생님이 그를 정상 궤도에 올려놓아 주셨다. 그 선생님의 교육은 아이를 실패자로 만들면 안 된다는 것을 깨닫게 해준 경험이었다. 16년 전 그는 당시 무너져가고 있던 NBCS에서 혁신을 시도했다. 학생이 학교방침에 잘 따르게 하는 대신 학생을 잘 돌보는 학교로 만들고 싶었기 때문이었다.

"내가 학교개혁에 나서게 된 것은 모든 아이들은 어떤 교육체제에서도 성공할 수 있다는 믿음 때문입니다. 그 체제가 어떤 것이든 간에 어떤 아이도 놓쳐도 괜찮은 아이는 없습니다. 그래서 나는 아이가 학교에 적응하기 위해 바뀌어야 하는 것이 아니라 그 아이가 성공하도록 만들기 위해 우리 학교가 바뀌어야 한다는 결론에 도달했습니다."라고 그는 말한다.

통제력을 양도한다는 것은 일부 교사들에게 '아주 위협적'으로 느껴지는 것 같다고 해리스는 말했다. "사범대에서 교원을 양성할 때 근본적인 문제점은 교실의 고독한 운영자를 여전히 배출하고 있는 체제로, 교사들을 혼자서 가르치도록 훈련한다는 점입니다."

하지만 바른 생각을 하는 교사들이 배치되면서 NBCS의 학생주도학습은 학생들이 학교에서 행복하게 성공할 수 있는 기회가 되었다. 교사들이 팀을 이뤄 협력하고 아이들은 스스로 학습한다. "매주 아이들에게는 학습주제가 주어지는데 원할 경우 선행학습도 할 수 있고 학습을 마칠 수도 있습니다. 만약 월요일에 90점 이상을 받으면 그 주 남은 시간 동안 자기만의 교과과정을 배울 수 있으므로 그게 자기주도 학습이 되는 것입니다." 해리스가 말하는 이 아이들은 교사의 멘토링과 지도를 받으며 스스로 학습하는 법을, 졸업하기까지 '스스로 자기학습 여정의 저자(著者)'가 되는 법을 배운다.

비판적 사고와 심층학습 기술이 강조되고 기술도 학습과정에 통합되어 있다. "우리는 학생들에게 무엇을 생각하라고 말하기보다는 아이들의 사고능력을 형성시키는 데 관심을 갖습니다. 교회가 요즘 목회에 실패하는 것도 신도들에게 생각의 도구를 주기보다는 무엇을 생각하라고 말해주는 데만 힘을 썼기 때문이지요."라고 해리스는 말했다. 그리고 이야말로 큰 성공의 징표일 것이다. "7년 동안 수업시간 품행문제로 교장실로 불려온 아이가 한 아이도 없었습니다."라고 해리스는 말했다. 우리 딸이 이곳을 얼마나 좋아했을까 생각해본다.

루돌프 슈타이너 학교, 템플스토칼리지, 빅픽처 학교, 노던비치 기독교학교와 같은 사례들은 전인적으로 아이를 돌보고, 아이에게 스스로 학습을 선택할 수 있는 권한을 주고, 협력적이고 민주적인 학교운영방식을 통해 교육한다. 이 학교들은 아이에게 비인지적 능력을 키워줌으로써 인지능력을 향상시킬 수 있고, 궁극적으로는 미래를 열어가는 데 정말로 필요한 '생각하는 사람'으로 키울 수 있다는 믿음을 바탕으로 교육한다. 이 모든 최고의 교육방식을 하나로 묶는 뭔가가 있다. 바로 모든 아이는 교육에 의해 학습에 몰두하고 영감을 받아야 하며, 그 과정을 통제할 수단을 지녀야 하고, 내재적 학습동기를 이끌어내는 기회가 주어져야 하며, 일생

동안 배움과 일에 도움이 되는 교육을 해야 한다는 믿음이다. 이런 교육방식이 학업성적에만 악착같이 초점을 맞추는 관행을 완화시키며, 진정으로 개인의 다양성을 신장하고 성공의 개념을 확장할 수 있게 한다. 가장 중요한 점은 학생들 자신이 존중받는다는 느낌을 받는다는 것이다. 아이들은 마땅히 존중받아야 한다.

14장

민주적
리더십

우리 아이들을 교육하는 방식에 대해, 그리고 우리 사회가 최선을 다해 아이들을 교육시키고 있는가에 대해 모색하던 중에, 어느 교장선생님으로부터 이런 질문을 받았다. "그럼, 무엇이 우리의 적이라고 보시나요?" 이제껏 이런 관점에서 생각해본 적이 없었기 때문에 이 질문을 받자 허를 찔린 느낌이었다. 그러나 중요한 생각거리를 던진 것만은 분명했다. "고정관념이 적입니다." 곧바로 답이 나갔다. 그때 나는 약간은 허세를 부려 답한 것 같기도 하다. 정확이 무슨 말을 하고자 했는지 확신할 순 없지만, 내가 말하고자 했던 취지는 아마 이거였을 것이다. 즉, 원래 해오던 방식이라는 이유로 수십 년 동안 유지해온 고정된 위치는 뒤집을 필요가 있다는 것이다. 교육에서 권위있는 위치에 있는 사람은 누구나 그 자리와 자신의 권위에 대해 질문을 해봐야 하고 그 밖의 모든 사람들도 그런 질문을 할 필요가 있다. "타인의 권위를 존중하지 말라. 그 반대의 권위들이 항상 발견되기 마련이니까."라고 위대한 철학자 버트런드 러셀(Bertrand Russell)은 말했다. 교육과 직접적인 연관에서 이 말을 했다는 점에 주목해야 한다.[1]

이 책을 쓰는 과정에서 배운 것 하나가 있다면 우리가 정책입안자와 교육자에게 던져야 할 질문들은 우리 자신에게도 역시 되물어야 한다는 것이다. 진정한 변화와 진보는 우리 모두가 합심해서 노력해야만 이루어질 수 있다. 그 변화의 과정에 자기 자신은 예외라고 생각해선 안 된다.

개인적 차원에서 나는 학교 권위에 대해 사회적으로 승인된 바를 왜 아무런 의문 없이 받아들였는지 따져보지 않고서는, 관성적으로 흘러가는 학교교육 체제와 교사들이 이미 입증된 교육이론을 숙지하지 못하고 있다는 점을 함부로 비판할 수 없다고 생각한다. 우리 모두 다양한 차원에서 어느 정도 이렇게 살아가고 있을 것이다. 우리 자신도 학교에 다니면서 별 의문을 갖지 않고 권위에 순종하고 이를 받아들이는 훈련을 잘 받은 셈이다.

힘의 균형을 맞출 필요가 있다. 모든 단계에서 힘의 균형은 균형 잡힌 공정성으로 이어진다. 정부에서부터 기관, 기업, 학교와 교실, 아래로는 가정에까지 '내가 하라는 대로 해'라는 식의 권력 추구는 본질적으로 힘의 균형 등식에 있는 다른 사람들의 권한을 빼앗아 버린다. 이것이 문제의 핵심이다.

이것은 '말한 대로 이행하라'는 개념에도 적용된다. 말은 이렇게 하겠다고 하고 행동은 다르게 하면 사람들은 화를 내게 된다. 정부를 예로 들어보자. 선거 공약을 어기고 이행하지 않으면 말한 대로 이행하지 못한 것이 된다. 정치인이 유권자에게 한 약속을 대충 얼버무리거나, 투명하지 않게 뭔가 찜찜한 짓을 시도하는 것은 '내가 하라고 했으니까'라고 말하는 것이나 진배없다. 우매한 대중들은 국가 일에는 신경쓸 필요없다! 어른들이 할 일은 우리에게 맡겨라. 직장에서도 사장이 이런 식으로 일을 처리하면 좋은 평가를 받지 못한다. 팀으로 일할 때 상의 없이 일방적으로 결정하면 요즈음은 직장에서도 오래 못 간다.

교실에서 150년 이상을 지배해온 '지휘통제'와 '따르지 않으면 벌주는 모델'은 규칙에 의문을 갖거나 체제에 반항하는 데 별 흥미가 없는 아이들에게나 먹힌다. 가정에서도 마찬가지로 순종적인 아이만 어른이 정한 기준에 별 불만을 내보이지 않고 그럭저럭 잘 지낼 것이다. 고분고분하고 따지지 않는 유권자, 직원, 학생, 자녀가 있어서 자기 맘대로 해도 된다면 당신은 행복한 독재자 복권을 탄 것이다.

나는 '하라는 대로 해'라는 식의 부모로서 이 책을 쓰기 시작했다. 나는 독재자는 아니었고 그게 내가 취할 방식이라고도 믿지 않았지만, 우리 가정은 1인 1표 식으로 '민주적으로' 운영되진 않았다. 부모가 이끌고 아이들이 따르는 자비로운 독재자에 가까웠다고 해야 할 것이다. 다정하고 친절한 통제 말이다. 물론 이런 통제의 개념은 짓누르는 무게 밑에서 무너진다. 절대권력은 부패하고,

자녀를 키우는 데 있어 '통제'란 개념은 결국 어림없는 생각이 되기 때문이다. 십대들이 어떤지 알고 있잖은가?

한번 통제에 맛이 들면 항상 통제만 고집하게 된다. 그러다 모든 것에 의문을 다는 자녀를 만나야 생각을 고쳐먹는다. 의문을 제기하고 도전을 하는 과정은 고통스러울 수 있다. "누가 먼저 고개를 숙이느냐를 두고 싸울 건 없다."라고 남편은 말한다. 하지만 '이렇게 하는 게 옳고, 감히 말하건대 내 말은 항상 옳다'고 믿어 자기 방식을 고수하는 부모가 있고, 그래서 모든 것에 반항하는 십대 자녀가 있다면, '누가 먼저 고개를 숙이느냐'는 싸움이 벌어지고 만다.

자기 권위를 확인하기 위해 부모들이 가장 소중하게 여기는 도구는 무엇일까? 벌칙이다. 머릿속에 남아있는 양육이론의 지배적인 개념 하나가 있다면 바로 이것이다. 건방진 자녀를 다룬 이야기를 나눌 때 부모들은 '벌칙!'이라고 말하고 서로 흐뭇하게 고개를 끄떡인다. 한마디로 '그러면 어떻게 되는지 알지?'라는 얘기다. 하지만 그러려면 무슨 일이 있어도 일관되게 벌칙을 시행해야 한다. 이것이 효과적인 양육방식이다. 성공적인 양육방식이기도 하다. 분명한 것은, 벌칙은 나열하는 것으로는 충분치 않고 끝까지 이행되도록 해야 한다는 것이다. 어떤 상황 아래에서도 벌칙을 수행하도록 해야 한다.

여동생을 또 다시 괴롭히면 스마트폰을 압수하겠다고 말했다면, 그게 금요일 밤이고 너무 고된 한 주를 보낸 탓에 아무와도 부딪치고 싶지 않더라도 아이의 스마트폰을 빼앗아야 한다. 저녁식탁에서 한 번만 더 밥그릇을 밀치면 식탁에서 쫓아내겠다고 말했으면 저녁식사를 망치고 볼썽사나운 꼴이 연출될지라도 아이를 쫓아내야 한다. 며칠 연속으로 그러더라도 예외는 없어야 한다. 아이가 화가 나서 접시를 깰 경우 심리상담사의 조언대로 경찰을 부를 거라고 말해놓고, 아무래도 그건 너무한 것 같다는 생각에 경찰을 부르지 않았더니 아이가 또 접시를 깬다면 그것은 당신 잘못이다. 아이가 계속 여동생에게 못되게 굴고 밥그릇을 밀치고 접시를 깬다면 그건 벌칙을 적절히 강제하지 않았기 때문이다. 당신의 자녀에게 기본적인 의사소통능력의 문제가 있기 때문도 아니고, 분노발작 배후에 무언가 다른 심리적 문제가 있어서도 아니고, 자녀가 '하라는 대로 해'라는 권위에 불만을 가진 때문도 아니다. 아이가 접시를 또 깬 것은 당신이 하겠다고 한 뭔가를 하지 않았기 때문이다. 즉, 당신의 잘못이다.

"벌칙 때문에 내 생활이 말이 아니야!" 한 친구가 언젠가 내게 흐느끼며 말했다. "벌칙을 강제하고 예외없이 시행하자니 매일매일이 정말 암담해져." 마음이 약해져 벌칙을 강제할 수 없을 때 나쁜 부모가 된 것 같은 느낌은 두말할 것도 없다. 우리는 벌칙을 부과하면 되려 매를 더 벌기만 하는 아이들에 대해 이야기하고 있었다. 고집불통인 아이들은 말을 더 안 듣고 더 요란하게 소리지르고 또다른 규칙을 위반한다. 어떤 아이들은 부모가 벌칙을 생각해내기도 전에 일련의 규칙을 위반해버린다. 속사포 앞에서 권총으로 반격하기는 어려운 일이다.

가정에서와 마찬가지로 학교에서도 벌칙이나 처벌은 체제에 따르지 않는 아이들에게는 아예 먹히지 않고, 체제에 반항하는 경향이 없는 고분고분한 아이들에게만 듣는 것 같다. 매번 똑같은 아이들이 방과 후에 남아 벌을 선다는 것을 알아챘다면, 이는 이미 익히 아는 사실일 것이다. 즉, 도전적인 행동에 대한 대처방안은 대체로 어떻게 해야 좋을지 모르는 와중에 권위만 더 내세우는 식이 되기 쉽다. '내가 하라는 대로 해'라고 하는 것은 떨쳐내기 어려운 유혹이다. 그러나 이것은 절대 통하지 않는 방법이다.

잘못된 결과가 계속 나오면 과정 자체가 잘못되었다고 봐야 한다. 내가 아는 한 어머니는 매일 똑같은 문제로 힘들어하면서도 아이가 잘못을 저지르면 반성의 시간을 갖게 하는 '타임아웃' 벌칙을 강요하며, 좀처럼 길들여지지 않는 아이를 길들이려는 가망 없는 일에 매달렸다. 어른들은 기대치를 깰 배짱이 있는 사람을 '인물'이라고 추켜세우면서도 왜 아이들은 고분고분하게 순종해야 착하다고 칭찬하는지 정말 모를 일이다.

어른세계에서는 상식을 파괴하는 사람, 규정을 타파하는 사람, 고정관념을 허무는 사람을 높이 평가한다. 불확실한 미래를 열어가자면 이런 유형의 사람이 더 많이 필요할 것이라는 것을 우리는 안다. 현 교육체제 안의 아이들이 그런 사람이 될 수 있을까? 권위적인 가정에서 자란 아이들이 그런 사람이 될 수 있을까? 아니, 그런 아이들은 권위에 복종하고 순종할 것이다. 순응성은 가장 가치 있는 성품이다. 하지만 부모의 권위를 포기해야 한다면 다른 대안은 무엇일까?

알피 콘(Alfie Kohn)은 권위적인 부모도 아니고 방임적 부모도 아닌 그 중간 어딘가에 있는 유형의 양육방식에 대해 이야기한다. '시키는' 접근법이 아니라 '협력적' 접근법을 선택하라는 것이다. 아이를 있는 그대로 받아들이고, 의사결정과정에 참여시킨다. 부모 말에 순종하라고 요구하기보다는 아이의 요구사항에 초점을 맞춘다. 나쁜 행동은 문제해결의 기회로 본다. 행동을 하게 된 동기요인을 주의 깊게 살핀다.

교실의 선생님들에게 바라게 되는 많은 것들을 부모의 양육방식에도 적용할 수 있다. '무대 위의 현인'보다 '곁에 선 안내자' 역할이 가정에서도 통한다. 아이의 문제행동을 교정하려고 '벌칙'을 강행하는 방침은 순종하지 않는 아이들에게는 절대 통하지 않는다. 솔직히 말해서 통하지 않아 얼마나 다행인가.

알베르트 아인슈타인(Albert Einstein)은 어릴 때 몇 가지 심리학적 진단을 받았을지도 모른다. 한 전기작가에 따르면 아인슈타인은 선생님 말에 주의를 기울이지 않았고 시험에 낙제하고 일자리를 지키지도 못했다고 한다. 심리학자 브루스 레빈(Bruce E. Levine)은 아인슈타인이 오늘날의 교육환경에서 자랐다면 학교의 권위주의적 훈육방식을 극도로 싫어하고 자신에게 거는 기대감에 반항해 대학입학시험준비를 거부한 탓에 적대적 반항장애(Oppositional Defiance Disorder, ODD)로 진단 받고 약물치료를 받았을 것이라고 한다. 아인슈타인이 대학에 입학했을 때 한 교수가 이렇게 말했다. "자네에게 단점이 하나 있군. 남의 말을 전혀 듣지 않아." 윗사람을 너무 화나게 만들었던 아인슈타인의 바로 그 개성이 그가 뛰어난 사람이 될 수 있게 만든 자질이다.[2]

기본적으로 이런 식이다. 당신이 '벌칙', 사실대로 부르자면 '처벌'을 가하려 할수록 아이의 행동이 더 나빠진다. 어떤 아이는 "정말 잘못했어요."라고 사죄하고 벌을 받을 것이다. 다른 아이는 처벌이 규칙위반이라는 사소한 잘못에 대한 너무 가혹한 처사는 아닌지 부모와 토론을 하려고 할 것이다. 또 한 아이는 험한 말을 내뱉으며 책장을 쓰러뜨리고 나가서는 통금시간이 지나서야 돌아올 것이다. 쓸모없는 규칙 하나를 또 어기는 것이다. '권위자 양반, 이거나 받아라.' 하고.

어째서 그런지는 너무 복잡한 문제인데, 십대들을 따라다니는 정신건강문제가 더해지면 훨씬 복잡해진다. 나보다 뛰어난 지성을 가진 누군가가 다행히 이 난제를 풀었다. 그는 바로 미국의 아동 심리학자 로스 그린(Ross Greene) 박사다. 좋은 양육이 그렇듯 교사의 좋은 가르침이란 지금 다루고 있는 '그' 아이에게 반응하는 것이라고 그린 박사는 말한다. 이는 기억해야 할 명언이다. 아이가 둘이면 그 둘을 다뤄야 한다. 셋이면? 세 아이를 각각 다뤄야 한다. 그 애들은 서로 다르다. 세 가지 다른 게임을 해야 하는 것이다.

우리 애가 어렸을 때 나는 라디오에서 자녀양육 전문가의 인터뷰를 들었는데, 요지는 댁의 자녀에 맞게 당신의 양육방식을 맞추어야 한다는 것이었다. 농담하느냐는 생각이 들었다. 내가 아이한테 맞추어야 한다고? 아니야, 난 좋은 엄마이고 사랑을 퍼붓는 엄마로 내 기준이 있으니까 그것이면 된다. 내 삶을 고달프게 만들지 마세요, 전문가님.

하지만 실제로 나의 그런 자세는 내가 진작 생각을 고쳐먹었더라면 펼쳐졌을 인생보다 내 삶을 더 고달프게 만들었다. 벌칙만 철저히 수행하면 된다는 양육방식을 믿지 않았더라면 어땠을까 후회된다. 하늘이 주는 벌은 교훈을 주지만 강제된 벌칙은 처벌이다. 처벌이 필요하다고 생각되는 아이는 실제로는 도움이 필요한 아이인 경우가 대부분이다.

로스 그린은 아이를 키우고 가르쳐야 할 때 질문할 수 있는 가장 핵심적인 질문을 던진다. 이것은 부모와 교사 모두 자신에게 던져봐야 할 질문이다. 아이에 대해서 무엇을 믿는가? 아이들이 어떻게 행동하는지에 대한 당신의 철학은 무엇인가? 이에 대한 생각을 해본 적은 있는가? 그린은 『고집 센 아이의 마음을 열어주는 법(The Explosive Child and Lost at School)』이란 역작을 쓴 저자로 교사들이 다루기 힘든 아이를 이해하는 데 획기적이고 실용적인 관점을 구축했다. 그는 교사들이 다루기 힘든 아이의 행동에 대처하고 그 행동 뒤에 숨은 요인을 파악해 이런 아이들을 가장 잘 도울 수 있는 명시적인 공식을 전 세계의 학교에 다니면서 전파한다.

내가 그를 만난 것은 그가 이 공식이 어떻게 작동하는지를 설명한 교사연수를 막 마쳤을 때였다. 내용이 좀 복잡하기는 하지만 학부모도 배울 게 많은 공식이다. 교사가 아이들과 어떻게 상호작용하는지에 대해 우리가 생각하는 내용은 우리가 부모로서 어떻게 생각하는지에 대해서도 적용될 수 있다. 부모들은 자녀를 어떻게 대하고 자녀들에게 어떻게 행동하라고 말하는가? 자녀를 개인으로 존중하는가, 아니면 그저 잘 따르고 순종하는 것을 더 높이 평가하는가? 자녀들에게 최선의 것이 주어지기를 원하는가? 답은 '그렇다'일 것이다. 그렇다면 부모와 교사로서 어떻게 하면 그것을 가장 잘 이룰 수 있을까?

그린 박사는 비슷하게 들리는 두 개의 철학 간에 매우 중요한 차이점을 지적한다. 대부분의 사람들이 아무런 의심 없이 따르는 생각은 '아이들은 원하면 잘 할 것이다'는 것이다. 이는 '잘하고 싶은 생각이 없는 아이들이 있다'는 것을 전제로 한다. 이런 아이들은 부모와 교사들의 인식 속에 게으르고 말 안 듣고 방해가 되고 무관심하고 말썽을 일으키고 통제가 안 되는 아이로 자리 잡는다. 이런 말들은 부적응적인 행동을 보이는 아이들을 지칭하는 온갖 표현들이다. 이런 아이들은 대개 처벌로 다스린다.

교사들도 이런 아이들을 다룰 때 처벌로 대하기 쉽다. 일반적으로 교사는 아이에 대한 관심이 가족보다 덜하므로 그러는 이유를 이해할 만하다. 내년에도 교사들은 이해해야 할 다른 아이들을 만나게 될 테고, 가능하면 별로 걸리는 일 없이 한해를 무사히 마쳐야 하기 때문이다. 신경 쓸 겨를이 없다면 반사적인 행동으로 대처하게 된다.

매년 다루기 힘든 아이들을 둔 교사, 학부모를 수백 명씩 대하면서 경험이 쌓이다 보니 그린 박사는 앞서와는 다른 결론에 도달하게 되었다. '아이들은 잘 할 수 있다면 잘 한다'는 것이다. '아이들은 원하면 잘 할 것이다'와 얼핏 비슷하게 들리지만 그 의미는 천지차이다. 아이들이 잘 할 수 있다면 잘 할 것이라고 믿는다면,

다루기 힘든 아이들을 대할 때 잘 하지 못하는 아이들은 잘 하지 못하도록 방해하는 뭔가가 있기 때문일 것이라고 생각하는 것이 논리적이다.

무언가 어떤 이유 때문에 아이는 잘 할 수 없는 것이고 가장 중요한 점은 이것이 아이 자신의 잘못은 아니라는 것이다. 사회·정서·행동 장애를 겪는 아이들은 중요한 사고능력이 부족하므로 양육하는 어른이 이 아이들을 돕고 함께 해보면서 부족한 능력이 무엇인지를 찾아내는 일을 책임져야 한다고 그린 박사는 믿는다.

이 생각의 바탕에는 아이를 연민의 정으로 바라보는 관점이 있다. 다루기 힘든 아이를 대하고 마음을 담아 돌보면 결국 깊은 연민을 느끼게 될 것이다. 그렇지 않으면, 아이가 일부러 사람을 약올리고 남을 힘들게 하려 한다는 반사적인 통념에 빠지게 된다. 이러한 통념은 본질적으로 연민이 부족하거나 연민을 갖고 생각할 정도의 시간이 부족해서 생기는 것이다. 사람에 따라서 이런 철학으로의 전환은 급진적인 변화가 될 수 있다고 그린 박사는 말한다. 일단 이런 철학의 전환이 이루어지면 머릿속에 스위치가 켜지리라는 것을 나는 보장할 수 있다. 이를 깨달은 어른은 이제는 '저 아이는 그냥 게으른 아이야.' '저 아이는 잘하고 싶은 생각이 없나 보지?' '저 아이는 자기 팔자를 자기가 꼬는군.' '저 아이는 왜 단순한 규칙도 따르지 못하지?'와 같은 생각을 버리고 '아니야, 이 아이한테 뭔가 숨은 이유가 있을 거야.' 하는 관점을 갖게 된다. 필요한 것은 다만 조금 더 깊이 파고들어가 보는 것이다.

로스 그린에게 내가 또 한 가지 배운 것은 사고의 전환이다. 즉, 아이들이 겪고 있는 부담감을 주의 깊게 들여다보는 것이다. 요즘 아이들이 기분장애와 행동장애로 진단받는 경우가 급증하는 이유는 아이들이 겪는 압박과 관련이 있을지 모른다. 이렇게 정리할 수 있다. "개인에게 가해진 요구가 그가 적절히 대응할 수 있는 능력을 뛰어넘을 때 행동장애가 발생한다."

온라인상에서 받는 거센 비난, 학업스트레스의 증가, 열등감을 촉발하는 치열한 경쟁으로 인해 지금의 청소년 세대는 스트레스가 극심하다. 이에 비례해 '부적응' 행동이 증가하는 것은 전혀 놀랄 일이 아니다. 요즘 아이들은 너무 많은 경쟁에 대처해야 한다. 너무 많은 것을 너무 어릴 때부터 해야 한다. 할 일은 산더미이고, 해야 할 일에 대한 압박은 심해지고, 배우고 공부해야 하는 시간은 태부족이고, 온라인에서 보내는 시간은 늘고, 얼마나 똑똑한지 어떻게 보이는지 '좋아요'를 얼마나 받을지를 두고 서로 경쟁하는 시간 속에 산다. 이 모든 것을 성취해야 하거나, 최고가 되어야 하거나, 최고로 보여야 한다는 압박이 성공적인 개인이 되는 데 필요한 능력을 빼앗고 있다. 자아형성의 시간과 자아탐색과 자아찾기에 보내야 할 시간과 능력을 빼앗고 있다. 자해, 불안, 극단적 증오와 별난 행동은 지금의 청소년 세대가 자신들의 분노를 외치면서 도움을 절실하게 요청하는 몸부림이다. 대응방법은 하나뿐이다. 우리의 아이들을 연민을 갖고 대하는 것이다.

부모로서 자식이 지금 그 상태의 사람으로 되게 하는 데 어떤 영향을 끼쳤는지 알 수 있는 방법은 없다. '정상적인 보통사람'의 범주에 속하는 부모라면 자녀를 육체적으로나 정서적으로 학대하는 범죄를 저지르지는 않았을 것이다. 당신이 자녀에게 어떤 영향을 끼쳤는지 온전히 알 수 있을까? 자녀의 장점과 승리한 것에 대해서는 자신의 공을 주장할 수 있는가? 그렇다면 자녀의 약점과 실패에 대해서도 책임을 져야 한다는 의미는 아닐까?

놀라울 정도로 현명한 미국의 심리학자 고든 리빙스턴(Gordon Livingston)은 『너무 일찍 철들어버린, 너무 늦게 깨달아버린(Too Soon Old, Too Late Smart)』이라는 책을 썼다. 이 책에서 그는 '부모는 자녀의 행동을 악화시키는 경우를 제외하고는 자녀의 행동을 형성하는 데 제한적인 능력만을 발휘한다'고 주장한다. "부모가 자녀의 성공과 실패에 대해 유일한 책임자 내지 주요 책임자라고 상상하는 것은 자아도취적 신화이다. 신체적, 심리적, 성적으로 자녀를 학대하는 부모가 자녀에게 심각하고 평생 지속되는 상처를 입히는 것은 명백하다. 하지만 자녀를 사랑하고 자녀가 성장할 수 있는 안정적인 양육환경을 제공함으로써 부모의 일차적 의무를 수행하는 부모들이 자녀의 노력으로 이룬 성과에 자신의 공을 내세우는 것이 당연한 것은 아니다."[3]

수십 년간 부모와 자녀의 관계를 연구하고 나서 로스 그린은 "그간의 경험에서 보면 품행이 단정한 자녀를 둔 부모는 자녀의 품성이 좋은 것에 대해 자기가 다 잘 키운 공덕이라고 자랑하고, 문제아를 둔 경우에는 자녀가 삐뚤어진 것에 대해 너무 과도한 비난을 듣게 된다."고 말한다. 부모가 자녀의 성취에 과도한 자부심을 가질 수 없다면 자녀한테 잘못된 일이 많이 일어난다고 해도 지나치게 죄책감을 가질 필요는 없다. 핵심은, 아이를 있는 그대로 받아들이는 것이다.

정체성 탐구에 관한 기념비적인 역작인 『부모와 다른 아이들(Far From the Tree)』에서 앤드류 솔로몬(Andrew Solomon)은 무조건적인 사랑과 인정에 대한 질문을 깊이 탐구한다. 그는 이 책에서 신체적으로 청각장애, 소인증, 심리적으로 정신분열증, 자폐증, 성격적으로 중범죄를 저지른 아이들처럼 부모와는 아주 다른 아이들의 정체성을 탐구한다. 그는 이런 차이로 사회에서 일종의 장애아로 취급받는 자녀를 둔 수백 명의 가족과 면담했다. "아이의 결함은 곧 부모의 잘못 때문이라는 사회적 인식은 아동과 부모 양측의 경험에서 늘 뺄 수 없는 부분이다. … 부모에게 책임을 전가하는 것은 무지의 소산인 경우가 많지만, 이는 '인간은 스스로의 운명을 조절할 수 있다'는 불안한 믿음의 반영일 수도 있다. 불행하게도 이런 인식은 어느 집 아이도 구제하지 못한다. 부당한 비난의 압박을 받아 쓰러지거나 누군가의 비난을 받기도 전에 자신을 자책하게 함으로써 부모를 망칠 뿐이다."[4]

'스스로의 운명을 조절한다'는 언급에 주목하라. 그 문장에서 '불안'이란 단어의 언급도 중요하다. 스스로의 운명을 조절할 수 없다는 느낌이 들도록 설계된 세상에서도 불안을 줄이기 위해 가능하면 자식의 장래를 조절할 수 있기를 바라게 마련이다. 자식을 위해 올바른 결정만 할 수 있다면, 아이들이 이 불확실한 세상을 헤쳐나가면서도 가장 바람직한 성과만을 낼 수 있지 않을까? 부모는 자식이 행복하게 살기만을 바랄 뿐이다. '자식을 위해 올바른 결정만 할 수 있다면…'이란 표현으로 나는 만사를 내 뜻대로 하려는 사람이라는 속내를 내비치고 만 것 같다. 물론, '결정'의 주체는 아이들이어야 한다. 아이들 스스로 결정하도록 믿고 맡겨야 한다.

하지만 20세기 심리학의 지배적인 사조였던 '행동주의' 개념은 아직도 지배력을 갖고 있다. 즉, 행동을 통제하면 성과도 통제할 수 있다는 개념이다. 그러나 사람의 행동이 조건화로 통제되고, 부모의 역할이 자녀의 행동을 조건화시키는 것이라면, 말 안 듣는 아동은 잘못된 양육의 결과여야 할 것이다. 이것은 외부압력, 내부압력과 인간관계의 전체적인 생태가 갖는 복잡성을 착각하게 만드는 아주 단순하고 해로운 관점이다. 부모가 자녀의 개성과 심리를 다뤄야 할 뿐만 아니라 아이도 부모의 개성과 심리를 파악하고 대응해야 한다.

어떤 인간관계에서도 마음을 서로 주고받게 되어 있으며, 관계에 따라서 마음의 교환비율이 다르다. 여자동창과는 서로 솔직하게 대할 수 있어서 당신은 더 재미있는 사람이 될 수 있을 것이다. 다른 사람과는 당신의 또 다른 면모를 더 부각시켜 보여줄 수도 있을 것이다. 행동과 대응의 이런 심리적 상호작용은 부모 자식 관계에서는 훨씬 더 강렬할 것이다. 반응은 극단적으로 흘러서 자식은 절대로 부모 같은 사람은 되지 않겠다고 목숨 걸고 맹세하기도 한다. 부모는 '저는 엄마 아빠와 똑같은 사람이 되고 싶어요.' 하는 아이들의 말을 들으면 기뻐해 마지 않는다. "우리 자신은 부모님과 다르다고 자부심에 차서 말하면서도, 내 아이가 우리 자신과 닮지 않았다는 데에는 뭔가 아쉽고 슬퍼진다."라고 솔로몬은 썼다.

　부모의 양육방식에 대한 반응으로 세대 간에 교정이 생기는 경우가 많은데, 이는 단순한 재조정을 뛰어넘는 수준이다. 이런 사례를 보여주는 내 친구가 하나 있는데 믿기 힘들 정도로 엄격한 가톨릭 식으로 양육된 아이다. 차갑고 살갑지 않은 부모, 감당하기 버거운 높은 기대치와 트라우마를 남긴 학창시절의 경험을 갖고 성장했다. 그녀는 자신이 자식을 갖게 되자 애착육아, 홈스쿨링, 자녀에 대한 무한한 자유로 거침없이 나아갔다. 아이에게 거의 아무런 구속을 가하지 않았다.

　세대 간의 교정은 어디서나 볼 수 있고 신기하다. 나는 다소 광적으로 통제에 매달린다고 앞서 밝힌 바 있다. 다양한 층위로 구성된 이 혼란상태의 바닥까지 내려가 보았더니 나는 무엇이든 통제만 할 수 있다면 모두를 안전하게 지킬 수 있다고 믿고 있었던 것 같다. 이런 믿음이 부모의 통제권 문제의 기저에 있으리라는 건 꼭 프로이트가 아니더라도 알 수 있다. 즉, 권위는 통제 자체를 좋아해서 지키려는 게 아니라 가능한 최악의 결과, 즉 자식을 잃는 것을 피하기 위한 잘못된 시도라는 것이다.

　부모는 자식에게 애착을 갖고 품에서 떠나보내지 못한다. 통제는 주로 아이의 행동 하나하나를 지적하는 경우가 많은데 천성적으로 권위주의에 반대하는 아이는 즉각 반발한다. 예를 들자면 십대의 우리 딸이 그랬다. 그 애는 아무런 말썽을 일으키지 않던 십대시절의 나와는 확연히 달랐다. 나는 학급의 도우미로, '네'라고 대답할 줄 밖에 모르는 완벽한 아이였다. 몸이 아파도 할 것은 다하는 모범생이었다. 너무 복종적이고 순종적이었고 권위를 깊이 존중했다. 지금 생각해보면 그렇게 무조건 복종할 필요가 없는 권위였다.

이제 나는 십대시절의 나를 용서할 수 있다. 그때 부모님은 고통스럽게 이혼절차를 밟고 계셨다. 사람을 저자세로 침묵하게 만드는 무언가가 있다면, 그것은 나와 가까운 사람의 극심한 고통을 지켜보는 일일 것이다. 그리고 자신의 고통까지도.

경우가 어찌 되었든 나는 순종적이었다. 첫 아이는 나와 정반대였다. 나는 딸이 나의 부모로서의 천부적 권위에 복종하기를 기대했지만 그 바람은 눈물로 끝났다. 마찬가지로, 대부분의 학교생활을 힘들어하던 딸이 나를 닮아서 권위에 복종하는 법을 배우기를 바랐다. '제발 학교규칙을 따르기만 해다오. 그러면 너의 삶이 훨씬 편해질 거야.'

하지만 돌이켜보면, 권위의 게임을 거부한 딸은 권위 앞에 기꺼이 순종했던 나보다 훨씬 용감했다. 내가 권위주의에 반대하는 딸의 성향을 받아들이기까지는 많은 시간이 걸렸다. 부끄럽지만 인정한다. 나는 권위에 대해 마땅히 가져야 했을 의문을 오히려 딸에게 품으며 너무 오랜 시간을 낭비했다. 당연히 의문을 가져볼 필요가 있는 것은 이 사회의 교육체제였는데 그 체제에 대한 의문은 갖지 않았던 것이다.

권위라는 것을 포기하는 것이 핵심이다. 깊이 공감하고 인정하

는 것이 핵심이다. 차이를 인정하는 것뿐만 아니라 결국에 부모로
서 우리의 영향력도 제한적이라는 것을 받아들여야 한다. 휴, 얼마
나 다행인가.

내가
원하는 학교

대단한 연설에서나 대중문화에서, 또는 우리 앞에 펼쳐진 실제 성공사례에서도 교육은 삶을 바꿀 수 있는 신비한 힘을 갖고 있는 것으로 그려진다. 이 주장에 대한 근거는 확실하다. 국민교육을 통해 한 나라가 가난과 결핍에서 벗어날 수 있다. 이는 개인에게도 적용될 수 있다. 교육이 성공하면 한 사람의 인생을 바꿀 수 있고, 경제를 바꿀 수 있고, 한 나라 전체를 바꿀 수 있다. 사람들은 교육이 계층이동의 사다리라고 말하기를 좋아한다. 교육은 오래 전부터 계층장벽을 뛰어넘을 수 있는 최고의 방안이자 빈부격차를 완화할 수 있는 최고의 수단으로 여겨졌다. 하지만 계층장벽이 너무 높고 빈부격차가 너무 벌어지면, 학습의욕을 고취하는 교육도 당신에게 날개를 달아줄 수는 없다.

호주는 '공정하고 차별 없는 교육'의 기본 목표와는 부끄러울 정도로 거리가 먼 교육을 하고 있다. 호주는 OECD 국가 중에 부유층 지역과 빈민층 지역 학교 간의 성취도 격차가 가장 큰 나라에 속한다.[1] 앞서 언급한 바 있는 미첼연구소(Mitchell Institute)의 보고서에 따르면, 호주 학생의 중도탈락률은 26퍼센트로 용인하기 힘든 수준이다. 이 수치가 극빈층 출신 19세 청소년에서는 40퍼센트로 치솟는 반면, 최상층인 경우는 10퍼센트에 불과한 심각한 빈부격차가 드러난다.[2] 계층 간의 이런 학력격차는 학교교육비 상승률 차이로 인해 더 벌어졌다. 사립학교는 1991년에서 2001년 사이에 교육비가 107퍼센트 상승한데 비해 공립학교는 52퍼센트 상승에 그쳤다.

호주의 교육 관련 토론은 주와 정부의 교육비 지원이나 공립학교 대 사립학교 논쟁을 중심으로 자주 펼쳐진다. 국제 수준에서 살펴보면 사립학교에 등록하는 학생의 비율이 35퍼센트에 이를 정도로 호주는 사립학교의 비중이 높다.[3] 캐나다의 경우 그 수치는 6.4퍼센트 수준이다.[4]

국제적으로 학업성취도 평가에서 1등인 핀란드에는 사립학교가 없다는 것을 기억하라. 핀란드 교육은 공정성(equity)을 1순위에 놓고 탁월성(excellence)은 2순위에 두지만 어쨌든 성과는 탁월하지 않은가? 핀란드는 40년 전에 모든 정치가들이 당파를 떠나 '모든 아이들에게 질 높은 교육을 제공하자'는 하나의 명확한 목표를 설정하고 교육에서 정치성을 배제시켰다.

호주에서 그런 교육목표를 이루기 위해 초당파적 지지를 이룬 대표적인 사례는 곤스키보고서(Gonski Review)의 정책권고를 즉각 만장일치로 지지한 일일 것이다. 곤스키보고서는 가장 지원이 필요한 아이들과 학교에 재정지원을 할 수 있는 시스템을 도입할 것을 권고했다. 필요에 기반해 영역을 가리지 않고 자금을 지원함으로써 호주의 모든 어린이들이 사는 곳과 상관없이 좋은 교육을 받도록 보장하자는 것이다. 이런 교육운동은 '교육성과는 수입, 권력, 재산의 차이에서 오는 결과여서는 안된다.'는 생각을 견인할 수 있다.

곤스키보고서의 정책권고를 시행하기 위한 전체 예산지원은 나중에 토니 애보트(Tony Abbott) 정부(2013-15년)에 의해 취소되었다가 맬컴 턴불(Malcolm Turnbull) 정부(호주 자유당 당수인 맬컴 턴불이 2015년 9월 호주 29대 총리로 취임해 현재 집권 중임-옮긴이)에서 변경 논의를 거치고 있다. 이 보고서는 교육전문가, 교사, 전국의 평론가들로부터 압도적인 지지를 얻고 있지만 이 책을 쓰고 있는 현재 정책권고 사항은 논쟁 중이다. 국민 전체를 위한 공동목표로서의 초당적 지지는 사라진 지 오래다. 그러다 보니 교육은 정치적 공방을 거듭하고 아이들은 그 틈새에 끼여 고통받고 있다. 고통받는 것은 아이들뿐만 아니라 국민 모두다. 학교에서 아이의 실패는 고스란히 사회적 비용이 된다. 학생의 4분의 1이 중도탈락하고 그보다 많은 아이들이 학업에 몰두하지 못하고 일자리를 얻지 못하면 그 사회는 삐걱거릴 수밖에 없다.

우리 사회가 현재 어떤 상황이고 앞으로 어떤 사회를 원하는지를 생각하면, 현상(現狀)에서 이상상(理想像)으로 어떻게 이동할 수 있을지를 묻는 것은 매우 지난하고 복잡한 물음이 된다. 물론 다양한 영역에서 다양한 정책이 우리가 만들 수 있는 최고의 사회를 만들기 위해 실행 중이다. 우리는 자녀세대가 실직자가 되는 세상을 원치 않고, 아이들이 최고의 교육을 받고 미래에 행복을 느끼게 해주고 싶다. 확신하건대, 이런 큰 소망을 반대하는 사람은 아무도 없을 것이다. 자녀교육 방식보다 우리가 살고 있는 세상을 좌우할 수 있는 더 큰 능력은 없다. 교육에 의해 지금 우리가 살고 있는 사회가 정해졌고, 앞으로 교육을 어떻게 하느냐에 따라 우리가 살고 싶은 미래의 사회가 바뀔 수 있다.

학교에서 보낸 인격형성의 시간이 아이가 세상에 진출할 방식을 정한다. 아이가 무엇을 배우고 어떻게 배웠느냐, 개인으로 사회에 또는 노동자로서 경제에 무엇을 기여하게 될 것인가에 대해서만 말하는 게 아니다. 세상에 대해 어떻게 생각하고 대응할 것인지도 교육이 결정한다. 우리는 아이들이 능동적으로 생각하기를 바란다.

어떤 학교는 돈이 너무 많아서 고민이고, 불과 몇백 미터 떨어진 학교는 색연필을 제공하거나 배관공사를 할 돈이 없어 허덕일 정도로 학교 간에 격차가 심하다면 이 격차는 사회에 반영되고 불평등을 더욱 고착시킬 것이다. 특권층 배경의 어린이들이 특권층 출신들만 다니는 학교에 들어간다면, 비슷한 배경의 사람들만 고용하거나 그 계층 사람들과만 함께 일하는 데 무엇이 잘못된 건지도 전혀 모르게 될 것이다. 남자아이가 남자아이들하고만, 그것도 5세에서 18세까지 특권층 사립학교에서만 교육을 받는다면 어떻게 될까? 그들이 재계를 장악하고, 자기들이 타고났다고 생각하는 권력을 추구하게 된다면, 이들이 무의식적으로 편하게 느끼는 사람들인 다른 특권층 남성들로만 사무실과 중역실을 채운다 해도 전혀 놀라울 게 없다.

아이가 같은 종교를 믿는 아이들만 다니는 학교에 다닌다면, 우리가 얻어야 하는 종교적 관용과 이해는 도달하기 훨씬 어려워질 것이다. 민족적 배경이 같은 아이들이 특정 학교에 압도적으로 많다면 그 학교는 우리나라가 자랑하는 문화의 다양성을 대표하기 어려울 것이다.

만약 장애아이가 사회에서 전혀 소외감을 느끼지 않고, 정상아이들과 함께 교육받고, 학습장애나 학습부진아들이 영재아이와 함께 교육받는다면, 영재아이들 역시 친구들로부터 많은 것을 배우게 될 것이다. 정신건강문제가 있는 사람들이 사회의 일원으로 받아들여지고 낙인찍히지 않는다면 이런 문제를 효과적으로 다룰 수 있는 교원과 설비를 학교에 배치할 수 있을 것이다. 정신건강문제로 고통받는 아이가 따뜻한 시선으로 이해받고 효과적으로 치료를 받는다면 좀 더 건강한 사람이 되어 사회에 진출할 수 있을 것이다. 정신건강문제를 연민을 갖고 대하는 사람들은 마음이 약한 사람을 이해하는 폭이 넓어질 것이다.

평등의 가치를 믿고 물질적 부가 인생의 성공을 결정한다는 생각을 거부하는 시민을 원한다면 그런 믿음을 뒷받침하는 구조를 깨야 한다. 사립학교를 폐지하고 선발제학교를 없애고 능력별 편성과 영재교육을 중단해야 한다. 관용, 동정심, 평등, 윤리적 사고가 교육이 지향해야 하는 가치들이다. 무엇보다 인종, 성, 빈부, 종교가 다르다고 사람을 차별하지 않아야 한다.

이 책을 쓰는 동안 나는 우리 집 셋째 아이인 막내의 고등학교 교육에 대해 고민 중이었다. 독자들은 이제까지 내가 해온 조사를 감안하면 눈을 감고도 결정할 수 있지 않겠느냐 생각하겠지만, 그렇지 않다. 우리 딸이 다녔으면 싶은 생각이 간절하게 드는 학교를 많이 보고 난 지금, 아들에게 맞는 학교를 어느 선에서 만족하고 결정해야 할지 심사숙고해봐야겠다. 내가 앞에서 소개한 멋진 선택안들은 극히 소수인데다 집에서 너무 멀리 떨어져 있다. 게다가 "학교를 고르는 것은 쇼핑이 아닙니다."라고 미국의 교육사학자인 다이앤 라비치(Diane Ravitch)는 말하기도 했다. "학부모는 자녀에게 적합한 학교를 찾는 데 부담을 갖지 말아야 합니다. 자녀를 동네학교로도 당연히 데려갈 수 있고 그 학교에 교육을 잘 받은 교사와 탄탄한 교육프로그램이 있을 것으로 기대할 수 있어야 합니다."[5]

그렇다. 어디에 사는 누구나 차별 없이 양질의 교육을 기대할 수 있어야 한다. 자기동네 고등학교는 위험한 선택이지 않을까 하는 두려움을 느끼지 않아야 한다. 하지만 학교 선택의 상당 부분은 두려움에 기반하고 있는 것이 사실이다. 한 어머니가 동네 초등학교에 다니는 아이들의 학부모모임에서 자녀들을 모두 지역 고등학교에 보내자고 말했다. 그러나 막상 진학시기가 되자 '당신이 보내면 나도 보내겠다'는 조건이 걸렸다. 자기들이 살던 지역의 고등학교는 명문고는 아니었지만(당연히, 판단기준은 학업성적이다) 이 학부모모임은 공립학교에 집단적인 신뢰를 보내고 싶은 마음에 지역의 공립학교도 지역주민들이 제 역할을 하는 지역사회에 의해 더 좋은 학교가 될 수 있다는 생각으로 그 학교의 일원이 되기로 결심했다.

하지만 입학을 결정해야 하는 중대한 순간이 오자 어떤 학부모들에게는 이 학교가 너무 위험하게 느껴졌다. 한 사람씩 마음을 바꾸고 다른 학교를 알아보기 시작했다. 대부분은 가톨릭교도가 아니었지만 (학비가 낮은 점에 무릎을 꿇고) 학비가 저렴한 가톨릭 학교로 갈 마음을 먹었다. 한 가족은 자녀가 그 학교에 입학할 수 있도록 성적이 좋은 공립학교에 배정될 수 있는 지역으로 이사를 갔다. 어떤 가족은 공립학교의 교육수준을 걱정하며, 학비가 부담되더라도 교외에 떨어져 있는 사립학교로 보낼 생각을 했다. 시장의 자유화가 진행되면 이런 현상이 벌어지고 교육은 더 이상 공공재가 아니라 상품이 된다.

우리 지역의 고등학교는 학업성취도가 괜찮은 편이지만, 이제 나는 더 이상 학업성취도를 기준으로 교육을 평가하지 않는다. 이 학교는 입학정원의 일부를 선발제로 뽑는데 학생의 거의 70퍼센트는 영어 이외의 언어를 사용한다. 통계만 봐도 학생들의 부담이 큰 학교일 듯하고 무엇보다 나는 선발제학교를 신뢰하지 않기에, 아들을 그 학교에 보내고 싶지 않다. 나는 더 이상 사립학교를 맹목적으로 믿지도 않고 그 학비를 감당할 경제적 여유도 없다. 우리 지역에 개교할 예정인 신정부의 고등학교 청사진은 신나는 21세기 교육학

개념과 지금까지 내가 들어본 경이로운 모든 것을 수용한 멋진 계획이지만 개교가 2년 연기되었다. 2년이면 우리 애가 다니기에는 이미 늦고 다른 학교들은 학생 수가 많고 교육서비스가 부족한 학군에 있었다. 나는 대도시에서 제공되는 모든 선택안을 갖고 있었지만 선택할 수 있는 것은 전혀 없었다.

나는 내가 바라는 이상적인 학교가 어떤 모습인지 개념적으로는 알고 있다. 종교를 강제하지 않는 학교, 남녀공학, 무료교육, 통합교육, 폭넓고 삶과 관련된 교과과정을 가르치는 학교, 인문교육과 직업교육을 선택할 수 있는 학교, 전인교육과 학생의 정신건강을 챙기는 학교, 창의예술교육, 학생주도학습, 자기 속도에 맞는 학습, 자율적이고 존경받고 직업적으로 안정된 교사들이 현명한 가이드 역할을 하는 학교, 세계 유수의 학자들이 최선의 학습법이라 인정한 혁신적 교수방법으로 가르치는 학교.

나는 모든 아이들은 자기만의 방식으로 성공할 능력을 갖고 있고, 아무런 의문 없이 묵묵히 순종하는 것은 학습자로서 가장 우려할 기질이라고 믿는 사람들에 의해 운영되는 학교를 원한다. 나는 등급이나 점수가 한 아이를 설명할 수 없으며, 아이들을 서로 비교하는 것은 무의미할 뿐 아니라 발달에 해롭다는 것을 이해하는 학교를 원한다. 창의성은 인간의 행복에 중심이 되며 음악은 재능이 있든 없든 간에 인격을 고양시킨다고 믿는 학교를 원한다. 교사가 모든 아이들의 가능성을 믿고, 다루기 어려운 아이들은 처벌이 아니라 도움과 이해가 필요한 아이라는 것을 아는 학교를 원한다.

나는 스티븐 혜펠의 미래학교를 원한다. 데이비드 프라이스의 개방형 학습공유공간을 원한다. 찰스 파넬의 인성과목과 레아 워터스의 행복교육을 원한다. 오케스트라단과 학교시설을 공유하는 학교를 원한다. 나는 템플스토칼리지로 이사 가고 싶다. 핀란드로 이민을 가고 싶다. 나는 우리 집에 그냥 머무르면서 아들을 저 신비로운 이상적 학교에 보낼 수 있었으면 좋겠다.

에필로그

지혜는 천천히 오지만 어느 순간 느닷없이 도착한다.

우편으로 도착한 편지는 개봉되지 않은 채 몇 날 며칠째 탁자 위에 놓여있다. 수신인은 딸이었다. 매일 그 편지를 지나치면서 '오늘은 딸이 못 이긴척 열어보겠지', '오늘은 마침내 궁금증에 못 이겨 봉투를 뜯고 편지를 꺼내 읽겠지' 생각했다. 어떻게 안 읽고 배길 수 있겠어. 딸은 자기 학번을 잊어버렸다면서 온라인으로는 점수를 확인하지 않았지만, 우리집 탁자 위에 놓인 명백한 증거물인 이 편지는 시간이 문제일 뿐, 언젠가는 딸이 점수를 확인할 거라고 나는 확신했다. 학교에서 마음고생한 것을 감안하면 최종 평가를 받아들일 준비를 하며 마음을 다잡고 있을 거라고, 충분히 그럴 만하다고 생각했다.

통지서가 왔다는 것을 알리는 것 외에는 아무도 편지에 대해 언급하지 않았지만, 집안 식구들은 모두 현관 탁자에 있는 통지서를 빨리 읽고 싶어했다. 이 통지서를 지나칠 때마다 내 머릿속에서는 궁금증이 증폭되어 마치 데이비드 크로넨버그의 영화에서나 볼 법한 괴물처럼 커져버렸다.

지난 몇 년간 아이가 무너진 교육체제를 힘들게 헤쳐나가도록 돕고, 매일 등교시키느라 고생하며 가족으로 그 모든 일을 함께 겪었으면서도 내가 통지서를 쓰레기통에 처넣어버리지 않았다는 게 믿기지 않는다. 내가 여전히 이 통지서에 어떤 의미가 있다고 생각한다는 것은, 새로운 세대의 자녀들에게 그들이 받게 될 등급 또는 순위에 대해 우리 세대가 주는 강력한 메시지를 보여주는 것이다. 학교를 마칠 때 너의 가치는 집으로 배달되는 봉투 안에 담긴 숫자로 매겨진다는 것, 그 숫자가 네 모든 능력의 측정치이자 네 미래의 성공 여부를 결정할 열쇠라는 것을 말이다.

나는 여전히 통지서 속의 숫자가 궁금했다. 무슨 숫자가 적혔을지 알고 싶었다. 하지만 마음속 온갖 상상을 자극하는 이 호기심은 나 혼자만의 것이었다. 수십 년 전 12년의 학교교육을 마치고 저 통지서 점수로 내 위치를 매겼던 교육체제의 충실한 종인 나는, 그 숫자가 어쨌든 내게는 잘 통했다고 생각하는 것이다. 그러나, 절대로 그렇지 않다.

나흘째 되던 날 나는 마침내 입을 열었다. "애야, 너 이거 안 열어볼 거니?" 딸이 대답했다. "엄마, 난 성적위원회한테 평가 받지 않을 거예요. 통지서 따위 절대로 열어 볼 생각이 없어요."

그걸로 끝이었다. 조용하고 평온했다. 딸은 아무런 소란 없이 오래 전에 자신을 거부했던 교육체제를 자신도 확고히 거부한다는 것을 분명히 선언했다. 딸은 봉투 곁을 지날 때마다 열어볼 생각은 없이 "저딴 성적은 개나 줘버려." 하고 말하고 있었던 것이다.

바로 이것이 내가 말하는 지혜다.

**

나는 내 아름다운 실패, 내 딸이 요즈음 거두고 있는 성공을 어떻게 가늠해야 할까? 여기저기 새로운 희망이 조금씩 자라나고 있다. 더 이상 딸을 잃어버리지는 않을까 걱정하지 않게 되었다는 사실이 내게는 가장 큰 성공이다. 딸은 내 곁에 있고, 서서히 사랑스런 내 딸로, 행복한 아이로 돌아오고 있다. 시간은 약이다. 그러니 시간에 맡겨놓는 게 좋다. 하지만 시간이 지나면서 마음속의 갈등과 압박감이 다시 일어나기도 한다. 삶은 짧다고들 이야기한다. 그러니 오늘을 살아라! 현재에 충실하라. 계획을 세우고 시간표에 따라서 부지런히 살면서 일 분 일 초도 허비하지 마라. 하지만 시간은 유연해서 시간에 맡겨놓으면 그 반대도 사실일 수 있다. 지금 바로 말하고 싶은 것은 바로 이것이다.

"애야, 삶은 길고 무슨 일이든 일어날 수 있단다."

1장 학교교육 부적응아

1. 'Is your first grader college ready?', Laura Pappano, 4 February 2015, New York Times, http://www.nytimes.com/2015/02/08/education/edlife/is-your-first-grader-college-ready.html?emc=edit_th_20150205&nl=todaysheadlines &nlid=48369113&_r=1

2. 'Political pressure takes the fun out of kindy, say academics', Linda Morris, 11 May 2014, Sydney Morning Herald, http://www.smh.com.au/national/education/political-pressure-takes-thefun-out-of-kindy-say-academics-20140506-zr5b3.html

3. 'Start schooling later than age five, say experts', Graeme Paton, 11 September 2013, Daily Telegraph (London), http://www.telegraph.co.uk/education/educationnews/10302249/Start-schooling-later-than-age-five-say-experts.html

4. 'School starting age: the evidence', David Whitebread, 24 September 2013,

University of Cambridge, http://www.cam.ac.uk/research/discussion/ school-starting-age-theevidence#sthash.SaGYhAli.dpuf

5. 상동.

6. 'NAPLAN study finds testing causes students anxiety, program not achieving original goals', Tracy Bowden, 20 May 2014, ABC, http://www.abc.net.au/ news/2014-05-19/naplan-study-finds-schooltesting-program-not-achieving-goals/5463004 and 'The Experience of Education: The impacts of high stakes testing on school students and their families', Whitlam Institute, Western Sydney University, http://www.whitlam.org/the_program/high_stakes_ testing

7. 상동.

8. 'The Experience of Education: The impacts of high stakes testing on school students and their families', Whitlam Institute, Western Sydney University.

9. '2015 Gallup Student Poll Report: Australia and New Zealand', Gallup, 2015, http://www.gallupstudentpoll.com.au/184571/2015-gallup-student-pollreport-australia-new-zealand.aspx

10. 'Educational opportunity in Australia 2015: Who succeeds and who misses out', Stephen Lamb, Jen Jackson, Anne Walstab, Shuyan Huo, 26 October 2015, Mitchell Institute, http://www.mitchellinstitute.org.au/reports/educational-opportunity-inaustralia-2015-who-succeeds-and-who-misses-out/

11. Teach Your Children Well, Madeline Levine, HarperCollins, New York, 2012

2장 부모는 자녀의 행복만을 바란다

1. 'Secret Teacher: Elizabeth is 12 and homework is stealing her childhood', Guardian, 18 July 2015, http://www.theguardian.com/teacher-network/2015/jul/18/secret-teacher-homework-is-stealing-childhood

2. 상동.

3. 'The teenage dream unravels trends in unemployment', research and policy publications by the Brotherhood of St Laurence, March 2015, http://www. bsl.org.au/fi leadmin/user_upload/fi les/campaign/The_teenage_dream_un-ravels_trends_in_unemployment_MAR2015.pdf

4. 'Graduate glut: 12,000 new lawyers every year', Edmund Tadros, Sydney Morning Herald, 14 February 2014, http://www.smh.com.au/business/grad-uate-glut-12000-new-lawyersevery-year-20140214-32qnm.html

5. 'Law firm Adlawgroup asking junior lawyers to pay $22,000 for job', Bridget Brennan, ABC News, 24 June 2015, http://www.abc.net.au/news/2015-06-23/junior-lawyers-asked-to-pay-22000-for-a-job/6568174)

6. 'Boomers go bust over kids', Bina Brown, Sydney Morning Herald, 11 September 2011, http://www.smh.com.au/money/planning/boomers-go-bust-over-kids-20110910-1k2rs.html

7. 'Young Australians could be worse off than parents for first time, report warns', Pat McGrath, ABC News, 11 November 2014, http://www.abc.net.au/news/2014-11-10/report-warns-young-generationsto-be-worse-off-than-parents/5879686

8. 'State of the American workplace report', Gallup, 2013, http://www.gallup.com/services/178514/state-american-workplace.aspx

9. 'Worked up about work', James Adonis, Sydney Morning Herald, 18 March 2011, http://www.smh.com.au/small-business/managing/work-in-prog-ress/worked-up-about-work-20110317-1bz8x.html#ixzz3kXGzWynN

3장 우리 아이는 천재다

1. 'Is your child gifted', School A to Z, New South Wales Department of Education, http://www.schoolatoz.nsw.edu.au/wellbeing/development/is-your-child-gifted

2. 'After number of gifted soars, a fight for kindergarten slots', Anna M. Phillips, New York Times, 13 April 2012, http://www.nytimes.com/2012/04/14/nyregion/as-ranks-of-gifted-soarin-ny-fi ght-brews-for-kindergarten-slots.html?_r=1

3. 'This public elementary school is harder to get into than Harvard', Abby Jackson, Business Insider Australia, 4 June 2015, http://www.businessinsider.com.au/hunter-elementary-school-isinsanely-hard-to-get-into-2015-6

4. 'Setting by ability does not work', Jo Baoler, Independent, 10 February 2005, http://www.independent.co.uk/news/education/education-news/jo-boaler-setting-by-ability-does-not-work-482628.html

5. 'School colour codes pupils by ability', Rowenna Davis, Guardian, 26 July 2011, http://www.theguardian.com/education/2011/jul/25/secondaryschool-streaming

6. 'Lesson of a lifetime', Stephen G. Bloom, Smithsonian Magazine, September 2005, http://www.smithsonianmag.com/history/lesson-of-alifetime-72754306/?no-ist

7. 'Is your child gifted', School A to Z, New South Wales Department of Education, http://www.schoolatoz.nsw.edu.au/wellbeing/development/is-your-child-gifted

8. 상동.

9. 'My daughter, my beautiful failure', Lucy Clark, Hoopla, 6 November 2014, http://thehoopla.com.au/daughter-beautiful-failure/

10. The Price of Privilege, Madeline Levine, HarperCollins, New York, 2006

11. 상동.

4장 어디로 갈 것인가

1. A Bigger Prize, Margaret Heffernan, Simon & Schuster, 2014.

2. 'We're not as selfish as we think we are. Here's the proof ', George Monbiot, Guardian, 14 October 2015, http://www.theguardian.com/commentis-free/2015/oct/14/selfi sh-proof-ego-humans-inherently-good)

3. 'Helping and Cooperation at 14 months of age', Felix Warneken and Michael Tomasello, 'Infancy', Volume 11, Issue 3, May 2007, Wiley OnlineLibrary, http://onlinelibrary.wiley.com/doi/10.1111/j.1532-7078.2007. tb00227.x/ab-stract

4. 'Two Key Steps in the Evolution of Human Cooperation', Michael Tomasello, Alicia P. Melis, Claudio Tennie, Emily Wyman and Esther Herrmann, 'Current Anthropology', Volume 53, Number 6, December 2012, http://www.jstor.org/stable/10.1086/668207?seq=1#page_scan_tab_contents

5. 'Your brain might be hard-wired for altruism', Meg Sullivan, UCLA News-room, 18 March 2016, http://newsroom.ucla.edu/releases/your-brain-might-be-hardwired-for-altruism

6. 'We're not as selfish as we think we are. Here's the proof ', George Monbiot, Guardian, 14 October 2015

7. No Contest: The Case Against Competition, Alfie Kohn, Houghton Mifflin, New York, 1992

8. 'The case against grades' Alfie Kohn, blog, November 2011, http://www.alfi ekohn.org/article/case-grades/

9. 상동.

10. Big Picture Education, http://www.bigpicture.org.au/

11. 'Release of NYC public school teacher ratings causes ire', CBS New York, 24 February 2012, http://newyork.cbslocal.com/2012/02/24/city-releases-rankings-ofpublic-school-teachers/

12. Reign of Error: The Hoax of the Privatization Movement and the Danger to America's Public Schools, Diane Ravitch, Vintage, New York, 2014

5장 교실 속 동아시아 코끼리

1. 'Tutoring is a $6 billion industry', Australian, 13 July 2011, http://www. theaustralian.com.au/news/tutoring-is-a-6-billion-industry/story-e6frg6n6-1226093530456

2. 'Testing times: selective schools and tiger parents', Anna Broinowski, Good Weekend, Sydney Morning Herald, 24 January 2015, http://www.smh.com. au/good-weekend/testing-times-selective-schoolsand-tiger-parents-20150108-12kecw#ixzz3nfkHjOhk

3. 'Testing Patience: A response to SMH from an "Asian Automaton"', anonymous, Armed Publishing, Tumblr, 25 January 2015, http://armedpublishing. tumblr.com/post/109049868653/testing-patience-a-response-to-smh-from-an-asian

4. 'The drive for success among students with Asian backgrounds is starting to alarm some schools', Caroline Milburn, Sydney Morning Herald, 17 October 2011, http://www.smh.com.au/national/education/clever-diligent-and-feelingthe-pressure-20111016-1lram.html#ixzz3neSj34gb

5. 'Nine-hour tests and lots of pressure: welcome to the Chinese school system', Jonathan Kaiman, Guardian, 23 February 2014, http://www.theguardian. com/world/2014/feb/22/china-educationexams-parents-rebel

6. 'Shanghai: the world's best school system', Heather Singmaster, Asiasociety. org, http://asiasociety.org/shanghai-worlds-best-school-system

7. 'Nine-hour tests and lots of pressure: welcome to the Chinese school system', Jonathan Kaiman, Guardian, 23 February 2014

8. 'What ails South Korea's education system? Private tutoring, says World Bank chief ', Kwanwoo Jun, Wall Street Journal, 4 November 2014, http://blogs.wsj. com/korearealtime/2014/11/04/what-ails-southkoreas-education-system-private-tutoring-says-world-bank-chief/

9. 'Poll shows half of Korean teenagers have suicidal thoughts', Yewon Kang,

Wall Street Journal, 20 March 2014, http://blogs.wsj.com/korearealtime/2014/03/20/poll-showshalf-of-korean-teenagers-have-suicidal-thoughts/?mg=blogswsj& url=http%253A%252F%252Fblogs.wsj.com%252Fkorearealtime%252F2014%252F03%252F20%252Fp oll-shows-half-of-korean-teenagers-have-suicidal-thoughts

10. 'An assault upon our children', Se-Woong Koo, New York Times, 1 August 2014, http://www.nytimes.com/2014/08/02/opinion/sunday/south-koreaseducation-system-hurts-students.html?_r=0

11. 'Student learns mother died only after finishing gaokao exams', Fauna, ChinaSmack, 10 June 2012, http://www.chinasmack.com/2012/pictures/student-learns-mother-diedonly-after-finishing-gaokao-exam.html

12. 'Nine-hour tests and lots of pressure: welcome to the Chinese school system', Jonathan Kaiman, Guardian, 23 February 2014

6장 압박 피라미드

1. 'The world's schoolmaster', Amanda Ripley, Atlantic, July/August 2011, http://www.theatlantic.com/magazine/archive/2011/07/the-worlds-schoolmaster/308532/

2. 'PM pledge for top five school spot', Michelle Grattan, Sydney Morning Herald, 2 September 2012, http://www.smh.com.au/federal-politics/political-news/pm-pledge-fortop-five-school-spot-20120902-258k5.html

3. 'Duncan calls for higher standards and expectations following PISA results', Cameron Brenchley, Home Room, official blog of the US Department of Educations, December 2013, http://www.ed.gov/blog/2013/12/duncan-calls-for-higher-standards-andexpectations-following-pisa-results/

4. 'Curriculum changes to catch up with the world's best', Sean Coughlan, BBC News, 8 July 2013, http://www.bbc.com/news/education-23222068

5. 'OECD and PISA tests are damaging education worldwide-academics', Guardian, 6 May 2014, http://www.theguardian.com/education/2014/may/06/oecd-pisa-tests-damaging-education-academics

6. 상동.

7. 상동.

8. 상동.

9. 'China: events of 2014', World Report 2015, Human Rights Watch, 2014, http://www.hrw.org/world-report/2015/country-chapters/china-and-tibet

10. 'How does PISA shape education policy making? Why how we measure learning determines what counts in education', Simon Breakspear, Centre for Strategic Education, November 2014, http://simonbreakspear.com/wp-content/uploads/2015/09/Breakspear-PISA-Paper.pdf

11. 상동.

12. 상동.

7장 청소년이 죽어가고 있다

1. 'Melbourne classrooms trial aims to tackle the scourge of youth suicide', Rachel Kleinman, Age, 8 August 2015, http://www.theage.com.au/victoria/melbourne-classrooms-trial-aims-totackle-the-scourge-of-youth-suicide-20150806-gitdz1.html

2. 'Poll shows over half of Korean teenagers have suicidal thoughts', Yewon Kang, Wall Street Journal, 20 March 2015, http://blogs.wsj.com/korearealtime/2014/03/20/poll-shows-half-of-korean-teenagers-have-suicidal-thoughts/? mg=blogs-wsj&url=http%3A%2F%2Fblogs. wsj.com%2Fkorearealtime%2F2014%2F03%2F20%2Fp oll-shows-half-of-korean-teenagers-have-suicidal-thoug

3. 'Henry M. Gunn High School: 1 more suicide preventable', Reddit Bay Area, 7

November 2014, http://www.reddit.com/r/bayarea/comments/2lleet/henry_m_gunn_high_school_1_more_suicide/

4. 'Why are Palo Alto's kids killing themselves?', Diane Kapp, San Francisco Magazine, June 2015, http://www.sfgate.com/bayarea/article/Why-are-Palo-Alto-s-kids-killing-themselves-6270854.php

5. 'Why are Palo Alto's kids killing themselves?', Diane Kapp, San Francisco Magazine, June 2015, http://www.sfgate.com/bayarea/article/Why-are-Palo-Alto-s-kids-killingthemselves-6270854.php

6. 'America's greediest cities', Elisabeth Eaves, Forbes, 12 March 2007, http://www.forbes.com/2007/11/30/greediest-cities-billionairesforbeslife-cx_ee_1203greed.html

7. 'Google Inc races Apple to the $1 trillion valuation', Thomas Halleck, International Business Times, 13 October 2014, http://www.ibtimes.com/google-inc-races-apple-1-trillionvaluation-1704135

8. 'The World's Billionaires, #13 Sergey Brin', Forbes, 2016 ranking, http://www.forbes.com/profi le/sergey-brin/

9. 'The World's Billionaires, #12 Larry Page', Forbes, 2016 ranking, http://www.forbes.com/profi le/larry-page/

10. 'Paly school board rep: 'The sorrows of young Palo Altans', Carolyn Walworth, Palo Alto Online, 25 March 2015, http://paloaltoonline.com/news/2015/03/25/guest-opinionthe-sorrows-of-young-palo-altans

11. 상동.

12. 'The American Freshman: Thirty-five year trends', A. Astin, L. Oseguera, L. Sax, S. Korn, Cooperative Institutional Research Program, University of California, December 2002, http://www.heri.ucla.edu/PDFs/pubs/TFS/Trends/Monographs/TheAmericanFreshman35YearTrends.pdf

8장 세대 간에 박힌 쐐기

1. 'Facts and figures about mental health and mood disorders', Fact sheet, Black Dog Institute, Sydney, October 2012, http://www.blackdoginstitute.org.au/docs/Factsandfiguresabout mentalhealthandmooddisorders.pdf

2. 'Global burden of mental disorders and the need for a comprehensive, co-ordinated response from health and social sectors at the country level', the Secretariat, World Health Organization, December 2011, http://apps.who.int/gb/ebwha/pdf_fi les/EB130/B130_9-en.pdf

3. 'Growing Brains: capacity, intelligence and resilience', Lea Waters, Festival of Ideas, University of Melbourne, October 2011, http://www.youtube.com/watch?v=roP-aOKcxWs

4. 'Anxiety', Headspace, http://headspace.org.au/health-professionals/anxiety/

5. 'Teenagers more anxious and depressed', Amy Corderoy, Sydney Morning Herald, 11 July 2014, http://www.smh.com.au/nsw/teenagers-more-anx-ious-and-depressed-20140710-zt303.html#ixzz3jy2vci00

6. 'Pharmaceutical industry', World Health Organization, http://www.who.int/trade/glossary/story073/en/

7. 'Psychiatrists under fire in mental health battle', Jamie Doward, Guardian, 12 May 2013, http://www.theguardian.com/society/2013/may/12/psychiatrists-under-fire-mental-health

8. 'DSM's approach overlooks effective therapies for children', Paul Rhodes, The Conversation, 21 May 2013, https://theconversation.com/dsms-approach-overlookseffective-therapies-for-children-13545

9. 'OECD snapshot ranks Australia second in world in antidepressant prescrip-tions', Lucy Carter, ABC News, 22 November 2013, http://www.abc.net.au/news/2013-11-22/australia-second-in-world-inanti-depressant-prescrip-tions/5110084

10. 'Prescriptions Dispensed in the Community: England, Statistics for 2001

to 2011', NHS Health and Social Care Information Centre, 2012, https://catalogue.ic.nhs.uk/publications/prescribing/primary/presdisp-com-eng-2001-11/pres-disp-com-eng-2001-11-rep.pdf

11. 'Astounding increase in antidepressant use by Americans', Peter Wehrwein, Harvard Health Publications, Harvard Medical School, 20 October 2011, http://www.health.harvard.edu/blog/astounding-increase-inantidepressant-use-by-americans-201110203624

12. 'Australian children and adolescents increasingly use psychotropic drugs: new study', the University of Sydney, 19 June 2014, http://sydney.edu.au/news/84.html?newsstoryid=13670

13. 'Prescriptions for Ritalin and other ADHD drugs double in a decade', Daniel Boffey, Guardian, 16 August 2015, http://www.theguardian.com/society/2015/aug/15/ritalin-prescriptions-double-decade-adhd-mental-health

14. 'How our society breeds anxiety, depression and dysfunction', Bruce E. Levine, Alternet, 21 August 2013, http://www.alternet.org/personal-health/how-our-society-breedsanxiety-depression-and-dysfunction?paging=off%C2%A4t_page=1#bookmark

15. 'The drama of the anxious child', Lawrence J. Cohen, Time magazine, 26 September 2013, http://ideas.time.com/2013/09/26/the-drama-of-the-anxious-child/

16. 상동.

17. 'A day without media', research conducted by ICMPA and students at the Phillip Merrill College of Journalism, University of Maryland, February to March 2010, https://withoutmedia.wordpress.com

18. 상동.

19. 상동.

20. 상동.

21. 'Just think: The challenges of the disengaged mind', National Center for Biotechnology Information, US National Library of Medicine, 4 July 2014, http://

www.ncbi.nlm.nih.gov/pmc/articles/PMC4330241/

22. 'Teens, technology and friendships', Amanda Lenhart, Pew Research Center, 6 August 2015, http://www.pewinternet.org/2015/08/06/teens-technology-andfriendships/

23. 상동.

24. 'Phones: how young? 3, 4, 5, 6?', Stephen Heppell, January 2013, http://heppell.net/phones/

25. 'Beyond "turn it off": How to advise families on media use', Ari Brown, Donald Shifrin, David Hill, AAP News, October 2015, http://aapnews.aappublications.org/content/36/10/54.full.pdf+html

26. 'Grief over new depression diagnosis', Paula Span, New York Times, 24 January 2013, http://newoldage.blogs.nytimes.com/2013/01/24/grief-over-new-depression-diagnosis/

27. The Teenage Brain: A Neuroscientist's Survival Guide to Raising Adolescents and Young Adults, Frances Jensen, HarperCollins, New York, 2015

28. 상동.

29. 상동.

30. 상동.

31. 'We don't have time for mental health: teachers', Eryk Bagshaw, Sydney Morning Herald, 4 May 2015, http://www.smh.com.au/nsw/we-dont-have-time-for-mental-healthteachers-20150504-1mxtk2?skin=dumb-phone

9장 교사의 입장을 이해해보자

1. '15 successful people who credit their teachers', staff writers, OnlineUniversities.com, 31 January 2015, http://www.onlineuniversities. com/15-famously-successful-people-who-credit-their-teachers

2. 'Anxious kids not learning: the real effects of NAPLAN', Greg Thomson, The

Conversation, 16 September 2016, https://theconversation.com/anxious-kids-not-learning-thereal-effects-of-naplan-9526

3. 'Schools in crisis, one-in-four new teachers "burnt out"', Brett Henebery, Educator Online, 9 December 2014, http://www.educatoronline.com.au/news/schools-in-crisis-oneinfournew-teachers-burnt-out-194708.aspx

4. Kathy Margolis' post, Facebook, 2 February 2016, http://www.facebook.com/kathy.margolis.7/posts/10208843143294643

5. 상동.

6. 상동.

7. 상동.

8. ' "It is harder for us to be nice to kids" — departing veteran principal', Valerie Strauss, Washington Post, 22 May 2013, http://www.washingtonpost.com/blogs/answer-sheet/wp/2013/05/22/what-has-changed-is-that-it-is-harder-for-us-to-be-nice-to-kidsdeparting-veteran-principal/

10장 동심 파괴

1. 'Growing brains: capacity, intelligence, resilience' Lea Waters, Festival of Ideas, University of Melbourne, October 2011, http://www.youtube.com/watch?v=roP-aOKcxWs

2. 'The impact of advancing students' social and emotional learning: a meta-analysis of school-based universal interventions', J. Durlak, R. Weissberg, A. Dymnicki, R. D. Taylor, K. Schellinger, 'Child Development', Vol. 82, No. 1, January 2011, http://static1.squarespace.com/static/513f79f9e4b05ce7b70e9673/t/52e9d8e6e4b001f5c1f6c27d/1391057126694/meta-analysis-child-development.pdf

3. 'Melbourne school uses neuroscience to boost grades and improve wellbeing of students', Louise Milligan, ABC News, 1 September 2015, http://www.abc.

net.au/news/2015-08-31/melbourne-school-usingaustralia-first-nearo-science2c-to-boos/6738758

4. 상동.

5. 상동.

6. 'Kind kids: growing kind hearts and healthy minds', Vancouver, Canada, http://kindkids.org/

7. 'Contemplative education: a systematic, evidence-based review of the effect of meditation interventions in schools', L. Waters, A. Barsky, A. Ridd, K. Allen, 'Educational Pyschology Review', Vol. 27, Issue 1, March 2015, http://link.springer.com/article/10.1007/s10648-014-9258-2

8. 'Why meditation should be taught in schools', Lea Waters, The Conversation, 30 June 2015, http://theconversation.com/why-meditation-should-betaught-in-schools-42755

11장 자녀의 학교는 부모가 다니던 시절의 학교가 아니다

1. 'Singing changes your brain', Stacy Horn, Time magazine, 16 August 2013, http://ideas.time.com/2013/08/16/singing-changes-your-brain/

2. 'The New Work Order', Foundation for Young Australians, August 2015, http://www.fya.org.au/2015/08/23/media-release-young-peoplehardest-hit-by-new-work-order/

3. 상동.

4. 'Youth, skills and employability', OECD Skills Outlook, 27 May 2015, http://www.oecd.org/publications/oecd-skills-outlook-2015-9789264234178-en.htm

5. 'Quarter of Australian students drop out, new report reveals', Timna Jacks, Sydney Morning Herald, 26 October 2015, http://www.smh.com.au/national/quarter-of-australian-students-dropout-new-report-reveals-

20151025-gkhtpo.html

12장 교육이란 무엇인가

1. 'Experience and Education', John Dewey, http://ruby.fgcu.edu/courses/nde-mers/colloquium/experienceducationdewey.pdf

2. Enough Rope, Andrew Denton, ABC TV, 29 September 2008, http://www.abc.net.au/tv/enoughrope/transcripts/s2374633.htm

3. 'Doing well and doing good by doing art: the effects of education in the visual and performing arts on the achievements and values of young adults', James Catterall, Imagination Group/I-Group Books, Los Angeles/London, 2009, http://www.artsedsearch.org/summaries/doing-well-and-doing-good-bydoing-art-the-effects-of-education-in-the-visual-and-performingarts-on-the-achievements-and-values-of-young-adults#sthash. zAU-uI7sg.dpuf

4. 'The Arts and Australian education: realising potential', Ewing, Robyn, Australian Education Review, no. 58, January 20122, http://research.acer.edu.au/aer/11

5. 'The importance of music education', Richard Gill, The Educator TV, http://www.educatoronline.com.au/tv/state-of-music-education-adisaster-198172.aspx

6. 상동.

7. 상동.

8. 'Global Education Episode 2: Annette Rueggeberg', Teacher, 11 June 2015, http://www.teachermagazine.com.au/article/global-educationepisode-2-annette-rueggeberg?utm_source=June%2016%20bulletin&utm_medium=Email&utm_campaign=Global%20Ed%20Germany

13장 최고의 교육모델

1. 'Overview of Music Education in Finland', Timo Klemettinen, Artists House Music, 31 January 2007, http://www.artistshousemusic. org/videos/overview +of+music+education+in+fi nland
2. 'Finnish Education Chief: 'We created a school system based on equality', Christine Gross-Loh, Atlantic, 17 March 2014, http://www.theatlantic.com/ education/archive/2014/03/fi nnisheducation-chief-we-created-a-school-system-based-onequality/284427/

14장 민주적 리더십

1. Autobiography, Bertrand Russell, Routledge, Oxford, 2009
2. 'Would we have drugged up Einstein? How anti-authoritarianism is deemed a mental health problem', Bruce E. Levine, Alternet, 20 February 2012, http://www.alternet.org/story/154225/would_we_have_drugged_up_ein-stein_how_anti-authoritarianism_is_deemed_a_mental_health_problem
3. Too Soon Old, Too Late Smart, Gordon Livingston, Hodder Australia, Sydney, 2005
4. Far From the Tree, Andrew Solomon, Vintage, New York, 2014

15장 내가 원하는 학교

1. 'OECD Says Australia is 'Low Equity' in Educational Resources', Save Our Schools: Fighting for equity in education, 20 October 2014, http://www. saveourschools.com.au/funding/oecd-says-australiais-low-equity-in-educational-resources

2. 'Educational opportunity in Australia 2015: who succeeds and who misses out', Stephen Lamb, Jen Jackson, Anne Walstab, Shuyan Huo, Mitchell Institute, 26 October 2015, http://www.mitchellinstitute.org.au/reports/educational-opportunity-inaustralia-2015-who-succeeds-and-who-misses-out/

3. 'Commentary on student numbers: all full-time and part-time students', Australian Bureau of Statistics, 4 February 2016, http://www.abs.gov.au/ausstats/abs@.nsf/mf/4221.0

4. 'The private education system in Canada: fast facts on private schools', Our Kids, undated, http://www.ourkids.net/school/about-private-schools.php

5. The Death and Life of the Great American School System: How Testing and Choice are Undermining Education, Diane Ravitch, Basic Books, New York, 2010

아름다운 실패

성공에 집착하는 것이 아이들을 어떻게 해치는가

2019년 03월 21일 | 초판 1쇄 인쇄
2019년 03월 27일 | 초판 1쇄 발행

지은이 | 루시 클라크
옮긴이 | 교육을바꾸는사람들, 이병렬

펴낸이 | 이찬승
펴낸곳 | 교육을바꾸는사람들
편집·마케팅 | 고명희, 박지니
제작 | 류제양
디자인 | 이수정

출판등록 | 2012년 04월 10일 제313-2012-114호
주소 | 서울시 마포구 동교로 18길 20 자운빌딩 3층
홈페이지 | http://21erick.org
이메일 | gyobasa@21erick.org
포스트 | post.naver.com/gyobasa_book
전화 | 02-320-3641
팩스 | 02-320-3609

ISBN 978-89-966971-8-3 03370

〈21세기교육연구소〉는 〈교육을바꾸는사람들〉의 출판브랜드입니다.

이 도서의 국립중앙도서관 출판예정도서목록(CIP)은 서지정보유통지원시스템
홈페이지(http://seoji.nl.go.kr)와 국가자료종합목록시스템(http://www.nl.go.kr/kolisnet)에서
이용하실 수 있습니다. (CIP제어번호 : CIP2019010490)